グローバル財務会計

古賀 智敏 著

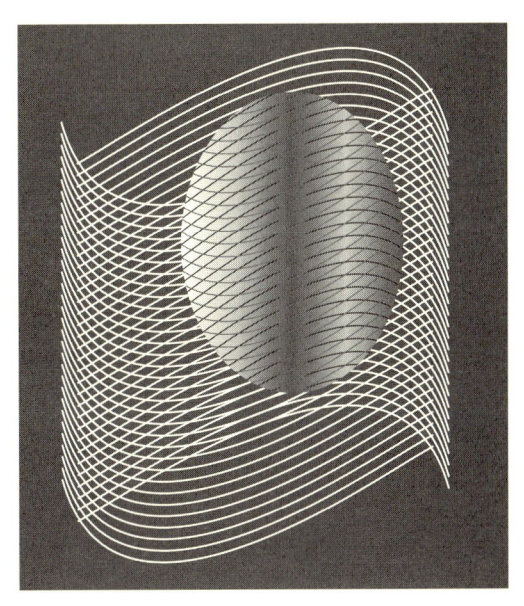

森山書店

序

　本書『**グローバル財務会計**』は，近い将来，本格的な国際会計基準（国際財務報告基準 IFRS）時代を迎えるにあたって，それに対応する財務会計の制度とその基礎をなす考え方を提示し，特徴づけようとするものである。

　前著『会計基準のグローバル化戦略』(五十嵐則夫教授との共著) が最初に出版されたのが 1999 年（平成 11 年）であるので，10 年余りの年月が経過したことになる。この間，前著が予想を上回る多くの読者に受け入れられたのはわれわれの望外の喜びであり，本書を囲む関係者の方々の好意に負うものであると，感謝の気持ちで一杯である。この間，10 年間余りの間，わが国内外では未曾有の会計基準のグローバル化の波に晒され，ドラスティックな会計基準の変革が求められてきた。これを機に，全面内容を一新し，単著として新しい財務会計の時代の第一歩を踏み出すことにした。

　近年四半世紀における国内指向プロダクト市場から，**グローバル指向ファイナンス市場**への市場の変化に伴い，金融商品・デリバティブのファイナンス財は，最適株主価値の獲得をめぐって国境を越えてグローバルに市場を駆けめぐり，ファイナンス市場の共通言語としての国際会計基準／国際財務報告基準（IFRS）が大きく注目されるところとなった。わが国でも，今世紀以降，会計基準のコンバージェンス（収斂化）によって国際会計基準を国内基準として導入しようとする，いわゆる「**国際会計基準の国内化**」が進められてきており，いまや 2012 年の IFRS の強制適用（アドプション）への正式決定に向けて，会計プロフェッションや企業関係者による体制作りが進められつつある。

　会計のグローバル環境のもとで会計を認識する基点として，相対立する 2 つの視点がある。1 つは，会計基準の国際的比較可能性の促進に向けての「統一化の視点」であり，端的に言えば，**IFRS への同化の要請**である。もう 1 つは，会計制度は各国独自の法制度ないし文化構造と密接に関連づけられている点に

注目し，各国の経営環境に即した独自性あるものでなければならないとする「個性化の視点」であり，IFRS からの分化の要請である。各国における会計基準のグローバル化の多様なバリュエーションある実態は，この相対立する2つの要請をいかに自国のコンテクスト（文脈）の中で最適に適合させるかという各国独自の対応を明確に反映するものといえる。したがって，グローバル化時代の財務会計は，このような会計に対する複眼的な視点を意識しつつ，まずもって IFRS の基底をなすアングロ・サクソン会計のフィロソフィーないし考え方を習得するように努めることが，その出発点でなければならない。

このような見方に立って，本書では，具体的に，次のような点において特徴をもつように努めた。

(1) 第1に，国際会計基準／国際財務報告基準（IFRS）について，単にその内容の説明に終始するのではなく，「**IFRS の体系並びに各基準の基礎をなす会計思考ないし考え方を把握し，その特徴を浮き彫りにするように努めたこと**」。それによって，本書は，単なる IFRS の入門解説書を目指すものではなく，広く国際会計研究に関心をもつ学部・大学院学生や会計専門家・担当者の理論的ガイダンスとしても役立つようにした。

(2) 第2に，「**IFRS の各基準について，具体的設例やケースを幅広く提供するようにしたこと**」。IFRS の内容自体が複雑であり，それを的確に理解することは決して容易ではない。本書では，研究所メンバーとして参加する機会を得た監査法人の公刊された膨大な IFRS マニュアル（2010年版）や，CCH 会計ガイド・シリーズの CCH シンガポールの実践ガイドをとくに参考にして，設例等の作成に役立てた。これらの設例やケース・スタディを講義でも積極的に活用することによって，受講生の興味と関心を一層高めることが期待されよう。

(3) 第3に，「**各章末において【レビュー問題】を設け，学習者に各章の学習ポイントの確認と自己学習に活用できるようにしたこと**」。これを用いて，学習者は毎回の講義のポイントをレビューすることができるとともに，この中から講義担当者は適宜問題を選択し，定期試験の出題等に用いることもできる

であろう。

　IFRSの統一的アドプション（採用）への道が未だ遠く，険しいように，広く社会に受け入れられるような，真にグローバルな財務会計の構築の道もはるか遠い。今後，更なる内容の改善・拡充に努め，本書をそのささやかな第一歩としたい。

　本書をまず，亡き恩師　武田隆二先生（神戸大学名誉教授）に捧げたい。グローバル証券市場における規約文化としての国際会計基準の重要性を認めつつ，かつ，各国の文化・産業構造に根ざした会計制度の発展の重要性を説かれた。国際会計研究の将来的課題とするものである。

　あらた監査法人・あらた基礎研究所「次世代会計・監査研究会」では，実践的なIFRS研究の場を頂いたのみならず，大きく変動しつつある財務報告や監査の実態について常に新鮮な知的刺激を与えて頂いている。とくに同研究所・安井　肇所長並びに横浜国立大学大学院・五十嵐則夫教授に厚く謝意を表したい。

　最後に，本書の刊行を勧められて3年以上にわたって，忍耐強く，そして，温かく見守って頂いた森山書店取締役社長・菅田直文氏並びに同取締役編集部長・土屋貞敏氏に心よりお礼申し上げたい。

　2011年6月

古　賀　智　敏

目　次

I　国際会計の制度的基礎

第1章　国際会計の性格と特徴
§1　国際会計の対象と視点 ……………………………………… 3
　1　国際会計の対象 ………………………………………………… 3
　2　国際会計を見る視点 …………………………………………… 4
§2　国際会計の生成基盤 …………………………………………… 6
§3　会計基準の国際的統一化の歩み ……………………………… 7
　1　欧米における展開 ……………………………………………… 7
　2　日本における展開 …………………………………………… 10
§4　IFRS アドプションの諸形態 ………………………………… 11
§5　会計基準の統一化をめぐる議論—「個性化」対「統一化」— … 13
　1　会計基準の個性化の論拠 …………………………………… 13
　2　会計基準の統一化の論拠 …………………………………… 15
§6　国際化時代の会計制度設計のグランドデザイン ………… 16

第2章　日本企業のグローバル化と国際会計の役割
§1　日本企業のグローバル化と国際会計の展開 ……………… 20
　1　日本企業のグローバル化戦略 ……………………………… 20
　2　日本企業のグローバル化と国際会計の展開 ……………… 22
§2　日本型金融システムと会計基準の特徴 …………………… 25
　1　日本型金融システムの特徴 ………………………………… 25
　2　日本型会計基準の特徴 ……………………………………… 26

§3 経営環境の変化と会計制度改革 …………………………………… 27
　　1 バブル経済の崩壊と経営環境の変化 ……………………………… 27
　　2 会計制度改革の基礎をなす会計観 ………………………………… 31
§4 日本基準グローバル化のロードマップ ……………………………… 33

第3章　国際会計の制度的基礎
§1 会計基準の設定主体と会計規制 ……………………………………… 37
§2 国際会計基準審議会の仕組みと特徴 ………………………………… 39
　　1 IASBの目的 …………………………………………………………… 39
　　2 IASBの組織 …………………………………………………………… 40
　　　（1）評議会（40）　（2）国際会計基準審議会（42）
　　　（3）IFRS諮問会議（42）　（4）IFRS解釈指針委員会（43）
　　3 基準設定プロセス …………………………………………………… 43
§3 アメリカ財務会計基準審議会の仕組みと特徴 ……………………… 44
　　（1）「独立した意思決定主体」（45）　（2）「適切なデュー・プロセス」（46）
　　（3）「適切なスタッフ」（47）　（4）「独立した資金調達機能」（47）
　　（5）「独立した監視機能」（47）
§4 わが国会計基準設定主体の対応 ……………………………………… 48
§5 基準設定主体の具備すべき要件 ……………………………………… 50

Ⅱ　国際会計の理論的基礎

第4章　国際会計基準の概念フレームワーク
§1 IASB概念フレームワークの意義と展開 …………………………… 55
　　1 IASB概念フレームワークの意義と必要性 ……………………… 55
　　2 概念フレームワークの統合化の背景 ……………………………… 56

§2　概念フレームワーク構築の2つの見方 ……………………… 57
　§3　財務報告の目的と情報の質的特性 …………………………… 60
　　1　投資意思決定有用性と情報の質的特性 ……………………… 60
　　2　改訂フレームワークの特徴と論点 …………………………… 60
　§4　日本基準の概念フレームワーク ……………………………… 62

第5章　国際会計基準の特徴
　§1　国際会計基準の特徴 …………………………………………… 66
　§2　国際会計基準と原則主義会計 ………………………………… 68
　§3　原則主義会計と経済的実質主義 ……………………………… 70
　　1　原則主義と経済的実質主義 …………………………………… 70
　　2　原則主義会計と目的指向基準設定アプローチ ……………… 71
　§4　国際会計基準と資産負債アプローチ ………………………… 72
　　1　収益費用アプローチと資産負債アプローチ ………………… 72
　　2　純利益と包括利益 ……………………………………………… 73

第6章　国際会計基準と公正価値会計
　§1　経済基盤の変化と公正価値会計の必要性 …………………… 77
　§2　国際会計基準と公正価値測定の適用形態 …………………… 79
　§3　公正価値の意義と特徴 ………………………………………… 81
　　1　抽象的・普遍的公正価値概念と具体的・個別的公正価値概念 … 81
　　2　主観的公正価値概念と客観的公正価値概念 ………………… 82
　§4　公正価値測定の3階層 ………………………………………… 85
　　1　3つのレベルの公正価値測定 ………………………………… 85
　　2　具　体　例 ……………………………………………………… 86
　§5　公正価値会計の拡充可能性 …………………………………… 89

III 国際会計基準の構造と展開

第7章 リスクヘッジと金融商品の会計基準
§1 グローバル金融取引の拡大と会計基準設定の背景 ………… 95
§2 金融商品会計基準の基本的考え方 ……………………………… 97
§3 金融商品の意義と分類 …………………………………………… 100
 1 金融商品の意義と性格 ………………………………………… 100
 2 金融商品の分類 ………………………………………………… 103
  (1) 金融資産の分類（103） (2) 金融負債と持分商品(資本)の区分（104）
§4 金融商品の認識と認識の消滅 …………………………………… 105
 1 金融商品の認識 ………………………………………………… 105
 2 金融商品の認識の消滅 ………………………………………… 107
  (1) 金融資産の認識の消滅（107） (2) 金融負債の認識の消滅（111）
§5 金融商品の測定 …………………………………………………… 111
 1 基本的考え方 …………………………………………………… 111
 2 金融資産の会計処理 …………………………………………… 112
§6 ヘッジ会計 ………………………………………………………… 117
 1 ヘッジ取引とヘッジ会計 ……………………………………… 117
 2 ヘッジ会計の仕組み …………………………………………… 118

第8章 企業活動のグローバル化と為替換算会計
§1 企業活動のグローバル化と会計基準設定の背景 ………… 123
§2 機能通貨の考え方 ………………………………………………… 125
§3 外貨建取引の会計 ………………………………………………… 131
 1 外貨建取引の換算処理 ………………………………………… 131
 2 換算差額の処理 ………………………………………………… 136

(1) 2つの見方：一取引基準と二取引基準（136） (2) 貨幣性項目に係る換算差額（137） (3) 非貨幣性項目に係る換算差額（139）

§4 為替予約の付された外貨建取引の会計 ……………………… 139
§5 在外事業体の財務諸表項目の換算―基礎をなす考え方…… 142
　1 全般的アプローチ ……………………………………………… 142
　2 「テンポラル法」と「決算日レート法」……………………… 142
§6 在外子会社等の財務諸表項目の換算 ………………………… 144
　1 換　算　方　法 ………………………………………………… 144
　2 計　算　例 ……………………………………………………… 146

第9章　生産ネットワークの拡大と有形固定資産の会計

§1 生産ネットワーク社会の拡大と有形固定資産の会計の見方… 154
§2 有形固定資産の意義と分類 …………………………………… 156
§3 有形固定資産の認識 …………………………………………… 157
　1 認　識　の　要　件 …………………………………………… 157
　2 初期費用と取得後支出 ………………………………………… 158
§4 取得原価の算定とその構成要素 ……………………………… 162
§5 有形固定資産の会計―原価モデルと再評価モデル ………… 166
　1 再　評　価　モ　デ　ル ……………………………………… 166
　2 再評価モデルの特徴 …………………………………………… 167
　(1) 再評価の対象（167） (2) 再評価の頻度（167） (3) 評　価　者（168） (4) 評価（測定）基準（168） (5) 減価償却累計額の表示方法（169） (6) 再評価による利得・損失（171） (7) 再評価剰余金の振替（172）

第10章　研究開発活動のグローバル化と無形資産の会計

§1 研究開発活動のグローバル化と国際競争力の促進 ………… 176
§2 無形資産の意義と分類 ………………………………………… 179

1 無形資産の意義と特性 …………………………………………… 179
　(1) 支配の存在 (179)　(2) 将来の経済的便益 (180)　(3) 物質的実体の欠如 (180)　(4) 識別可能性 (181)
2 無形資産の分類 …………………………………………………… 182
§3 無形資産の認識 ………………………………………………………… 184
1 認識の要件 ………………………………………………………… 184
2 認識の適用形態 …………………………………………………… 185
§4 研究開発費の会計 ……………………………………………………… 188
1 基本的考え方 ……………………………………………………… 188
2 開発コストの資産化の要件 ……………………………………… 190
§5 無形資産の測定 ………………………………………………………… 191
1 当初認識時の測定 ………………………………………………… 191
2 当初認識後の測定 ………………………………………………… 193

第11章　資産の減損と減損会計

§1 資産価格の崩壊と減損会計の必要性 ………………………………… 199
§2 減損会計の基本的考え方 ……………………………………………… 201
1 減損会計を見る視点 ……………………………………………… 201
2 減損会計の課題 …………………………………………………… 202
§3 減損可能性の評価 ……………………………………………………… 203
§4 回収可能価額の測定 …………………………………………………… 206
§5 減損損失の会計 ………………………………………………………… 208
1 減損損失の測定 …………………………………………………… 208
2 全社資産の減損アプローチ ……………………………………… 211
3 減損損失の戻入れ ………………………………………………… 214
4 のれんの減損 ……………………………………………………… 216

第12章　高齢化社会と年金債務の会計
§1　高齢化の国際的動向と年金債務の会計の台頭 …………… 220
§2　年金債務の会計の基本的考え方 …………………………… 222
§3　年金給付の制度モデル ……………………………………… 224
§4　給付建債務の会計 …………………………………………… 228
1　年金債務・費用計算の基本的アプローチ ………………… 228
2　給付建負債の算定 …………………………………………… 231
3　年金（制度）資産の測定と資産収益の認識 ……………… 233
4　保険数理差損益の認識と「回廊アプローチ」 …………… 234
5　過去勤務費用の計算 ………………………………………… 236

第13章　M＆Aのグローバル化と企業結合会計
§1　M＆A市場の動向と企業結合会計の展開 ………………… 239
§2　企業結合の対象と会計の視点 ……………………………… 242
1　事業の定義と要件 …………………………………………… 242
2　企業結合会計の基本的視点 ………………………………… 245
§3　取得法（パーチェス法）の会計 …………………………… 247
1　取得法の会計ステップ ……………………………………… 247
2　取得企業の識別 ……………………………………………… 248
3　取得日の決定 ………………………………………………… 250
§4　取得した資産・負債の認識と測定 ………………………… 251
1　取得した資産・負債の認識 ………………………………… 251
2　取得した資産・負債の公正価値測定 ……………………… 253
（1）棚卸資産の公正価値（254）　（2）有形固定資産の公正価値（255）　（3）無形資産の公正価値（256）　（4）偶発債務の取扱い（258）　（5）非支配持分の取扱い（259）
§5　のれんの会計 ………………………………………………… 260

第 14 章　連結企業のグループ化戦略と連結会計

§1　連結企業の子会社戦略と連結財務諸表制度 …………… 265
§2　連結財務諸表の目的と基本的アプローチ ……………… 267
　1　連結財務諸表の意義と目的 ………………………………… 267
　2　連結財務諸表の3つの見方 ………………………………… 268
　3　IFRS のアプローチ ………………………………………… 270
§3　連結の範囲と支配の定義 ………………………………… 271
　1　子会社と支配の定義 ………………………………………… 271
　2　支配概念の構成要素 ………………………………………… 272
§4　連結財務諸表の作成原則 ………………………………… 276
§5　連結財務諸表の作成プロセスと方法 …………………… 278
　1　親会社と子会社の勘定項目の合算 ………………………… 278
　2　子会社の純資産の評価替 …………………………………… 280
　3　非支配持分の処理方法 ……………………………………… 282
　4　連結包括利益計算書の作成 ………………………………… 284
　5　グループ企業間取引の会計処理 …………………………… 288

索　引 …………………………………………………………… 291

I 国際会計の制度的基礎

第1章

国際会計の性格と特徴

§1 国際会計の対象と視点

1 国際会計の対象

　国際会計とは，広く会計の国際的側面を取り扱うすべての研究領域である。具体的には，次のように，財務会計，管理会計，監査および税務会計など会計のほぼすべての領域を包括している。

(1) **多国籍企業**（国境を越えて生産・販売・財務等の活動を行う企業をいう。）の外部報告を目的とした会計研究―各国の会計理論や会計制度・実務の国際比較分析，為替換算やヘッジ会計，在外子会社の連結やセグメント報告など。

(2) 多国籍企業の内部報告を目的とした会計研究―**在外事業体**（支店・子会社等）の業績評価と統制，移転価格や情報システムなど。

(3) 多国籍企業の税務・税制を取り扱う国際税務研究―各国の税制比較，ワールドワイドな**税務戦略**など。

(4) 多国籍企業の監査を取り扱う国際監査研究―**国際監査基準**，各国の監査制度・実務の国際比較など。

「**図表1-1**」は，上記の4つの領域を包括した国際会計の研究領域と目的および主要な利害関係者の全体像を描いたものである。

　このように，国際会計は種々多様な側面を有し，それを一義的に定義づけることは容易ではない。本書では，これらの4つの領域の中でもとくに多国籍企

4 Ⅰ　国際会計の制度的基礎

図表1-1　国際会計の4つの領域

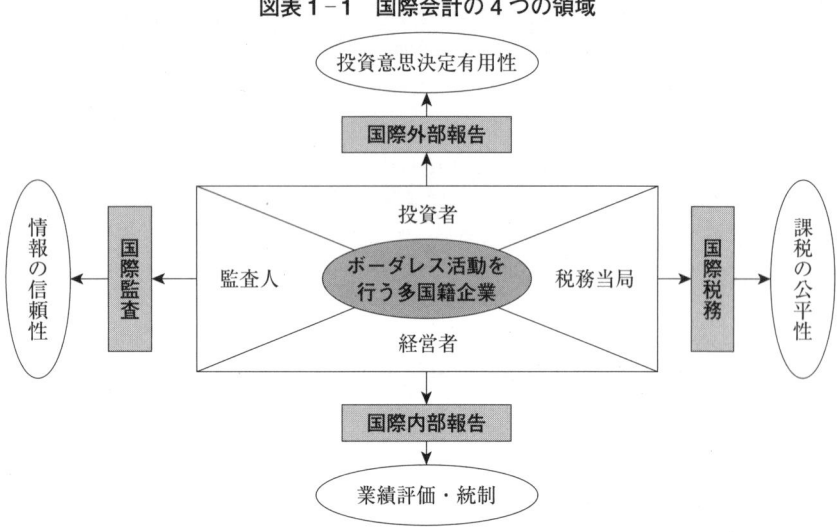

業ないし海外活動を行う企業の外部報告の側面に焦点を置き，取り扱っている。近年，20世紀末から今世紀にかけて，会計基準の統一化を目指す国際会計・**国際財務報告基準**（IAS/IFRS）の拡大が国際会計の大きなトピックとなっている。

2　国際会計を見る視点

ビジネス言語としての会計は，大きく**認識・測定**と**伝達**ないし**情報開示**の3つの行為から成り立ち，何らかの形で利害関係者の利用目的に役立てられなければならない点では，各国において共通である。しかも，この会計を支える複式簿記の計算技法の原理は万国共通であるという意味で国際性をもつ。

他方，会計行為を規定する会計基準は，各国の環境諸条件に適合した独自の発展を遂げ，各国独自の特徴をもつこともまた確かである。たとえば，伝統的会計では**歴史的原価**に基づく会計が一般的であるが，歴史的には，ブラジル等の南米諸国のように歴史的原価を一般物価水準の変動に基づき切り上げ修正することを求めたり，**取替原価主義**を推奨するオランダなど，具体的な会計の取

図表1-2 国際会計の構図

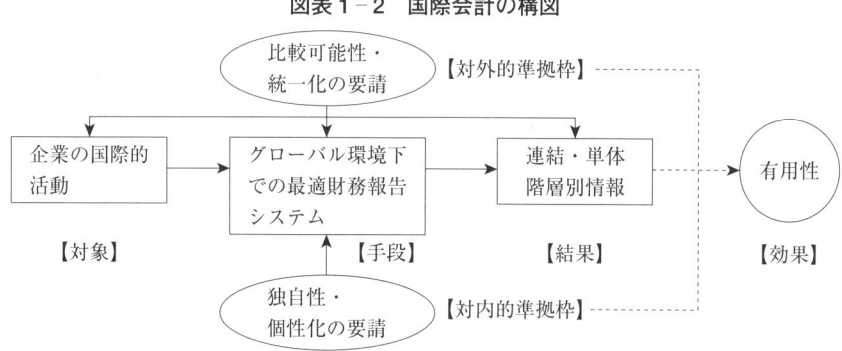

扱いにおいて，それぞれの国の社会的・経済的環境を強く反映するものであった。このような世界の国々の会計制度なり理論の独自性と多様性を背景として，「**国際会計**（international accounting）」が独自の会計研究領域として登場し，発展してきた。

会計基準ないし**会計制度**は，各国独自の文化的，経済的並びに法的環境を反映するものであり，それぞれの国の独自性なり特異性をもった価値体系をなす。各国の会計制度も，各国独自の文化的，経済的並びに法的環境を反映するものである。このようなそれぞれ独自の経営環境を背景として，各国の会計制度なり会計環境の特徴を分析し，浮き彫りにする視点こそが，本来，国際会計研究の重要な出発点をなす。

以上の説明を要約して示したのが，「**図表1-2**」である。

この図は，「対象―手段―結果（効果）」という財務会計の全体的構図の中で，一方では，会計基準の**国際的比較可能性・統一化**の要請があり，他方では，会社法・税法等の法制度に枠づけられ，各国の経営環境に即した**独自性・個性化**の要請のもとで，企業規模や属性（公開・非公開性）に対応した**階層別開示制度**のあり方を示している。

§2 国際会計の生成基盤

　国際会計の生成・発展の背景をなすのは，その活動実態をなす**企業活動のグローバル化**と証券金融市場の発展・グローバル化であった。それは具体的には次のように要約的に示すことができる。

(1) まず，**金利・為替の自由化**と**為替・価格変動リスク**の増大，**規制緩和**による企業間競争の激化という企業を取り巻く経営環境の変化を前提として，企業活動や資金調達・運用はますますグローバル化し，

(2) その結果，一方では，リスク・ヘッジ手段としての**デリバティブ**等の新型金融商品の開発・発展によって海外のグローバル市場が拡充・発展するとともに，自国の国内証券市場の整備が促進され，

(3) それぞれの市場における経営者価値（企業利益）から**株主価値**（配当・株価）への価値の転換を行う橋渡し役（ブリッジ）としての機関投資者（証券アナリスト・ファンドマネジャー）の成長をもたらし，

(4) その意思決定手段としての**ファイナンス言語**の統一化ないしグローバル化が要請されるようになった。

　以上のグローバル会計基準の生成・発展基盤の全体像を示したのが，「**図表1-3**」である。

　従来，国際会計研究では，外貨建取引や在外事業体の換算問題に焦点が置かれ，換算問題に対して断片的・個別的に対処されてきた。これが大きく変容するようになったのは，1970年代以降の金利・為替の自由化と為替変動リスクや**価格ボラティリティ**の著しい増大によるものであった。このようなリスク・ヘッジ手段として，デリバティブ等の新型金融商品の開発と市場の整備が促進され，1980年代のユーロ市場の発展を通じて，**金融市場のグローバリゼーション**が大いに推進された。企業経営者も**リスク・ヘッジ**という余資の効率的運用を目指してデリバティブの積極的活用と金融取引の拡充化を背景として，1990年代末までには**公正価値**に基づく包括的な金融商品の会計基準が主要先

図表1-3　証券金融市場の拡充化と会計基準のグローバル化の要請

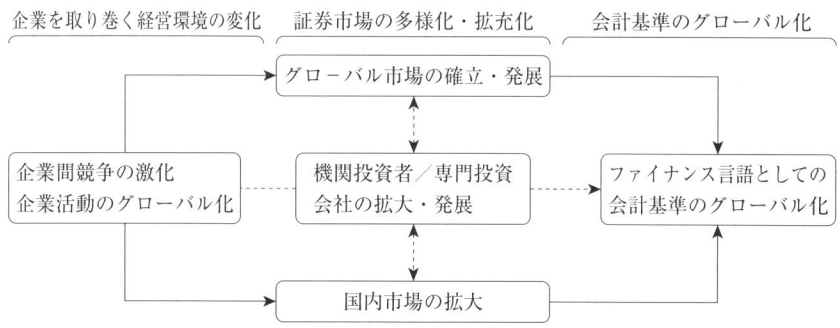

進諸国において整備された。

　ファイナンスのグローバル化は，必然的にファイナンス言語としての会計基準のグローバル化を促進することになった。企業の国際間比較を行うにあたって，企業の業績や財政状態に関する市場相互間の情報が不可欠になり，前世紀末から21世紀にかけて，国際会計基準を基軸とした**会計基準のハーモニゼーション**（調和化）や**コンバージェンス**（収斂化）が推進された。このようなアングロ・サクソン型の市場グローバル化の波は，一方では，EC市場の統合化による経済成長を目指す欧州大陸諸国に伝播するとともに，他方では，日本・中国・インドなど市場経済の整備・発展を模索するアジア諸国にも大きな影響を与えることになった。

§3　会計基準の国際的統一化の歩み

1　欧米における展開

　欧州・アメリカの会計基準の国際的統一化の原点をなし，国際会計基準のグローバルな浸透化に大きな影響を与えたのは，EC委員会の「**EU財務報告戦略**」(2000)であった。これは先のリスボン欧州評議会決議（2000）を受けて，EU域内の金融サービス市場の統一化を加速化し，重厚かつ流動性の高いEU市場の確立を目指すものであった。そのためには，EU並びに世界中の資本市

図表1-4 会計基準のコンバージェンスの潮流

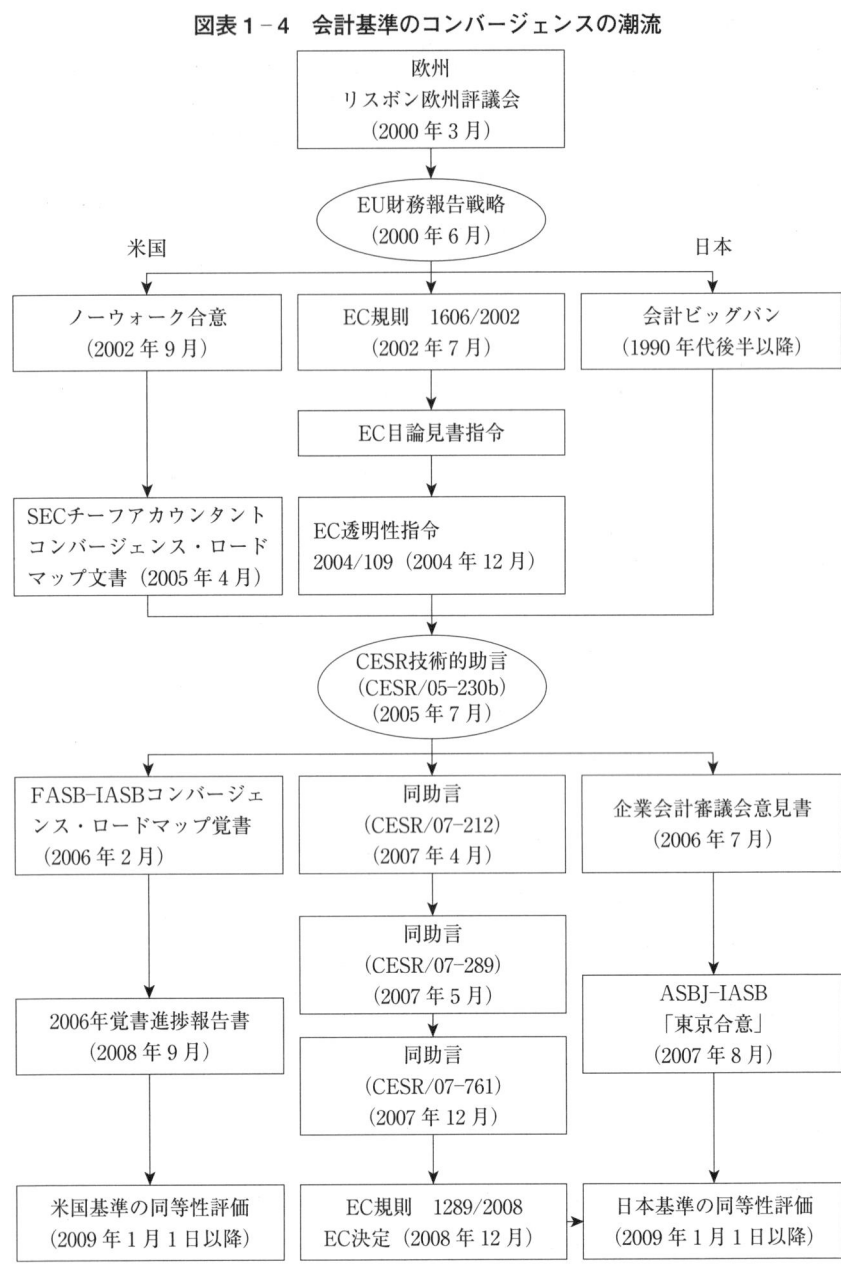

場において同等レベルの会計基準が要求されることを戦略的課題とし，国際的視点から設定された国際会計基準を具体的報告手段として，EU域内のすべての規制市場に上場したEU企業は，国際会計基準に準拠して**連結財務諸表**を作成することとした（「**図表1-4**」を参照されたい。）。

(1) これを受けて，**EC規則第1606号**（2002）は，2005年1月1日又はそれ以降に開始する各会計年度において，EU加盟国の規制市場で証券取引を認められた企業は，国際会計基準に準拠して，連結財務諸表を作成しなければならないことを規定した。これによって，2005年1月1日以降の会計年度において，EU域内の公開企業が公表する連結財務諸表に対して，国際会計基準の統一的適用が確立した。

(2) それと同時に，EU域内以外の第三国で設立された発行者についても，**EC目論見書指令**（2003）や**EC透明性指令**（2004）において，本指令で要求される情報の同等性を確立するのを保証する仕組みを設けることが求められ，

(3) **欧州証券規制当局委員会**（CESR：EU加盟各国の証券規制当局で構成）は，アメリカ，カナダ，日本の第三国の会計基準と国際財務報告基準（IFRS：国際会計基準の改訂後の基準）との**同等性**の評価が進められ，各国会計基準とIFRSとの差異の解消を図る**コンバージェンス**（収斂化）が図られていった。

それに対して，アメリカでは，2002年9月，アメリカ財務会計基準審議会（FASB）と国際会計基準審議会（IASB）とが高品質で相互互換的な会計基準の開発を約束するとの取り決めを行った**ノーウォーク合意**によって，IFRSとFASB基準とのコンバージェンス推進の第一歩が踏み出された。その後に取り交わされた「FASB—IASBコンバージェンス・ロードマップ覚書」（2006）では，コンバージェンスが単に両基準間の差異の解消を目指すのではなく，投資者への財務情報の改善に向けて新しい共通の基準作りを目指すべきであることが確認され，IFRSとの差異解消を超えて，投資者のニーズに応える財務情報の改善という，より積極的なスタンスがとられることになった。このようなコ

ンバージェンスが着実に成果をあげつつある中，2008年11月，アメリカ証券取引委員会 (SEC) が IFRS 採用に向けてのロードマップ（作業工程表）を公表した。これを契機に，アメリカでも IFRS の本格的採用に向けて論議が高まっていった。

2 日本における展開

わが国において，会計基準の国際的比較可能性の問題が最も端的に意識されるようになったのが，EU との**相互承認**の問題である。EC は 2002 年に EU 域内で上場する企業に対して国際財務報告基準 (IFRS) の採用を 2005 年 1 月から義務づけるなど，上場する EU 域外企業についても IFRS 又はこれと同等に認められる基準に拠ることを求めている。現在，わが国では 250 社を超える企業が EU において株式や債券を上場しており，その多くがこれまで日本基準に準拠して作成された財務諸表を開示してきた。したがって，日本基準に準拠した開示が EU において IFRS と同等に認められるか否かは，日本企業の EU での資金調達に大きく影響するとともに，ひいてはわが国資本市場に対する信頼にも著しく影響することになった。

とくに，レジェンド問題は長年にわたって日本企業と会計プロフェッションを悩ましてきた。**レジェンド**とは，日本基準に準拠して作成された財務諸表に関して，それが国際会計基準や FASB 基準で作成されたものと誤認されるリスクを軽減するために，「わが国以外の国で一般に公正妥当と認められた会計原則および実務に従って作成されたものではない」旨の付記をいう。このような表現は，日本基準が国外で通用しないものという印象を与えかねないものであり，その撤廃が強く求められてきた。したがって，EU との相互承認を図り，レジェンド付記の撤廃を実現するためには，日本基準と IFRS との同等性を技術的に検証し改善を図るとともに，長期的には会計基準の国際的収斂化（コンバージェンス）を図ることが課題となってきた。

IASB とわが国会計基準委員会は，会計基準のコンバージェンスを目指して共同プロジェクトを開始した。企業会計の**コンバージェンス**とは，各国の会計

基準をすり合わせていき，長期的には，各国の合意のもとで，国際的に統合化して１つの高品質の会計基準を目指していくプロセスをいう（経済産業省研究報告2004）。2005年3月の第1回会合では，両基準セッターの代表者が日本基準と国際会計基準の相互理解のために，それぞれの会計基準の基底をなす基本的哲学なりフレームワークに関して意見交換を行った。そこでは，また，審議を要する第1段階の会計領域として，棚卸資産の測定，セグメント報告，関連当事者の取引ディスクロージャー，在外子会社等の会計方針の統一化および投資不動産が選定され，日本基準のコンバージェンスに向けての協議が推進されることになった。

§4 IFRSアドプションの諸形態

会計基準の国際的統一化は，いまや国際財務報告基準（IFRS）への収斂（コンバージェンス）からIFRSの採用（アドプション）に向けて展開しつつある。しかしながら，IFRSのアドプションの具体的対応あるいは方法は必ずしも明確ではなく，各国・各管轄区において異なった形態がとられている。

「図表1-5」に示されるように，IFRSアドプションに対する各国の対応には完全なアドプション形態（プロセスのアドプション）から基準毎のアドプション，さらには不完全なコンバージェンスの域に止まるものなど，種々のバリエーションがある（以下の議論は次を参照している。Zeff and Nobes, 2010, pp. 179-181）。

第1類型としての完全なアドプション形態は，IFRSの**設定プロセスのアドプション**である。これは規制当局が基準設定プロセスそのものを採用することによって，自動的にそのアウトプットとしての基準を採用しようとするものである。この場合，個々の基準やその改訂に対して規制機関の承認を要しない。たとえば，イスラエルでは，証券法はイスラエル会計基準を参照するものとしているが，2006年会計基準29号は上場企業に対して，IASBが公表したIFRSを採用し，IFRS改訂版が自動的に採用されることとしている。

第2類型としてのアドプションは，**個別基準毎のアドプション**である。これ

図表1-5　IFRSアドプションの諸形態

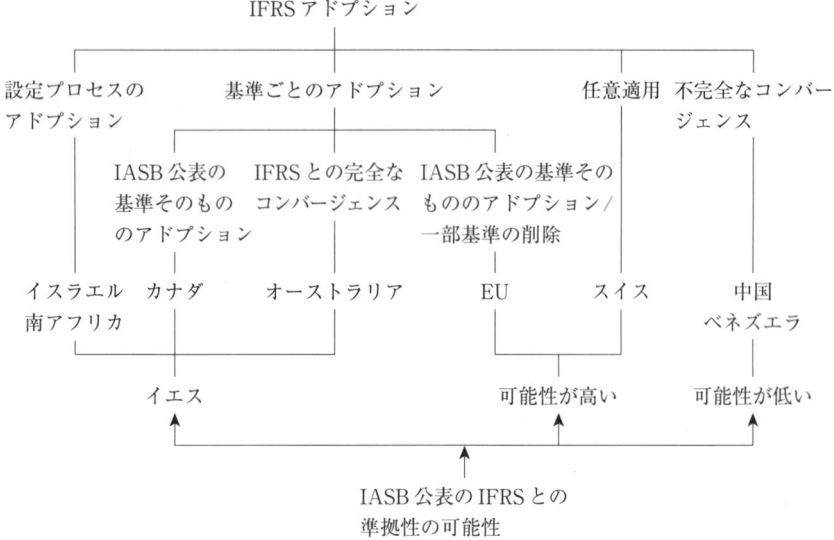

(出典：Zeff and Nobes, 2010, p. 181, Figure 1 より引用)

には，次の3つのアプローチがある。

(1)　「**カナダ・アプローチ**」：プライベート・セクターによるIASB公表のIFRSを個別基準ごとに採用する方法—2011年実施のカナダのアドプションでは，すべてのIASBのアウトプットは変更せずに迅速に，かつ，ほとんど自動的に法令に組み込まれている。カナダでは，伝統的に国内法はカナダ勅許会計士協会（CICA）ハンドブックに含まれる会計基準を参照するが，この場合，会計基準ハンドブックに収められるのは，一切変更が加えられない「IASB公表のままのIFRS」である。

(2)　「**EUアプローチ**」：公的機関による個別基準ごとの承認（エンドースメント）による方法—レギュレーション1606／2002では，EU上場企業の連結財務諸表の作成にあたっては，国際的な会計基準についての「承認版」を使用するものとしている。したがって，個々のIFRSの内容はIASBが公表したIFRSとは異なる実施日が付され，IFRSの一部は削除されることも可能であ

る（たとえば，IAS39からのカーブ・アウトのケース等）。会計基準の表題（タイトル）や基準の番号，用語等についてはIASB基準と同様であるが，このEU基準はいわば「EUによって採択されたIFRS」である。また，このEU承認アプローチは，EU基準の翻訳誤謬など翻訳作業上の困難性を伴う。

(3)「オーストラリア・アプローチ」：完全なコンバージェンスによる方法－オーストラリアでは，IFRSのアドプションにおいて，オリジナルのIFRS基準の表題（タイトル）の変更，追加の参照事項，非営利事業体に対する離脱規定，開示規定の追加などの点で，IASB公表のオリジナルなIFRSとは異なる「IFRSのオーストラリア版」をなす。2005年のアドプションでは，IFRSのいくつかの代替的方法（たとえば，IAS7のキャッシュ・フローの間接法，IAS31の比例連結など）の削除，IFRSの早期アドプションのオプション撤廃などオーストラリア・アプローチでのIFRSはIASB公表のIFRSそのものとはいえず，IFRSと同等のオーストラリア基準としての性格をもつ。

最後に，第3類型として，**IFRSの任意適用**を認めるスイス，また，**不完全なコンバージェンス**の中国などが例示される。中国の会計基準はオーストラリアよりもIFRSとのコンバージェンスの程度が劣っており，ある基準はIFRSと近似しているが，他の基準（たとえば，減損）ではIFRSの取り扱いとはかなりの差異がみられる。

以上，いまや世界で広くIFRSのアドプションが展開されつつあるとしても，その実態は必ずしもIASBが公表したIFRSそのものではなく，種々のレベルやバリエーションが存在することに注意する必要がある。

§5　会計基準の統一化をめぐる議論 ―「個性化」対「統一化」―

1　会計基準の個性化の論拠

会計基準の**個性化**ないし**多様化アプローチ**を支持する論者は，各国の歴史的，経済的，および社会的差異に焦点を置く。一般に，各国での財務報告，会計基準の生成・発展に影響する要素として，次の5つの要素が考えられる。

(1) 法制度
(2) 企業と資本提供者との関係
(3) 税法
(4) インフレーション・レベル
(5) 政治と経済との結びつき

これらは，しばしば広く「**文化**」という包括的概念で統一的に把握され，会計基準の統一化に対する反対論拠として提示されてきた。

会計モデルの多様性は，本質的に各国の経済的，法的，および社会的環境の中で理解されなければならない (Hoorau 1995；以下，詳細は，古賀・五十嵐 2002 参照)。たとえば，法制度について，アメリカ，イギリスなどアングロ・サクソン諸国とドイツ，フランスなどコンチネンタル・ヨーロッパ諸国とは相違する。前者は，**コモン・ロー**に基づくため，権威ある公的機関による明文化規定は限定され，法解釈が重要なウェイトを占め，したがって，会計基準等においても概念的フレームワークが一層必要とされる。他方，後者は，体系的かつ詳細な**制度法**に準拠し，法規定が決定的影響をもち，会計基準も法律に一層強く影響されることになる。

資本提供者との関係についても，アングロ・サクソン諸国では，アメリカ企業に典型的に示されるように，資本市場を通じての資本調達に大きく依存するため，財務諸表はとくに株主や**投資者**ニーズの充足に向けられることになる。それに対して，コンチネンタル・ヨーロッパ諸国では，証券投資者とともに，**債権者**や従業員などの他の利害関係者もまた，国民経済の重要な部分を占める者として重視されてきた。また，ドイツ，フランス等では，会計と**税法**との結びつきが一層強く，会計基準や実務に対して強い影響を与える。したがって，アングロ・サクソン諸国とコンチネンタル・ヨーロッパ諸国との会計ルールや実践の多様性は，その経済的，法的，社会的および文化的文脈（コンテクト）の中でのみ理解される。

2 会計基準の統一化の論拠

会計基準の統一化を支える論拠として,大きく次の2つがある。
(1) 効率的資源配分の理論
(2) 資本コストの理論

効率的資源配分の理論では,統一化は,情報の効率性を促進することを通じて資源の効率的配分を促進するのに役立つと考えられる。もし投資者等の情報利用者が比較可能性を欠いた情報を入手したとした場合,投資者等は代替的投資の選択を行うことは出来ず,投資は行われなくなるかもしれない。又は彼等が単にある国の企業の財務諸表のみが理解でき,したがって,それらの企業への投資に安心感を抱いたという理由のみによって,投資が効率性・生産性の劣る企業へ投下されることになるかもしれない。いずれの場合であれ,統一化は情報の効率性を高め,効率的資源の配分を促進することに役立つ。

他の1つは,**資本コスト**の削減である。これは統一化によって複数の会計基準へ準拠する必要性が取り除かれることになり,証券の発行並びに売買コストを削減することが可能になるというものである (Geiger 1998;古賀・五十嵐2000参照)。証券発行会社の観点からは,統一化によって多国籍にわたる株式上場コストを著しく削減することができる。また,投資者の観点からは,外国証券への投資に必要な**情報コスト**を削減することができ,しかも,ディスクロージャー・レベルの低い国では国内的にもディスクロージャー・レベルの引き上げを図ることが可能になる。

このような2つの主要な論拠について,いくつかの疑問点が含まれることも確かである (Most 1994;古賀・五十嵐2000参照)。第1に,情報の入手可能性は市場の効率性のためのいくつかの要件の1つにすぎず,すべてを決定するものではない。第2に,効率的資源の配分理論は,財務アナリストや投資マネジャーは財務諸表について高度に精通しているとの仮定に立つものであるが,実際には,精通している者はごく少数にすぎない。そして,第3に,金融市場での大量の売買取引は必ずしも効率的資源配分の意思決定の決定によるものではないので,グローバル金融市場を情報効率的にした結果が効率的資源配分に直

結するかどうかを予想することは困難である。合理的投資者は会計のベールを見抜いて企業の真の結果に注目する (Goeltz 1991)。アメリカ等の証券市場では，会計に入手可能なすべての情報は株価に含まれており，したがって，市場は情報効率的である。このような見地からは，各国の会計基準の完全なる調和化は困難であり，かつ実際に価値のあるものとなるとは限らない。

§6 国際化時代の会計制度設計のグランドデザイン

会計基準の国際的統一化の潮流の中で，わが国会計制度のグランドデザインが必要となる。この場合，その基礎をなす考え方を示したのが，「図表1-6」である。その要点は，およそ次のとおりである。

(1) 明確な**グローバル経済戦略**に立つ**財務報告戦略**の策定

ワールドワイドのグローバル言語としての国際会計基準の導入は，国家の明確な「グローバル経済戦略—財務報告戦略」に基礎づけられ，展開されてきた。EUにおける国際財務報告基準 (IFRS) 採用の動機となったのは，単一で効率的かつ競争力ある**EU証券市場**の確立を実現しようとする明確な経済戦略があった。また，アメリカでも2007年までに400社ものIFRS適用の外国企業が予想される中で，IFRSと米国企業との比較可能性を高め，両者のコンバージェンスを促進することによって両基準の差異調整規制の徹底を図ろうとするグローバル戦略があった。このように，国境を越えた証券投資を促進し，自国の証券市場の活性化を図るためには，グローバルなファイナンス言語としてのIFRSの採用が不可欠であった。

(2) 「比較可能性」対「独自性」の共存

国際会計基準の採用によって海外諸国の財務報告の比較可能性が促進される反面，各国の経済的実態を反映した財務報告の独自性は著しく損なわれ，グローバルな「**比較可能性**」とローカルな「**独自性**」との相矛盾をいかに解消するかが会計制度構築の新しい課題となる。

(3) 企業の規模・属性に即した**階層的財務報告**の構築

図表1-6 国際化時代の会計制度設計のグランドデザイン

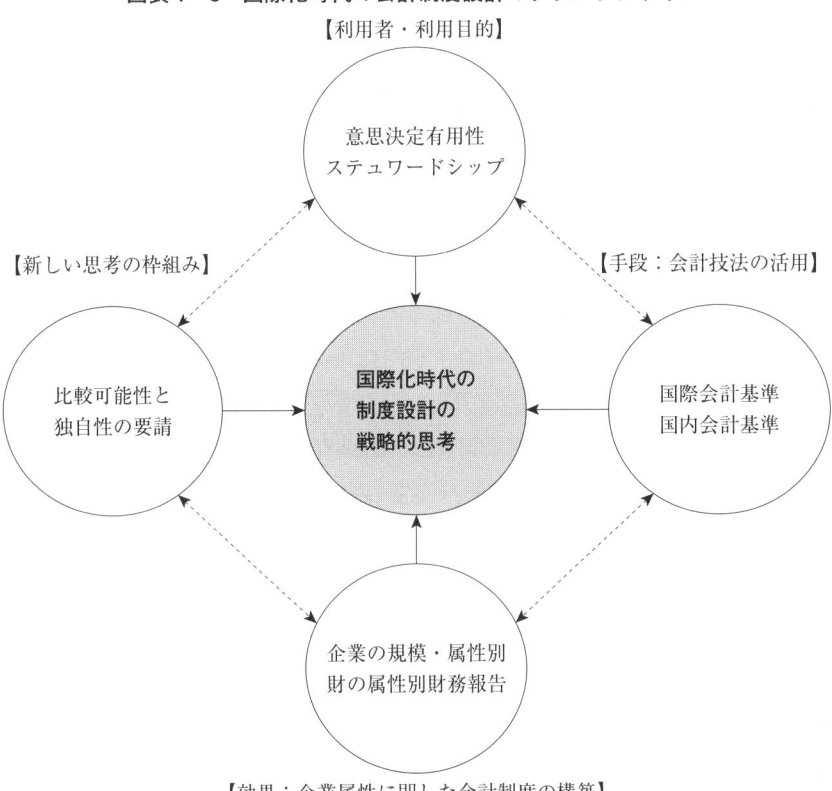

　会計制度は，企業の規模・属性（利用者・情報ニーズ・企業実態等）に即してグローバルな国際会計基準の適用会社とローカルな国内基準適用会社とを区分して，その制度設計が図られなければならない。グローバル・ファイナンス言語としての上場企業の連結財務情報では証券市場での投資意思決定への役立ちが重要になり，国際会計基準審議会（IASB）概念フレームワークに基礎づけられた国際会計基準（IAS/IFRS）の適用が求められる。それに対して，グローバル資本市場での資金調達を指向しない非上場会社，各国の会社法や税法基準の影響の強い単体情報では，経営者の**受託責任（ステュー**

ワードシップ）と**会計報告責任（アカウンタビリティ）**の概念フレームワークが導入され，各国独自の国内基準が適用される。

(4) 実物財と金融財との財の属性による区分会計

本来，有価証券・デリバティブ等の**金融財**と製品・機械・設備等の**実物財**とは，財の基本的属性が著しく相違するので，異なった属性に対して異なった測定ルールが適用されることになる。財の生産的利用に焦点を置く有形生産財は「原価の集合＝**原価評価**」をなすのに対して，資本市場での投資金額の回収に焦点を置く金融財は「将来キャッシュ・フロー＝**公正価値評価**」による。グローバル指向企業であれ，国内指向企業であれ，その相対的比重は異なるものの，プロダクト会計言語としての原価（取得原価）とファイナンス会計言語としての公正価値（時価）とは共存せざるを得ない。

以上，「グローバル財務報告戦略―企業の規模・属性―財貨の属性」に即した階層別・区分別の観点から，新たな IFRS 時代の財務報告の制度設計が喫緊の課題となっている。

レビュー問題

問題1　次の用語（1）〜（4）について説明しなさい。
　　　（1）EU 財務報告戦略
　　　（2）ノーウォーク合意
　　　（3）レジェンド問題と EU との相互承認
　　　（4）会計基準のコンバージェンス（収斂化）

問題2　国際会計とは何か。また，国際会計において「比較可能性」と「独自性」という相矛盾した 2 つの視点がなぜ必要であるか，説明しなさい。

問題3　国際会計の発展が，「場」としての金融証券市場，および「主体」としての専門投資者（証券アナリスト・ファンドマネジャー等）の発展とどのように関連づけられるか，説明しなさい。

問題4　EU およびアメリカにおいて国際会計基準（IAS/IFRS）が導入されるようになったのはなぜか，説明しなさい。

問題5　会計基準の統一化をめぐって，次の問に答えなさい。
　　　（1）統一化を支持する論拠

(2) 統一化に反対する論拠
(3) IFRS 時代における最適な財務報告の制度設計のあり方

【参考文献】
- 古賀智敏・五十嵐則夫 (2000)『会計基準のグローバル化戦略』森山書店（第1章「会計基準のグローバル化の視点」）。
- 古賀智敏 (2007)「会計基準のグローバル化の認識基点―会計基準グローバル化に向けての同化と分化」『産業経理』第67巻2号, 13-21頁。
- ――― (2009)「会計基準の国際的統一化と日本の会計実務」（古賀智敏・鈴木一水・國部克彦・あずさ監査法人『国際会計基準と日本の会計実務〈三訂版〉』同文舘, 第1章所収）。
- ――― (2010)「国際会計」神戸大学経済経営学会編（『ハンドブック経営学』, 第22章所収）。
- Clark, G., Hebb T., and Wjcik, D. (2000), *Globalisation of Accounting Standards*, edited by Godfrey, J. and Chalmers, K., pp.15-33.（古賀智敏監修/石井 明・五十嵐則夫監訳 2009『会計基準のグローバリゼーション』同文舘）。
- Commission of European Communities (2000), *EU Finanncial Reporting Strategy: the way forward*, COM (2000) 359 final.
- Geiger, U. (1998), *The Case for the Harmonization of Securities Disclosure Rules in the Global Market*, Columbia University.
- Goeltz, R. (1991), "Commentary on International Accounting Harmonization: The Impossible (and Unnecessary?) Dream," *Accounting Horizons*, pp. 85-88.
- Most, K. (1994), "Toward The International Harmonization of Accounting," *Advances in International Accounting*, Vol.6, JAI Press Inc..
- Nicolaisen, D. (2005), *Statement by SEC staff: A Securities Regulator Looks at Convergence*, U.S. Securities and Exchange Commission.
- Zeff, S., and Nobes, E. (2010), "Commentary: Has Australia (or Any Other Jurisdiction) 'Adopted' IFRS?; *Australian Accounting Review*, No. 53 Vol. 20 Issue 2, pp. 178-184.

第2章

日本企業のグローバル化と国際会計の役割

§1 日本企業のグローバル化と国際会計の展開

1 日本企業のグローバル化戦略

会計情報は，一定の環境のもとでの企業の行動実態を対象として数量化した情報である。したがって，国際会計のあり方もその対象となる企業のグローバル活動実態を踏まえて展開されるべきである。わが国における国際会計の生成・発展基盤として，まず，日本企業のグローバル化の展開をみてみよう。

日本企業の海外進出は，1951年のオランダ領ゴアでの鉄鉱山開発から今日に至るまでいくつかの段階を経て大きな躍進を遂げてきた。その進出戦略パターンは，「**図表 2 - 1**」に示されるように，企業を取り巻く内外の環境変化を企業自身のニーズの変化に対応して大きく4段階に区分して特徴づけることができる (坂本他1978)。

(1) 1950年代を中心とする第1期進出パターンは，鉱物・森林資源の確保のための海外投資の初期形態と急成長した繊維産業の過剰生産設備の海外移転を目的とした海外進出を内容とするものであり，**資源確保動機**ないし設備の**有効利用動機**によって特徴づけられた進出パターンをなす。

(2) 1960年代を中心とする第2期進出パターンは，高度成長経済のもとで急成長した企業が，日本製品の商圏確保のために行った海外進出をなすものであり，**輸出代替動機**（対東南アジア市場）ないし**市場防衛動機**

図表 2 − 1　日本企業のグローバル化の進展と特徴

期間的区分	経済・経営環境	進出パターンの特徴	進出の動機	進出の動機・戦略
第1期萌芽期 (1950年代)	アメリカの援助物資に依存した経済；朝鮮動乱の勃発による物資の不足	重要原材料の確保を目的とした投資；繊維産業の過剰生産設備の海外移転を目的とした本格的な企業進出（現地法人の設立等）		資源確保動機、設備の有効利用動機
第2期拡張期 (1960年代)	国内での高度成長経済；発展途上国での輸入規制、外貨に対する税制面での優遇措置、受入国輸入代理商からの進出要請の高まり	日本製品の商圏確保を目的とした進出 ―東南アジア向け投資の急増 ―先進国、特にアメリカでの販売会社の設立 ―第三国市場の商圏維持を図るための海外生産基地の確立		市場防衛動機；全社的な海外経営戦略の欠如；海外事業の管理体制の不備；著しく低い進出企業の投資収益率
第3期伸長期 (1970年代 〜80年代前半)	国内での労働力不足、ニクソン・ショックへの政策対応の不備から生じた過剰流動性（1971年8月）、海外投資の自由化（1971年9月）、および石油ショックによる資源問題；東南アジアでの投資環境の改善、外貨獲得のための外貨の誘致、外貨獲得・市場創出のための保税加工制度の設置・整備のための基盤整備	生産活動の拡大化を目的とした進出 ―既進出事業所の増設と新しい製品ラインの追加 ―第三国や日本市場を対象とする市場外生産指向型の進出の著しい増加 ―製造業分野での新規投資と企業買収の増大 ―資源開発加工型の進出の増大 ―北米・南米を対象とした不動産取得型の出現 ―プラント輸出を支える拠点作りのための大規模プロジェクトの企画		市場防衛動機、労働力確保型動機、拠点確保動機、輸出補完動機等；有機的な生産ネットワークは未確立；海外事業部の強化；経営権は日本側の合弁形態の採用
第4期完成期 (1980年代 後半以降)	国内でのプラザ合意（1985年）以降の急激な円高、大幅な貿易黒字（1986年）と貿易摩擦の激化、為替リスクの増大；アメリカ経済の回復、ドルの大幅下落、保護主義的な輸入制限、タイ、マレーシア、インドネシア等ASEAN諸国の台頭	生産コスト・経済摩擦の改善を目的とした進出 ―対米直接投資の急増、輸出代替のための生産シフト、卸売業の相対的比重の低下と製造業比重の上昇 ―アジア向け輸出指向型の投資の増加、特にNIES諸国からASEAN諸国への重点シフト；部品関連の下請型企業の著しい進出		円高メリット利用動機、為替リスク回避動機、輸出代替動機、企業買収、不動産や金融部門への投資の多角化、利益より市場シェアの拡大指向

（対アメリカ市場）によって特徴づけられる。
- (3) 1970年代から80年代にかけての第3期進出パターンは，変動相場制への移行，石油危機，および国内での労働力不足等の経済環境のもとで既進出先での生産規模の拡大，中小企業の海外進出，先進国に対する新規投資と企業買収による製造業分野での進出などを包括するものであり，**労働力確保動機**等がその進出動機に新たに加わった。
- (4) そして，1985年のプラザ合意以後の第4期進出パターンは，急激な円高，為替変動，先進国との経済摩擦の激化を背景として，対米直接投資の急増，ASEAN諸国への投資比重の増大，部品関連の下請型企業の進出などを内容とし，円高メリット利用ないし**為替リスク回避型動機**を特徴とする。

このように，日本企業のグローバル化は，地域別では発展途上国指向型から欧米先進国・発展途上国指向型へ，業種別では販売・商業指向から生産・製造業指向へ，そして，進出の動機では資源確保や市場防衛型から労働力確保や円高メリット利用型へと大きく重点シフトしつつ，海外進出に対する経営の自信を徐々に深めていった。このような日本企業のグローバル化を会計的側面から促進したのが国際会計のめざましい発展であった。

2　日本企業のグローバル化と国際会計の展開

日本企業のグローバル化に対して，次の2つの側面から企業の対応が求められ，企業会計の整備が図られるようになった。
- (1) 為替変動リスクと**ヘッジ会計**（企業の対内的リスク管理の要請）
- (2) **為替換算会計基準**の整備（企業の対外的レポーティングの要請）

日本企業のグローバル化に伴う対内的リスク管理の側面から，為替リスクの拡大とリスクヘッジのための会計基準の整備が行われてきた。このような為替変動リスクの拡大が生じることになったのは，1971年8月のいわゆる「**ニクソンショック**」による「ドルと金の交換停止」とそれを前提に構築されていた固定相場制の崩壊と変動相場制への移行であった（「**図表2-2**」を参照されたい）。

第 2 章　日本企業のグローバル化と国際会計の役割　　**23**

図表 2-2　国際通貨体制の変遷

主要な事項	内　　　容
■ 1994 年ブレトンウッズ体制の確立	・ブレトンウッズ（アメリカ・ニューハンプシャー州）で国際通貨基金協定が結ばれ，IMF（国際通貨基金）が発足，ドルを金と並ぶ国際通貨とする制度が確立
■ 1971 年 8 月ニクソンショック	・「ドルと金の交換停止」により，金と通貨の交換（1 オンス＝35 ドル）を前提に構築されてきた固定相場制，ブレトンウッズ体制の終焉
■ 1971 年 12 月スミソニアン体制の確立	・ワシントン・スミソニアン博物館で先進 10 ヶ国蔵相会議が開かれ，ドルの切り下げと為替変動幅の拡大が決定（1 オンス＝38 ドル，1 ドル＝308 円）。為替変動幅を上下各 1％～2.25％へと拡大する固定相場制（スミソニアン体制）が確立
■ 1973 年 3 月変動相場制への移行	・アメリカの国際収支の悪化が続き，1972 年 6 月イギリスに続き，主要国が変動相場制に移行
■ 1978 年 4 月キングストン合意	・キングストン（ジャマイカ）での IMF 暫定委員会で IMF 第 2 次協定改正により金の廃貨が決定（1978 年 4 月発効），現行の国際通貨体制の確立
■ 1978 年 11 月カーターショック・ドル防衛策	・アメリカの経常収支の赤字，インフレの加速化の背景によるドルの急落とカーター大統領によるドル防衛総合対策の発表
■ 1985 年 9 月プラザ合意・ドル高防衛策	・ドル安によるアメリカの輸出競争力の強化と貿易赤字の削減を目的として，先進 5 ヶ国の蔵相・中央銀行総裁会議の開催。為替レートの調整による対外不均等の是正等の協議，ドル安円高の加速化

（出典：http://www.fxprime.com/ecite/bn_ykk/ykk_bn10.html を参考に作成）

　1944 年，アメリカのニューハンプシャー州のブレトンウッズで国際通貨基準協定が結ばれ，ドルを基軸通貨として金とならぶ国際通貨とする制度，ブレトンウッズ体制が確立した。しかし，1960 年代以降，ベトナム戦争等によるドルの流出やアメリカの国際収支赤字拡大を背景にドルへの信認が次第に失われ，ドルを売って金を買う動きが加速化した。1971 年，この動きに耐えきれなくなって，当時のニクソン大統領が「ドルと金の交換停止」を表示し（「ニクソンショック」という），ここに固定相場制に立つブレトンウッズ体制は終

焉し，1973年3月までに主要国は**変動相場制**に移行した。その結果，日本円も1971年12月のスミソニアン会議で1ドル＝360円から308円へと16.88％切り上げられ，1978年10月には1ドル＝175円にまで円高が進んでいった。

このような変動相場制のもとで事業活動のグローバル化に伴い著しい**為替変動リスク**に晒されることになり，先物・オプション取引等の**デリバティブ**を用いたヘッジ取引が活発になった。**ヘッジ取引**とは，一般にデリバティブをヘッジ手段として利用することによって，ヘッジ対象の資産又は負債に伴う相場変動による損失を相殺したり，回避する取引をいう。わが国では，平成11年 (1999年) 1月に企業会計審議会から「金融商品に係る会計基準」が公表され，ヘッジ会計の制度的基礎が確立した。

他方，日本基準のグローバル化に対する企業の対外的レポーティングの側面から，外貨建取引に対する会計指針が徐々に整備されていった。企業会計審議会は，昭和43年 (1968年) 5月以降，為替相場制の改廃に伴う会計問題に対して，一連の「企業会計上の個別問題に関する意見」を公表し，対処してきた。この中で，個別意見第4「基準外国為替相場の変更に伴う外貨建資金等の会計処理に関する意見」は，スミソニアン10カ国蔵相会議に基づき，昭和46年 (1971年) 12月に1ドルにつき360円から308円に変更する措置が採られたことに伴い，企業会計上に必要な会計処理基準を示したものである（外貨建取引等会計処理基準「外貨建取引等会計処理基準の設定について」Ⅰ・1・(3)）。

その後，わが国企業のグローバル化と昭和53年 (1978年) 3月期以降実施の**連結財務諸表制度**の導入とが相まって，在外支店・子会社の外貨表示財務諸表項目の換算が一層重要になり，外貨建取引等についての包括的かつ一般的な会計処理基準の設定が不可欠となった。昭和54年 (1979年) 6月に企業会計審議会から「外貨建取引等会計処理基準」が公表され，今日の外貨建取引等の会計指針の制度的基礎となっている。

§2 日本型金融システムと会計基準の特徴

1 日本型金融システムの特徴

　会計基準ないし会計制度は，各国独自の文化的，経済的並びに法的環境を反映するものであり，それぞれの国の独自性なり特異性をもった価値体系をなす。日本の会計制度も，日本独自の文化的，経済的並びに法的環境を反映するものである。日本型金融システムは，このような日本型経済システムを最も典型的に反映している。

　伝統的に**日本型金融システム**は，メインバンク制，株式相互持ち合い，および終身雇用制度の3つの側面から特徴づけられている。これらの3つの特徴は相互に密接に関連し合い，結び合ったものであり，会計基準のグローバル化の前提基盤をなしている。

　日本型金融システムの特徴は，「**メインバンク**」を頂点として取引関係企業（原材料の供給業者，製品の主要な得意先等）が「**系列**」と呼ばれる密接な結びつきをもった企業グループを形成し，安定した「**株式相互持ち合い制度**」を確立する点にある。日本企業の場合，株式の約70パーセントを取引関係をもつ他企業（年金基金など）が保有するにすぎない（深尾・森田1997）。株式は系列グループ内で相互持ち合いが行われており，その結果，企業は安定株主としてお互いに株式を所有する。これらのグループの主要株主をなすメインバンクは，グループ内企業に貸出を行い，その企業活動のモニタリングをなし，その他必要に応じて種々の救済措置を講じる。

　このような日本の株式所有構造の特徴は，投資意思決定において明確に反映されている。アメリカなど西側諸国では，投資意思決定は配当やキャピタル・ゲインなど経済的リターンの最大なる獲得といった純粋に経済的目的によって動機づけられているのに対し，日本では，必ずしもそうではない。「良好な取引関係の維持」といった非経済的目的が，企業の投資意思決定の基礎的動機をなすことがよくある。グループ内の企業は，長期的取引関係を維持することに

よって将来的リターンを期待することが出来るので、株式投資では比較的低いリターンを受け入れようとする（Ide 1996；吉田 1995）。このように、日本型金融システムはアメリカ型よりも一層**長期的視点**を採り、経済的リターンのみならず非経済的リターンをも考慮に入れようとする。

株式相互持ち合い制度のもう1つの側面として**リスク・シェアリング**としての役割がある。これらの安定した株式保有制度によって、日本企業は乗っ取り（テイクオーバー）から身を守ることができたともいえる（Sheard 1994）。それはまた日本における終身雇用制度とも密接に結びついている。**終身雇用制度**は企業が継続して操業活動を行うことを前提とする。企業が乗っ取りの危険性から防御されている限り、従業員の終身雇用は保障されることができる。その意味で株式相互持ち合いのリスク・シェアリングの側面は、従業員に間接的に終身雇用を保証できるようにする方策として把握される。

2　日本型会計基準の特徴

日本型会計基準の特徴として、しばしば次の2つが指摘される。
(1)　測定プロセスにおける保守的な利益計算
(2)　伝達プロセスにおけるディスクロージャーの欠如

これらのわが国の伝統的会計にみられる特徴は、一部、商法（会社法）や税法等の規定に影響されたものである。しかし、より重要なことは、わが国の伝統的な企業会計の特徴は、その実態をなす日本企業の経営行動なり金融システムと結びつけて理解し、評価すべきである。

日本の企業会計では、しばしば利益を控え目に計上する実務が指摘される。たとえば、自家建設に伴う借入金の金利は原則として資産の原価には算入されず、発生時に費用として処理される。有形固定資産の減価償却に関しても、日本企業は概して短かい耐用年数を使い、定率法など加速償却法を選好する傾向にある。さらに、日本の企業会計では、対応原則を用いて種々の将来の費用に対して偶発債務（引当金）を設けることができる。資産・負債の概念フレームワークに焦点を置く英米の会計では、偶発債務の設定にあたっては一般に日本

基準よりも厳格である。

先に述べたように，英米諸国では，株式投資の主な目的は配当やキャピタル・ゲインによって最大なる経済的リターンの獲得を図ることである。他方，日本では，友好な取引関係の維持といった非経済的リターンが大株主にとってはより重要である。このように，日本企業の経営者は短期的株式市場の動向に影響されずに長期的な投資や意思決定の見方に立つ傾向があり，**保守主義**の哲学は，日本の経営者の長期的視点に一層符合すると考えられる。

日本の伝統的会計のもう1つの特徴として，ディスクロージャーの欠如がしばしば指摘される。確かに金融商品の会計や減価償却資産の会計，減損会計，連結会計など国際会計基準は概して日本基準よりも包括的かつ詳細なディスクロージャーを要求しているといえる。これもまた日本型金融システム，つまり，メインバンク制と株式の相互持ち合いと密接に関連づけられる。ビジネス・パートナーとしてのメインバンクは，グループ企業の企業活動をモニターし，必要な場合，種々の救済手段を提供することによって重要な役割をもつ。その責任を果たすべく，メインバンクはグループ企業の企業情報に対して完全かつ継続的にアクセス可能でなければならない。そのような経営環境のもとでは，西洋諸国に存在するような高度なレベルでの情報の非対称性はもはや存在しなくなるので，パブリックに対して完全ディスクロージャーを求める声は相対的には弱いものとなった。

§3　経営環境の変化と会計制度改革

1　バブル経済の崩壊と経営環境の変化

1985年の急激な円高以降，日本企業の行動は国際的にも国内的にも大きな矢面に立たされることになった。「**図表2-3**」に示されるように，国際的には，グローバル市場やクロスボーダー財務活動の発展によって，日本企業はよりグローバル・システムの規範に準拠することを求められた。貿易不均衡，日本と他の貿易パートナーとの摩擦により，日本型ビジネス・アプローチの特異性は

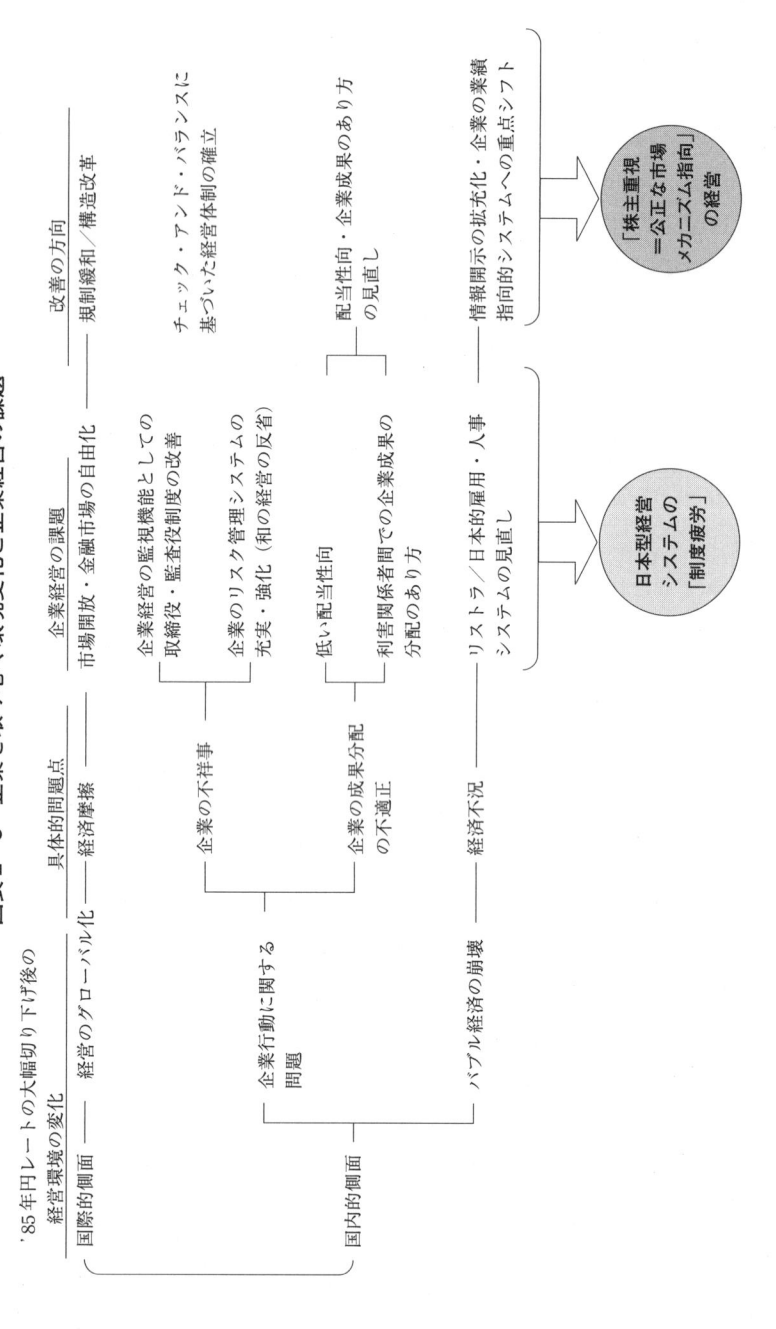

図表 2-3 企業を取り巻く環境変化と企業経営の課題

具体的問題点	企業経営の課題	改善の方向

国際的側面
- '85年円レートの大幅切り下げ後の経営環境の変化 ── 経営のグローバル化 ── 市場開放・金融市場の自由化 ── 規制緩和／構造改革
- 企業行動に関する問題 ── 経営摩擦
  - 企業の不祥事 ── 企業経営の監視機能としての取締役・監査役制度の改善／企業のリスク管理システムの充実・強化（和の経営の反省） ── チェック・アンド・バランスに基づいた経営体制の確立
  - 企業の成果分配の不適正 ── 低い配当性向／利害関係者間での企業成果の分配のあり方 ── 配当性向・企業成果のあり方の見直し

国内的側面
- バブル経済の崩壊 ── 経済不況 ── リストラ／日本的雇用・人事システムの見直し ── 情報開示の拡充化・企業の業績指向システムへの重点シフト

→「株主重視＝公正な市場メカニズム指向」の経営

→ 日本型経営システムの「制度疲労」

批判を受けることになった。たとえば,「系列」や市場の閉鎖性の問題は,1990年の日米構造協議の重要な課題をなすものであった。

　国内的には,バブル経済の崩壊,高度成長経済から低成長経済への移行,および金融規制緩和によって,日本企業はドラスチックな変化を迫られることになった。殊にバブルの崩壊は,日本経済や日本企業に大きなダメージをもたらした。日本型経営システムは高度成長を前提として展開されてきたので,経済成長の減速化は日本型経営に大きな転換を迫ることになった。また,1980年以降の金融規制の緩和化によって,伝統的な**関係重視型システム**から**業績指向型システム**への転換が求められるようになった。

　このような経営環境の変化のもとで,日本型金融システムの根幹的変化に対して,いくつかの変化の兆候が明らかになった (Ide 1996)。1990年以降の株価の大幅下落によって,日本の資本調達コストの優位性は大きく失われ,一方では,国際決済銀行 (BIS) の自己資本比率ルールにより,そして,他方では,低迷する経済状況によって,持ち合い株式の維持コストは高すぎるものとなった。巨額の不良債権を抱えて,銀行はキャピタル・ゲインの獲得を狙って持ち合い株を売却し始めた (深尾・森田 1997)。さらに,金融全体に占める銀行借入れの比率が減少するとともに (1985年 31.7%から1995年 25.6%),グループ企業に対するモニターとしてのメインバンクの役割も縮小し始めた。しかも,資本市場重視と**投資者保護**の高まりの中で,日本でもROE等の収益性が重視されなければならないとの認識を持つ経営者が徐々に増大しつつある点も注目されるべきであろう。

　同時に,「**図表 2-4**」に示されるように,1990年代後半以降,会計基準の国際的調和化と会計制度改革が大いに推進されてきた。連結財務諸表, R & D, 退職給付費用,金融商品,および外貨換算などが典型例である。これらはいずれも,会計基準の国際的動向との整合性を意図したものであり,「フリー,フェア,グローバル」といった資本市場重視の考え方に立つものである。

図表2-4 最近10年間に公表された主要な会計基準

区　分	公表された主要な会計基準
■ 連結財務諸表	・「連結財務諸表原則・注解」 （改正1997年6月，企業会計審議会） ・「連結財務諸表に関する会計基準（企業会計基準第22号）」 （改正2010年6月，企業会計基準委員会） ・「中間連結財務諸表等の作成基準」 （1998年3月，企業会計審議会） ・「連結キャッシュ・フロー計算書等の作成基準」 （1998年3月，企業会計審議会）
■ 研究開発費	・「研究開発費等に係る会計基準」 （1998年3月，企業会計審議会） ・「研究開発費等に係る会計基準の一部改正（企業会計基準第23号）（2008年12月，企業会計基準委員会）
■ 退職給付	・「退職給付に係る会計基準」 （1998年6月，企業会計審議会） ・「退職給付に係る会計基準の一部改正（企業会計基準第3号）」（2005年3月，企業会計基準委員会） ・「　　　同　　　（その2）（企業会計基準第14号）」（2007年5月，企業会計基準委員会） ・「　　　同　　　（その3）（企業会計基準第19号）」（2008年7月，企業会計基準委員会）
■ 税効果会計	・「税効果会計に係る会計基準」 （1998年10月，企業会計審議会）
■ 金融商品	・「金融商品に係る会計基準」 （1999年1月，企業会計審議会） ・「金融商品に関する会計基準（企業会計基準第10号）」 （最終改正2008年3月，企業会計基準委員会）
■ 外貨建取引	・「外貨建取引等会計処理基準」 （最終改正1999年10月，企業会計審議会）
■ 減損	・「固定資産の減損に係る会計基準」 （2002年8月，企業会計審議会）
■ 企業結合	・「企業結合に係る会計基準」 （2003年10月，企業会計審議会） ・「企業結合に関する会計基準（企業会計基準第21号）」 （改正2008年12月，企業会計基準委員会）
■ 事業分離	・「事業分離等に関する会計基準（企業会計基準第7号）」（2005年12月，改正2008年12月），企業会計基準委員会

■	ストック・オプション	・「ストック・オプション等に係る会計基準（企業会計基準第8号）」(2005年12月，改正2008年12月，企業会計基準委員会)
■	株主資本等変動計算書	・「株主資本等変動計算書に係る会計基準（企業会計基準第6号）」(2005年12月，企業会計基準委員会)
■	純資産の表示	・「貸借対照表の純資産の部の表示に関する会計基準（企業会計基準第5号）」(2005年12月，改正2009年3月，企業会計基準委員会)
■	棚卸資産	・「棚卸資産の評価に関する会計基準（企業会計基準第9号）」(2006年7月，企業会計基準委員会)
■	四半期財務諸表	・「四半期財務諸表に関する会計基準（企業会計基準第12号）」(2007年3月，最終改正2009年3月，企業会計基準委員会)
■	リース取引	・「リース取引に関する会計基準（企業会計基準第13号）」(改正2007年3月，企業会計基準委員会)
■	工事契約	・「工事契約に関する会計基準（企業会計基準第15号）」(2007年12月，企業会計基準委員会)
■	持分法	・「持分法に関する会計基準（企業会計基準第16号）」(2008年3月，改正同年12月，企業会計基準委員会)
■	資産除去債務	・「資産除去債務に関する会計基準（企業会計基準第18号）」(2008年3月，企業会計基準委員会)
■	賃貸等不動産	・「賃貸等不動産の時価等の開示に関する会計基準（企業会計基準第20号）」(2008年11月，企業会計基準委員会)
■	セグメント情報	・「セグメント情報等の表示に関する会計基準（企業会計基準第17号）」(最終改正2009年3月，企業会計基準委員会)
■	会計上の変更・誤謬の	・「会計上の変更及び誤謬の訂正に関する会計基準（企業会計基準第24号）」(2009年12月，企業会計基準委員会)
■	包括利益	・「包括利益の表示に関する会計基準（企業会計基準第25号）」(2010年6月，企業会計基準委員会)

2　会計制度改革の基礎をなす会計観

　企業会計をとりまくグローバル化の動きは，産業経済から金融・知識創造経済への経済基盤の変化を背景として，会計認識についてはIASB概念フレームワークの資産・負債概念との整合性を強調し，会計評価については時価ないし**公正価値**を重視し，また，利益決定アプローチについては将来キャッシュ・フローの現在価値というストックの側面に焦点を置く会計として把握することが

できる（古賀 2000）。

たとえば，金融商品会計では，資産・負債概念に照らして金融商品の資産・負債性を認識するとともに，金融商品の譲渡にあたって「**支配の移転**」に基づき会計処理を行う。また，評価基準として時価又は公正価値が重視される。金融商品の時価は現在現金等価額を反映するので，企業の流動性又はソルベンシーを評価するのに役立つのみならず，その価値変動は企業の財務業績の評価に最も適合性ある測定値をなす。これはストックとしての金融商品のキャッシュ・フローの側面に注目するものである。

年金給付の新会計基準においても，同様に資産・負債概念に焦点を置いた会計観が採られている。新会計基準では，年金給付および年金費用の算定において，発生給付評価方式の一方式である「**予測単位積増方式**」を採用している。そこでは，従業員が現在までの勤務により，すでに稼得した年金給付の現在価値を年金債務として把握し，そのような年金債務の当期における増加額が当期の期間年金費用となる。これは年金債務というストックの側面に焦点を置くものであり，従来の年金会計が対応概念に基づいた年金コストの期間配分に焦点が置かれてきたのとは対照的である。

しかも年金債務および年金費用の測定にあたっては，将来給付額（キャッシュ・フロー）の見込額を各期に合理的な基準により配分した後，この期間配分額を一定の割引率および予測勤務期間に基づき現在価値額に割り引く現価方式を採る。また，年金資産は退職給付の支払いのためにのみ使用されることから，これを公正な評価額により測定する。このように，年金会計の新基準は，IASB 概念フレームワークとの整合性を重視するものであり，そのアプローチは明らかに**ストック指向的**である。

研究開発費の新基準では，研究開発費は発生時に一括して費用処理することとした。これは支出額が将来の経済的便益をもたらすかどうかという資産性，つまり，そのストック計算に注目するものである。その意味では，研究開発費の一括費用処理は，大きく「フロー」から「ストック」への会計観の潮流のなかで把握することができる。

§4 日本基準グローバル化のロードマップ

わが国における会計基準のグローバル化の展開は，大きく次の3段階に区分して特徴づけることができる。

(1) 会計制度改革と会計基準のハーモニゼーション（1990年代末〜2000年代初頭）

(2) IFRSの拡充化と会計基準のコンバージェンス（2000年代中葉〜2000年代後半）

(3) IFRSのアドプションの推進（2000年代末〜）

日本基準の国際的統一化への第1段階は，会計基準の国際的動向との整合性を意図した会計基準の**国際的調和化（ハーモニゼーション）**の展開であった。1990年代初頭のバブル経済の崩壊を契機として，わが国企業を取り巻く経営環境は大きく変容してきた。国際的には，1985年の急激な円高以降，日本企業のグローバル化がますます促進され，為替変動リスクのヘッジが求められるとともに，国内的には，資本市場の透明性や公正性を高めるための会計制度改革（いわゆる「**会計ビッグバン**」）が推進された。その目指すところは，「フリー，フェア，グローバル」という資本市場を重視した会計インフラの整備であり，国際会計基準やFASB会計基準のハーモニゼーションを促進しようとするものであった（「図表2-5」参照）。

これらの会計制度改革の特徴は，認識面における**資産負債アプローチ**による資産負債の認識（デリバティブ取引の認識，年金債務の認識等）の費用処理（研究開発費等），また，資産の測定面での**公正価値評価**の拡充化（デリバティブ取引，年金資産等）が挙げられる。この背景をなすのは，有形のプロダクト（商・製品）に焦点を置く実物財経済から，グローバル資本市場での金融取引の拡大に注目した金融財経済への経済基盤の移行が指摘される。

続いて，第2段階では，EU諸国でのIFRSの強制適用を契機として，わが国でも，2005年3月，日本基準とIFRSとの**コンバージェンス**を目指した共

図表2-5　経営環境の変化と会計制度改革の4類型

```
                    ┌─────────────────┐
                    │ 研究開発費会計    │
                    │ 知的資産開示     │
                    └─────────────────┘
                            ↑
                    ┌─────────────────┐
                    │   知識創造社会    │
                    └─────────────────┘
                            ‖
            内生要因の変化（対内的）
┌──────┐         ┌───────────────┐         ┌──────┐
│グロー  │   外生  │               │  内生   │ 証券  │  金融商品
│バル経営│   要因の│  会計理論・   │  要因の │ 金融  │  外貨建取引
│組織再編│ = 変化  │   制度のイノ  │  変化   │=市場の│  リース会計
│・M&A  │  （対内│   ベーション │ （対外的│グロー │
│国際会計│   的） │               │       │バル化 │
│基準連結│         │               │         │       │
│財務諸表│         └───────────────┘         └──────┘
│企業結合│
│会計    │      内生要因の変化（対外的）
└──────┘              ‖
                    ┌─────────────────┐
                    │  福祉高齢化社会   │
                    └─────────────────┘
                            ↓
                    ┌─────────────────┐
                    │ 退職給付・       │
                    │ 年金資産会計     │
                    └─────────────────┘
```

同プロジェクトが開始され，日本基準とIFRSとの同等性についての分析と評価が始まった。2005年7月，欧州証券規制当局委員会（CESR）技術的助言によるEU同等性評価では，日本基準については，一定の条件のもとで全体としてIFRSと同等としつつも，26項目の重要な差異を指摘し，追加開示等の補完措置が必要とされた。その後，2007年8月，IASBのトウイーディー議長の来日のもとで，わが国企業会計基準委員会（ASBJ）とIASBとの間で日本基準とIFRSのコンバージェンスを加速化させるとの合意（いわゆる「**東京合意**」）が行われ，日本基準とIFRSとの差異の解消に向けての新たな時間軸が設定された。

さらに，2008年中葉以降，日本基準の統一化への第3段階として，わが国でもIFRSの採用（**アドプション**）に向けての議論が徐々に醸成されていった。

金融庁「我が国企業会計のあり方に関する意見交換会」(2008年7月) において，単体財務諸表に先行して連結財務諸表についてIFRSの導入を求める「連結先行」の考え方が示され，日本経済団体連合会は「会計基準の国際的な統一化へのわが国の対応」(2008年11月) の公表によって，わが国でのIFRS採用の議論がますます熱気を帯びてきた。とくに企業会計審議会・企画調整部会は「我が国における国際会計基準の取扱いについて（中間報告）」(2009年6月) を公表し，IFRSの採用に向けての議論が一気に高まっていった。

レビュー問題

問題1　次の項目 (1)～(3) について説明しなさい。
　　　(1) ニクソンショックと変動相場制
　　　(2) デリバティブとヘッジ取引
　　　(3) 系列と株式相互持ち合い
問題2　日本企業のグローバル化が企業会計に対してどのような影響をもたらしたか説明しなさい。
問題3　日本型金融システムについて，(1) その特徴を述べ，かつ，(2) それが日本型会計基準の特徴とどのような関連性をもつか説明しなさい。
問題4　バブル経済崩壊以降におけるわが国での会計制度改革の展開を述べなさい。また，そこで浮き彫りにされた会計理論上の特徴について説明しなさい。

【参考文献】

- 企業会計審議会 (1979)「外貨建取引等会計処理基準」。
- ────── (2009)「我が国における国際会計基準の取扱いについて（中間報告）」。
- 経済産業省企業会計の国際対応に関する研究会 (2004)「わが国企業会計の国際化に関する報告」。
- 古賀智敏 (2000)「会計時評：現代会計論の潮流（その1）」『企業会計』第52巻10号，84-85頁。
- ────── (2000)「経営環境のグローバル化と連結会計」(古賀智敏・五十嵐則夫『会計基準のグローバル化戦略』第9章所収，森山書店)。

- ────(2009)「会計基準の国際的調和化と日本の会計制度」(古賀智敏・鈴木一水・國部克彦・あずさ監査法人『国際会計基準と日本の会計実務〈3訂版〉』第1章所収,同文舘)。
- 坂本康夫・瀬藤嶺二・桜井 亨・三浦都也(1978)『海外進出企業の実態─その経営分析と環境変化─』東洋経済新報社。
- 深尾光洋・森田泰子(1997)『企業ガバナンス構造の国際比較』日本経済新聞社。
- 吉田和男(1995)『日本型経営システムの功罪』東洋経済新報社。
- Ide, M. (1996) "The financial System and Corporate Competitiveness", in Sheard, P. (ed), *Japanese Firms, Finance and Markets*, Addison-Wesley.
- Sheard, P. (1994) "Interlocking Shareholdings and Corporate Governance", in Aoki, M. and R. Dore (eds), *The Japaneses Firm*, Oxford University press.

第3章

国際会計の制度的基礎

§1　会計基準の設定主体と会計規制

　企業会計は通常，次のようなさまざまな機関ないし方法によって規制を受けている。

- 証券市場・証券取引所
- 政府・監督
- 会計プロフェッション
- 業界団体その他

　この中で，証券市場においては資金提供者たる投資者が投資した資金を経営者がどのように活用しようとするかについて適合的かつ信頼性ある情報が提供されるならば，より積極的に資金提供しようとするであろう。したがって，質，量ともに優れた財務情報は豊富な資金を低コストで獲得することができるので，市場のニーズを満たすような情報提供を自発的に促進するように誘導されることになる。それに対して，国家や監督機関は法令や規則等の法的強制力によって提供すべき財務情報の内容を決定する。

　財務情報を設定する基準設定主体の性格をめぐって，プライベートセクターかパブリックセクターかの議論がある（古賀 2000）。国際会計基準（IAS）の設定主体は国際会計基準審議会（IASB）であり，**プライベートセクター**に属する設定機構をなす。IASBの構成員は，最低5名は監査実務経験者，4名は財務諸表作成者，3名は財務諸表利用者，1名は学識経験者という割当であり，

IASBの組織と運営は主に独立した専門家によって行われている。それに対して，日本の会計原則・基準の設定主体は，従来，企業会計審議会という公的機関に属するという意味では**パブリックセクター**に属し，具体的実務指針の設定においては日本公認会計士協会というプライベートセクターに大きく依存しつつ行われてきたという意味で，「パブリックセクター主導＝プライベートセクター補完」の混合型であったといえよう。

基準設定主体に関するプライベートセクターかパブリックセクターかの議論は，会計規制のあり方とも密接に関連する。一般に，**会計規制モデル**は，一方の端を「自由主義―市場主義」型とし，他方の端を「法律主義―国家主義」型とする連続帯モデルをなす (Puxty et al 1987)。前者の自由主義型 (liberalism) は，規制についてもっぱら市場原則（市場の要請）にのみ依存する場合であり，後者の法律主義型 (legalism) は，規制についてもっぱら法律・国家原則にのみ依存する場合である。

しかし，実際の規制環境のもとでは，純粋な概念モデルとしての市場原則なり国家原則が存在することはなく，基準設定主体は「自由主義―法律主義」の基軸の上で両者の何らかの混合形態として位置づけられることになる。先に述べたように，IASBは主として各国の監査実務経験者や財務諸表作成者等の独立の専門家によって構成され，特定の国家の規制を直接受け入れることはほとんどないという点で，その規制モデルは自由主義型に近い。他方，日本では，かつては大蔵省（現，財務省）という強力なパブリックセクターを背景としてきたという点では法律主義型に近いといえよう。

プライベートセクター規制型がよいか，パブリックセクター規制型がよいかは，一律に決定し得ない。**パブリックセクター規制型**は，強大な公的権威性と経済的制裁（補助金・課税）などによって会計基準の高い受容可能性と遵守性を確保することができる反面，政治的影響を受けやすく，弾力性を欠き，硬直化しやすいという欠点をもつ。それに対して，**プライベートセクター規制型**は，弾力的で環境変化に対応しやすい反面，基準の権威性や受容可能性の点で困難性を伴う。

近年とくにインターネット等の情報通信技術の急速な発展と企業活動のグローバル化に伴い，経済環境の変化は目覚ましい。このような経済環境の動きに迅速かつ効率的に対応していくためには，パブリックセクターでは必然的に大きな制約がある。したがって，基準設定主体の改革は基本的にはプライベートセクターの整備に向けて推進されることになった。

§2 国際会計基準審議会の仕組みと特徴

1 IASB の目的

国際会計基準（国際財務報告基準 IFRS）の設定主体は**国際会計基準審議会**（International Accounting Standards Board; IASB）である。IASB は旧来の**国際会計基準委員会**（International Accounting Standards Committee; IASC）の大規模な組織変革により，2001年に設立されたものである。基準設定主体としての IASC は1973年に創設された独立のプライベートセクターの機関であり，会計基準の調和化によって国際的会計プロフェッションの育成と発展を図ることであった。

1998年12月，IASC は討議資料『IASC の将来像』を公表した。これは，IASC を取り巻く近年の激しい環境変化に対応して IASC の果たすべき新しい課題と組織の見直しを図ろうとするものであった。このような背景をなすものとして，①国際資本市場の急激な成長，②世界貿易機関やヨーロッパ連合等の国際機関の努力，③各国の基準設定機関による会計基準の調和化への動き，および④デリバティブ取引等の革新的商取引の加速化などが指摘される (IASC 1998, par.12)。殊に，1990年以降，国際的な資本調達や投資の機会，有価証券の募集規模において爆発的な成長がみられるとともに，企業間で比較可能かつ理解可能な質の高い財務情報を求める声が一層高まった。1999年12月，IASC 戦略作業部会は最終報告として『IASC の将来像に関する勧告』(以下，「勧告」と略す。）を公表し，IASC の組織改革の具体像を提唱した。

IASC は，新たに米国デラウエア州に「国際会計基準委員会財団（IASC

Foundation)」を上部組織とし，その下に，「評議会（Trustee）」，「国際会計基準審議会（IASB）」，「基準諮問委員会（SAC）」，および「国際財務報告解釈指針委員会（IFRIC）」の4つの下部組織を設けた。

IASBの目的について，「IASBは公益に資するべく，汎用財務諸表において透明性があり比較可能な情報を要求する上質で，理解可能かつ強制力ある単一セットのグローバル会計基準（つまりIFRS）を設定する責任を負う。この目的を推進するために，IASBは世界の会計基準の収斂に向けて，各国の会計基準設定主体と協働している。」(IASBホームページ)。ここでは，IASBの目的について，次の3点が挙げられている (IASB 1999, par.10)。

(1) 市場参加者が経済的意思決定を行うのに役立つ質の高い，透明で比較可能な情報を要求する単一セットのグローバル会計基準を策定すること。
(2) これらの会計基準の利用と厳格な適用を促進すること。
(3) 各国の会計基準とIASが質の高い解決策に向けて収斂すること。

このように，IASCの当初の目的が「**会計基準の調和化**」であったのに対して，IASBの目的は「国際資本市場の参加者の合理的意思決定に役立つ高品質で単一セットのグローバル会計基準の設定と利用並びに収斂化」へと大きく移行してきている。これは1995年以降の**証券監督者国際機構**（International Organization of Securities Commission: IOSCO）との協働歩調の結果によるものであり，それが2000年に行われたIASCの抜本的改革をもたらすことになった(Alexander & Archer 2005)。

2　IASBの組織

「**図表3-1**」に示されるように，IASBを中核としたIFRS財団の組織構造は次のとおりである (IFRS 2010)。

(1) 評議会（Trustees）

評議会は22名のメンバーから構成され，①IASBや解釈指針委員会，IFRS諮問会議の各メンバーの選任，②IASB等の事務手続きや協議方法，デュープロセスの設定・改訂，準拠性のレビュー，③IFRS財団の予算の承認と活動資

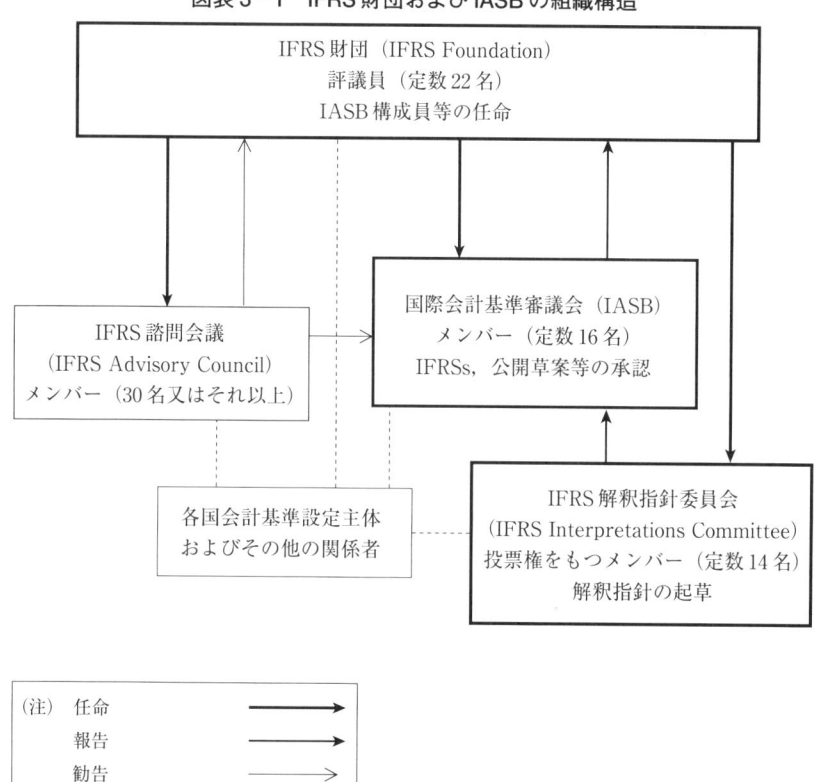

図表3-1　IFRS財団およびIASBの組織構造

```
┌─────────────────────────────────────────────┐
│          IFRS財団（IFRS Foundation）          │
│            評議員（定数22名）                 │
│          IASB構成員等の任命                   │
└─────────────────────────────────────────────┘

┌──────────────────────┐    ┌──────────────────────────┐
│   IFRS諮問会議        │    │ 国際会計基準審議会（IASB）│
│ (IFRS Advisory        │ →  │   メンバー（定数16名）    │
│    Council)           │    │ IFRSs, 公開草案等の承認   │
│ メンバー（30名又はそれ以上）│  └──────────────────────────┘
└──────────────────────┘

          ┌──────────────────┐    ┌────────────────────────────────┐
          │ 各国会計基準設定主体│    │    IFRS解釈指針委員会            │
          │ およびその他の関係者│    │ (IFRS Interpretations Committee)│
          └──────────────────┘    │  投票権をもつメンバー（定数14名）│
                                   │       解釈指針の起草            │
                                   └────────────────────────────────┘
```

（注）　任命　　────▶
　　　　報告　　────▶
　　　　勧告　　────→
　　　　人的関係　--------

（出典：《http://www.ifrs.org/》を参考に一部加筆・修正。）

金の調達，④IFRS財団並びにIASBの戦略のレビューとその有効性の評価，および⑤財務報告基準に係わる広範な戦略的問題のレビュー，IFRSの厳格な適用目的の促進等を行う。評議員の選任には，人材の地域的・職業的多様性を確保するために，地域別並びに職業別の人員割当てがある。

　現行定款の規定では，評議員は北米から6名，ヨーロッパから6名，アジア太平洋から6名，アフリカ1名，南米1名およびその他の地域から2名が地理的バランスをとって任命される。22名の評議員の専門バックグランドにも監

査人,作成者,利用者,学識経験者および公務員を含めてバランスがとれている。通常,2名は国際的会計事務所の上級パートナーが選出される。任期は3年,1回のみ再任可能である。

(2) 国際会計基準審議会(IASB)

　国際会計基準審議会は14名(2012年7月1日までに16名に増員)のメンバー(うち3名までは非常勤可)から構成され,会計基準の設定について責任を負う。メンバーはすべて公共の利益のために行動しなければならず,その選任にあたっては,会計の技術と種々の国際ビジネス等の経験とを併せもつことが必要である。理事会は,国際財務報告基準(IFRS)や公開草案,IFRS解釈指針委員会が作成した解釈指針を含めて,IASBのすべての技術的事項に責任を負う。見解や経験のバランスをとるために,メンバーの選任にあたっては,職業的バックグランドとして監査実務経験者,財務諸表作成者,財務諸表利用者,および学界関係者を含む最適バランスをとるように選任される。任期は5年で1回のみ更新可能(2009年7月2日以前に任命された場合;それ以後の任命者に対しては,更新可能期間は3年間)である。また,各国の基準設定主体との緊密な関係を維持するために,特定の国の基準設定主体その他の基準設定主体等との連携を図ることが期待されている。**リエゾン関係**(liason relationship)を通じて,各国の会計基準の設定を支援し,IASBと各国との会計基準の差異の調整を図り,最終的に両者のコンバージェンスを促進する役割を果たす。

(3) IFRS諮問会議(IFRS Advisory Council)

　IFRS諮問会議(従来の基準諮問委員会)は30名又はそれ以上のメンバーから構成され,技術的その他重要な問題についてIASBや評議会の決定が行われる前にIASBや評議会と協議し,それらに対して助言・勧告を行う。具体的には,①IASBの審議議題や作業の優先順位について助言をなし,②主要な基準設定プロジェクトに関する諮問会議の見解をIASBに伝え,また,③その他の助言をIASB又は評議会に提供する役割を担っている。メンバーは地域別・職業別バックグランドの多様性を確保するために,会計士協会,利用者,国際機関など広範に選任される。諮問会議は通常,少くとも年3回の会合を開き,会合は

(4) IFRS 解釈指針委員会 (IFRS Interpretations Committee)

　IFRS 解釈指針委員会（従来の国際財務報告解釈指針委員会）は 14 名の投票権をもつメンバーから構成され，IASB の基準書（IFRSs）で具体的に取り扱っていない問題や新たに判明した財務報告上の問題点，あるいは不明確な解釈や相矛盾する解釈等について時宜にかなった指針を提供することによって，IFRS が厳格かつ均一に適用されるように支援・助力を行う機関である。同委員会はまた，各国の会計基準設定主体を母体とする同様のグループと同様の論点については同様の高品質の結論が得られるように協調をなし，IASB が会計基準の**国際的収斂**を達成するのを支援している。同委員会メンバーは専門技術能力と国際ビジネス経験等に基づいて可能な最適な人員割当てが行われている。任期は 3 年，再任可能である。

3　基準設定プロセス

　最後に，基準設定プロセスについて，IASB の正当性を確保するためには，IASB の**デュー・プロセス**（適正手続）は透明で比較可能な情報を要求する質の高い IAS の設定を可能にするものでなければならない（pars. 71-82）。そのためには，正式な手続に則り，世界中から選ばれた会計士，財務アナリストやその他利害関係者とのグローバルかつ広範な協議を経て基準が設定されなければならない。また，理事会の会合は公開され，インターネットやウェブサイト等の新技術の利用を高めることとされた。しかも，IASB のデュー・プロセスと各国基準セッターのデュー・プロセスとの統合化を図ることによって，IAS と国内基準との差異は著しく解消されることが期待されている。「**図表 3-2**」は，このような正式なデュー・プロセスをなす典型的なステップを示したものである。

図表 3 - 2　IASB のデュー・プロセス

- 審議すべき論点を識別・検討し，プロジェクトを採用するか否かの討議を公開の審議会会議で行う。なお，提案されている議題項目・優先順位の設定に関しては，IFRS 諮問会議と事前に協議する。
- 討議対象となる新規トピックについて，プロジェクトを単独で行うか，他の基準設定主体と共同で行うか決定する。
- 論点の性質及び関係者の関心の度合いを検討し，必要に応じてワーキング・グループを設定する。
- 新規の主要なトピックに関して，通常，最初の公表物として**討議資料**（ディスカッション・ペーパー）を公表する。討議資料を省く場合には，その理由を説明する。
- デュー・プロセスにおける必須の手続きとして，**公開草案**を公表する。公開草案は，公開で行われる IASB 会議で策定され，少なくとも 9 名の審議会メンバーの承認を要する。公開草案には，結論の根拠が付され，反対意見も紹介される。
- 討議資料および公開草案について，期限内に寄せられたすべての**コメント・レター**を検討する。
- 公聴会の開催や実地踏査（field visit）の実施が望ましいかどうかを検討し，望ましい場合には，当該公聴会を開催し，実地踏査を実施する。
- 公開草案から生じた論点を解決した後，**修正公開草案**を公表すべきか否かを検討する。公開草案から生じた論点について結論が得られた場合には，スタッフに IFRS の草案作成を指示する。
- **IFRS** は，少なくとも 9 名（IASB メンバーが 16 名に増員された場合には，10 名）の IASB メンバーの承認を要し，公表された基準書には結論の根拠が付され，反対意見も紹介される。

（出典：国際財務報告基準書（IFRSs），IASB 2007，レクシスネクシス・ジャパン 2007，9-10 頁を参考に作成）

§3　アメリカ財務会計基準審議会の仕組みと特徴

アメリカにおける会計基準の設定主体は，**アメリカ財務会計基準審議会**（Financial Accounting Standards Board: FASB）である。FASB は 1973 年に設立された財務会計・報告基準設定のプライベートセクターであり，これらの会計基準はアメリカ証券取引所（Securities and Exchange Commission: SEC）並びにアメリカ公認会計士協会（American Institute of Certified Public Accountants: AICPA）によって権威あるものとして公式に認定されている。1934 年証券取引法のもと

で公開会社に対する財務会計・報告基準設定の法的強制力を持つのは SEC である。しかし，SEC は伝統的にプライベートセクターが公益に資するように責任を果たすことができる限り，基準設定の役割をプライベートセクターに委ねてきた (FASB 2005)。

FASB は財務情報の作成者，監査人および利用者を含む一般公衆を導き教育するために財務会計基準並びに報告基準の設定と改善をなすことを基本的使命（ミッション）とし，具体的課題として，①情報の特性（レリバンスや信頼性等）に焦点を置き**財務報告の有用性**を高めること，②ビジネス活動や経済環境の変化を反映するように基準を更新すること，③財務報告における重大な欠陥を迅速に検討すること，④**会計基準の国際的収斂**を促進すること，および⑤財務報告に含まれる情報の性格と目的について共通の理解を図ること，以上の5点を掲記している (FASB 2005)。この基底には，証券市場における資源配分の効率性を促進するために，経済的意思決定に有用な情報を提供するという基本的目的観がある点に留意されたい (FASB 1996)。このように，FASB は会計基準の国際的収斂を課題の1つに掲げているものの，その基本的スタンスは，国内の資本市場とその規制環境のもとで，投資意思決定に有用な財務情報の提供に置かれている。したがって，質の高い単一セットのグローバル会計基準の策定を目指す IASB が国際指向的，抽象的であるのに対して，FASB は国内指向的，具体的であるといえる。

一般に質の高いグローバル会計基準を設定するために基準設定主体に不可欠な属性として，次の5つがある (FASB 1998; 1996)。

(1) 「独立した意思決定主体」

基準設定において客観性を確保し，基準セッターとしての受容可能性・信頼性を維持するためには，特定の利害関係者から独立して公益に奉仕するものでなければならない。そのためには，意思決定主体はバランスある利害関係者代表から構成され，基準設定組織のための資金調達に関与してはならない。

FASB は7名の常勤メンバーから構成され，メンバーはすべて過去の企業・機関との雇用関係を断ち，また，元の職場への復職等による将来的雇用関係を

断つことによって基準設定における判断の独立性が確保される。メンバー構成についてはとくに要求されていないが，少なくとも会計，ファイナンス，およびビジネスに関する知識を有し，財務報告にあたって公益に関心をもつ者でなければならない。構成メンバーは慣行的に3名が職業会計士，2名が企業関係者（経営者），1名が学界関係者，および1名が証券アナリストその他財務情報利用者となっている。このように，構成メンバーについて明確な職業別の人員割当は設けられていないが，特定の利害関係者グループによって意思決定が影響されないように配慮されている。メンバーの任期は5年，1回のみ更新可能である。

メンバーは通常，毎週，技術問題についての意思決定を行うためにミーティングを行うほか，インフォーマルにメンバー相互間で随時意見交換を行うとともに，四半期毎に「財務会計基準諮問委員会 (Financial Accounting Standards Advisory Council: FASAC)」ともミーティングをもつなど少人数メンバーの機動性を発揮している。FASACは広く財務情報の作成者，監査人および利用者の代表30名余りから構成され，審議事項の技術的諸問題，プロジェクトの優先順位，FASBが留意すべき問題等についてFASBと協議・助言する役割をもつ。

(2) 「適切なデュー・プロセス」

適切なデュー・プロセスと独立した意思決定主体とが統合することによって，「チェック・アンド・バランス」をもったシステムを構築することができる。具体的には，外部関係者とのコミュニケーションを図ったり，すべての利害関係者が個人としての意見を述べる機会を提供すること，目的達成状況についてフィードバック・メカニズムを確保し，決定事項を公開とすること等が含まれる。

FASBの活動もフォーマルな手続規定 (Rules of Procedure) によって規定された「デュー・プロセス」のもとで実施される。このような**デュー・プロセス**の中核をなすのは，一般公衆が自由に参加できる「オープン意思決定ミーティング」と「公開草案のパブリック・コメント」である (FASB 2005)。FASBのす

べての意思決定は，一般公衆が自由に傍聴できるミーティングのもとで行われる。しかも議論の様子はFASBウェブサイトで無料でアクセスできるようになっている。また，審議会は審議事項について結論が得られたならば，公開草案を作成し，各界のパブリック・コメントを通じて一般公衆の意見を反映しようとしている。その他，FASBニューズレターやFASBレポート等の定期刊行物を発行し，プロジェクトの進展状況を一般公衆に知らしめようとしている。

(3) 「適切なスタッフ」

基準セッターとしてのリーダーシップと革新性，即応性を発揮するためには，それぞれの基準設定プロジェクトを実施するのに十分な規模の常勤スタッフを確保しなければならない。FASBではおよそ40名の専門スタッフが審議会やプロジェクト・グループと協働しつつ，主として調査（リサーチ），討議資料や公開草案の作成を担当している。その他およそ50名の業務サポート・スタッフが資料室やワープロ作業，出版物の配送業務等を行っている。

(4) 「独立した資金調達機能」

意思決定主体の独立性と客観性を保持するためには，資金調達機能と勧告・投票機能とが分離されていなければならない。すなわち，資金調達活動を行うメンバーは意思決定に関わるメンバーから独立しており，すべての利害関係者グループを含む幅広い範囲から資金調達が行われなければならない。FASBの諸活動に対して資金的支援を行うのは，「財務会計財団（Financial Accounting Foundation: FAF）」であり，これを支えるのは各界から選出された8つのスポンサー組織である。

(5) 「独立した監視機能」

意思決定主体と活動，方針並びに手続きは，意思決定主体そのものから独立したグループによって継続的に監視され，期間ごとに評価されなければならない。監視機能は広く構成グループおよび公益を代表するものでなければならない。

FAF評議会（FAF trustee）は，FASBおよびFASACのメンバーを任命し，活動資金を調達し，その活動並びに業績の監視と評価（レビュー）を行う。証

券規制に対する法的強制力のもとで，SECも又FASBに対する監視責任を有し，その結果について定期的に議会に報告を行う。このように，IASBの場合と同様，FASBにおいてもFAFがFASBの活動資金の調達およびその活動状況の監視機能を分離して担当することによって，FASBの意思決定活動の独立性が制度的に確保される。

§4 わが国会計基準設定主体の対応

わが国でも，現在，2001年8月，企業会計基準の設定主体として新たに企業会計基準委員会が設置された。大蔵省「企業会計基準設定主体のあり方に関する懇談会」の論点整理（2000年6月29日）では，民間基準設定主体の組織・体制作りに向けた具体的なビジョンが提示されている。これらは，先のIASBやFASBの基準設定主体のあり方に関連づけることによって，わが国会計基準設定主体の特徴と問題点を明確にすることができる。

「論点整理」では，民間設定主体が会計基準設定主体として機能するためには，次のような要件が満足されなければならないとしている（大蔵省（現，財務省）2000, 3・(1)）。

(1) 独立性
(2) 人事の透明性，公正性およびバランスの確保
(3) 会計基準設定プロセスの透明性
(4) 専門性・多様性
(5) 常設・常勤性，即時性，能動性，国際性

上記(1)は，基準設定にあたっては**投資者保護の観点**に立ち，基準設定主体は特定の利害関係者から独立し，基準設定を行う組織と資金調達を行う組織とを切り離すことで資金拠出者からの独立性を確保しようとするものである。上記(2)は，基準作成についての公平・中立性の確保という観点から，人事を透明かつ公正なものとし，人事におけるバランスの確保を意図するものである。したがって，上記(1)と(2)は，先のFASBの「独立した意思決定主

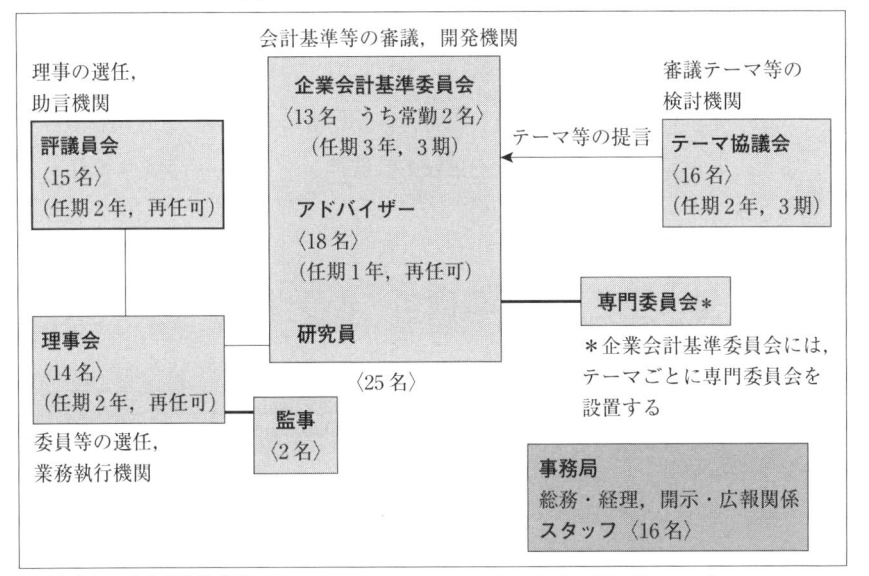

第 3 章　国際会計の制度的基礎　　**49**

図表 3 - 3　財務会計基準機構の組織図

```
会計基準等の審議，開発機関

理事の選任，                  企業会計基準委員会              審議テーマ等の
助言機関                     〈13名　うち常勤2名〉              検討機関
                            （任期3年，3期）    ←テーマ等の提言  テーマ協議会
評議員会                                                    〈16名〉
〈15名〉                     アドバイザー                      （任期2年，3期）
（任期2年，再任可）            〈18名〉
                            （任期1年，再任可）
                                                    専門委員会＊
理事会                       研究員
〈14名〉                                           ＊企業会計基準委員会には，
（任期2年，再任可）              〈25名〉              テーマごとに専門委員会を
                            監事                    設置する
委員等の選任，                 〈2名〉
業務執行機関                                      事務局
                                                総務・経理，開示・広報関係
                                                スタッフ〈16名〉
```

（出典：財務会計基準機構ホームページ　http://www.asb.or.jp/html/fasf/apercu/）

体」の要件および「独立した資金調達機能」の要件に合致する。

　上記 (3) は，議事録・資料等の公開を一層徹底させ，公聴会や傍聴など審議経過についての公開を推進するとともに，テーマの選定等に当たって関係者が適切に関与することを内容とするものであり，FASB の「適切なデュー・プロセス」の要件に該当する。

　上記 (4) は，設定主体の選任にあたっては専門性・多様性について第一級の人材を結集させることが必要であり，上記 (5) は，委員・スタッフ構成について十分な数の常勤者と多様な意思を反映させるための非常勤委員・スタッフを確保し，実務上の問題に迅速かつ的確に対応することを求めるものである。上記 (4) と (5) は，広く FASB の「適切なスタッフ」の要件に近い。

　このように，新たに整備されたわが国基準設定主体は，基本的には IASB や FASB の基準設定主体のあり方とも極めて近い。新基準設定主体としての「企業会計基準委員会」の組織・体制は，「**図表 3 - 3**」のとおりである。そこでは，

IASBやFASBの設定主体の体制等を参考として，組織の運営等に責任をもつ組織と基準の作成に責任をもつ組織に分離し，さらに，テーマ選定等に対しても諮問委員会のような場が想定されている。なお，民間設定機関に移行した現在，基準設定主体の独立性を維持しつつ，いかにして資金調達を確保していくか，また，基準設定状況の効率性を継続的に監視・フィードバックする仕組みを充実させるか等の課題が残されている。

§5 基準設定主体の具備すべき要件

基準設定主体が制度としての受容可能性ないし正当性を有し，そのアウトプットとしての会計基準が社会的に広く承認・受容されるためには，少なくとも次の3つの要件が満足されなければならない（武田 1982; Wallace 1990）。

(1) **権威性の要件**
(2) **独立性（中立性）の要件**
(3) **公開性の要件**

まず，基準設定主体が制度として一般に受け入れられるためには，その意図する規制的機能を果たすに十分な権威性を持つものでなければならない。「**十分な権威性**」は，適切な権限委譲と制度的能力の結果として得ることができる。IASBはいずれの国家なり国際機関によって会計基準設定の権限を委譲されたものではなく，また，その基準の適用について明確な法的強制力を有するものではない。グローバル会計基準の設定主体としてのIASBの権威性は，1995年以降の証券監督者国際機構（IOSCO）からの承認と支援によることが大きい。このようなIASBのもつ権威性の限界に対して，IASBは各国の基準設定主体とのリエゾン関係を通じて連携を図り，IASB基準の承認と普及を図ろうとしている。他方，FASBは強大な法的権力を有するSECから基準設定の権限を委譲され，設定された会計基準はSEC並びにAICPAという二大関係機関によって権威あるものと認定されている。

次に，基準設定主体が制度としての受容可能性をもつためには，設定主体の

意思決定プロセスは公平かつ客観的なものでなければならない。IASBもFASBもともにメンバーはすべて公共の利益のために行動しなければならず，その選任にあたっても職業的背景に多様性をもたせ，意思決定において特定の見解や経験に影響されないようにバランスがとられている。メンバーは前職の企業・機関との雇用関係を断ち，将来的にも復職できないようにすることによって，意思決定が特定の利害関係者グループに影響されないように配慮されている。また，IASBもFASBもともに基準設定機能と資金調達並びに活動状況の監視機能とが分離されており，基準設定主体の**独立性**が組織図の側面からも支援されている。

最後に，**公開性の要件**について，基準設定主体は，利害関係者が基準設定プロセスに自らの立場や意見を反映することができるように，利害関係者に対して十分かつ公平な機会を反映するものでなければならない。この要件は，基準設定主体が検討している問題について利害関係者に絶えず情報を与え，彼等の見解等がその結果に反映される十分な機会を確保することを求めるものである。IASBもFASBも理事会の会合は公開され，インターネットやウェブサイト等を通じて一般公開される。また，デュー・プロセスのもとで公開草案を公表し，広く一般パブリックのコメントを反映した基準作りが行われている。

このように，代表的グローバル基準を設定する2つの基準設定主体について，IASBとFASBは基本的使命なりスタンスは相違するものの，権威性，独立性および公開性の各要件を確保するための制度設計に大きな配慮がなされている点が注目される。

レビュー問題

問題1　次の用語（1）～（4）について説明しなさい。
　　　（1）プライベートセクター
　　　（2）証券監督者国際機構（IOSCO）
　　　（3）デュー・プロセス
　　　（4）リエゾン・メンバー

問題2　会計基準の設定主体について，プライベートセクター規制型がよいか，パブリックセクター規制型がよいか論じなさい。

問題3　国際会計基準審議会（IASB）について，（1）目的，（2）組織，および（3）基準設定プロセス，以上の3つの側面からその特徴を説明しなさい。

問題4　アメリカ財務会計基準審議会（FASB）と国際会計基準審議会（IASB）の異同点を論じなさい。

問題5　わが国において，企業会計基準の設定主体として企業会計基準委員会が設置されるようになったのは，なぜか。また，企業会計基準委員会の組織構成上の特徴点を説明しなさい。

問題6　基準設定主体が制度として広く受け入れられるために具備すべき3つの要件とは何か。また，基準設定主体としてのIASBおよびFASBがこれらの要件を満足しているかどうか論じなさい。

【参考文献】

- 古賀智敏（2009）「会計基準設定の主体とプロセス」（古賀智敏・鈴木一水・國部克彦・あずさ監査法人『新版　国際会計基準と日本の会計実務』第2章所収，同文舘）。
- ―――（2000）「アメリカFASB会計基準の調和化への対応」（古賀智敏・五十嵐則夫『会計基準のグローバル化戦略』第6章所収，森山書店）。
- ―――（2000）「日本の会計基準の調和化への対応」（同上書第8章所収，森山書店）。
- 武田隆二（1982）「企業会計原則の性格と提言」『會計』第122巻4号。
- レクシスネクシス・ジャパン（2007）『国際財務報告基準書（IFRSs）2007』。
- Alexander, D. and Archer, S. (2005), *International Accounting / Financial Reporting Standards Guide*, CCH.
- Financial Accounting Standards Board (1996), *The IASC- U. S. Comparison Project: A Report on the Similarities and Differences between IASC Standards and U. S. GAAP.*
- ――― (2005) "Facts about FASB", www.fasb.org
- IFRS Foundation (2010), *Constitution* (Updated December 2010).

II 国際会計の理論的基礎

第4章

国際会計基準の概念フレームワーク

§1 IASB 概念フレームワークの意義と展開

1 IASB 概念フレームワークの意義と必要性

概念フレームワークとは、「相互に関連した目的と基礎的諸要素から構成されたもの、あるいは一貫性ある体系であって、首尾一貫した基準をもたらし、財務会計と財務諸表の性格、機能、および限界を規定するもの」(FASB 概念フレームワーク・プロジェクト, 1976) をいう。ここで基礎的諸要素とは、会計の根底をなす諸概念であり、会計の認識対象とされるべき事象の選択、測定、その結果の集約・伝達プロセスの指針となる概念をいう。したがって、概念フレームワークは、すべての会計基準に共通する概念的基礎をなす点では包括的、かつ、各構成要素相互間で首尾一貫した体系をなす。

伝統的に各国の会計基準は、各国の問題状況に対処して設定される問題解決型の**プラグマティック・アプローチ**を用いて展開してきた。このようなプラグマティックに派生した会計基準は当面の課題を達成するには十分満足し得るものではあるが、その試行錯誤の状況対応型展開は2つの大きな困難性をもつ (Violet, 1996)。

- ・1つは蓄積された結果がしばしば首尾一貫性を欠くという点であり、
- ・他の1つは試行錯誤の問題解決型アプローチは特定の文化と結合されるものであり、国際会計基準の進展に適合し難いという点である。

前者の首尾一貫性の欠如の問題は，国内，国外を問わず生じ得る問題であり，とくに説明を要しないであろう。国際会計基準との係わりにおいてとくに重要なのが後者の**文化の多様性**の問題であり，それに対応すべく会計基準の統一化，比較可能性の問題である。

特定の国の会計基準，たとえば，アメリカの GAAP はアメリカ国内の情報利用者のニーズに対応してプラグマティックに設定されたものであり，アメリカ国内での適用にとっては十分な適合性をもつかもしれない。しかしながら，特定の国の会計システムは，通常，他国が同様の会計システムを有する範囲についてのみ国境を越えて有用となるにすぎない。このような事態に対処すべく設定されたのが国際会計基準であり，その概念ベースをなすのが概念フレームワークである。

2 概念フレームワークの統合化の背景

2004 年 10 月，国際会計基準審議会（IASB）とアメリカ財務会計基準審議会（FASB）の共同会議において，両審議会は共通の単一概念フレームワークの構築に向けてプロジェクトを開始することに合意した。これに基づき，両審議会は，プロダクトを「財務報告の目的」，「質的特性」，「構成要素」，および「認識・測定」の各フェーズに区分し，フェーズ毎に審議を行い，広く各界の意見を求めてきた。殊に財務報告の目的と質的特性については一早く，2006 年 7 月に予備的見解を取りまとめ，2008 年 5 月には公開草案が公表されるなど，両者の概念フレームワークの統合化が着々と推進されてきた。

近年の概念フレームワーク統合化の背景として，次の 2 つがある（IASB2008；古賀 2009）。

(1) 1 つは，健全で包括的かつ内的整合性をもったフレームワークの構築であり，

(2) もう 1 つは，**会計基準のコンバージェンス**の推進である。

1970 年代（FASB 概念フレームワーク）から 1980 年代（IASC フレームワーク）に設定された概念フレームワークは，資産の定義や認識要件，「目的

適合性―信頼性」のトレードオフ関係，測定基準の決定等において問題が指摘され，見直しを迫られてきた。この動きに連動し，それを加速化させることになったのは，今世紀に入ってからの各国の会計基準と国際財務報告基準（IFRS）とのコンバージェンスによる会計基準の国際的比較可能性の促進であった。会計基準の**国際的比較可能性**を促進するためには，会計基準間の実践的差異を解消しようとする前に概念的差異をまずもって解消すべきである。とくに国際的に受け入れられた IASB と FASB との概念フレームワークの差異を解消しなければならず，そのための 2 つの概念フレームワークの統合化に向けたプロジェクトが推進されることになった（Whittington 2008）。

IASB も FASB もともに投資者に対する意思決定有用性を基本的目的とし，それを達成するための情報の特性を体系づけているが，次のように，その具体的内容や位置づけ等において両者にスタンスの相違がみられた。

（例 1） 財務情報の有用性を構成する**情報の質的特性**に関して，IASB では理解可能性，目的適合性，信頼性および比較可能性の 4 つが並列的に位置づけられてきた。他方，FASB では「意思決定に固有の主要な質」，「副次的かつ相互作用的な質」，および「制約条件」が詳細かつ階層的に体系づけられている。

（例 2） **資産の定義**に関して，IASB では資産とは将来の経済的便益をもたらす「**資源**」というインプットであるのに対して，FASB では資産とは「発生の可能性の高い将来の経済的便益」というアウトプットをいう。

これらの差異を解消し，IASB と FASB の両概念フレームワークの統合化を図ることが，グローバルな統一的財務報告の整備に求められるところとなった。

§2　概念フレームワーク構築の 2 つの見方

概念フレームワーク構築の焦点をどこに置くかによって，大きく次の 2 つの会計観がある。

図表4-1 概念フレームワーク:2つの見方

	意思決定有用性・パースペクティブ	ステュワードシップ・パースペクティブ
利用者・視点	・現在・将来の投資者及び債権者等(主として投資者の視点)	・ステークホルダー(主として現在株主の視点)
課題	・資源配分決定のための事業体の将来キャッシュ・インフロー/アウトフローの金額,タイミング,及び不確実性の評価;市場と株価形成;開示主義	・経済的業績並びに経営者の評価・モニタリング(経営者の報酬,関連当事者取引等):コーポレート・ガバナンスの一環
法的基盤	・証券取引法・金融商品取引法	・商法・会社法
情報の質的特性	・目的適合性(レリバンス)の最優先;表示の忠実性(経済的実質主義と現実の取引実態の経済的現象の把握)	・信頼性・写像の検証可能性・正確性の重視
認識・測定基準	・評価アプローチ—公正価値測定	・取引アプローチ—歴史的原価測定
利益計算方法	・資産負債アプローチ(B/S指向) ・包括利益計算指向	・収益費用アプローチ(P/L指向) ・純利益計算指向

■ 「投資者保護—**意思決定有用性**」会計
■ 「現在株主保護—**ステュワードシップ**」会計

両者は主たる情報利用者や利用目的・視点,基礎をなす法的基盤や評価規準等の各側面において比較対比される。「**図表4-1**」は,これを要約的に示したものである。これより,次のような点が明らかである。

(1) 「主たる情報利用者」:意思決定有用性会計では現在・将来の投資者や債権者,とくに投資者保護の視点から,資本市場の**公正性**と**透明性**を目指そうとする。他方,ステュワードシップ会計では経営者と株主との委託・受託関係に立ち,経営者の過年度の実績評価・モニタリングと株主総会での**報告責任(アカウンタビリティ)**など広くステークホルダーの利害調整,とくに現在株主の視点と情報ニーズが重視される。

(2) 「情報提供の具体的課題」:意思決定有用性会計では投資意思決定による合理的資源配分決定のための事業体の将来キャッシュ・フローの金額,

タイミング，および不確実性の評価に資することを主たる課題とする。それに対して，ステュワードシップ会計では経営者の報酬や関連当事者間の取引の監視を含む企業の「ガバナンスの規律」の一部をなし，経済的業績と経営者の評価・モニタリングのための情報提供を課題とする。

(3) 「法的基盤」：投資者による意思決定有用性会計はアメリカ証券取引法会計に代表されるように，その法的基礎は証券取引法（わが国金融商品取引法）であるのに対して，イギリス会社法に例示されるステュワードシップ会計の法的基礎は，会社法ないし商法である。

(4) 「求められる情報の質的特性」：意思決定有用性会計では情報ニーズに対する「目的適合性（レリバンス）」が最優先されるべき特性をなし，それを受けて一定レベルの「**表示の忠実性**」（経済的実質主義と現実の取引実態の経済的現象の把握）が主要な特性をなす。それに対して，ステュワードシップ会計では情報の信頼性ないし写像の検証可能性や計算の正確性が重視される。

(5) 「認識・測定基準」：意思決定有用性会計では取引そのものに拘束されない**評価アプローチ**（金融商品の未履行契約の認識など）に基づき，公正価値ないし時価測定に焦点が置かれるが，他方，ステュワードシップ会計では**取引アプローチ**に依拠した歴史的原価（取得原価）測定が重視される。

(6) 「利益計算方法」：意思決定有用性アプローチでは将来キャッシュ・フローの前取りによる「公正価値―ストック計算」を重視した**包括利益概念**が強調されるのに対して，ステュワードシップ会計では「原価配分―フロー計算」を基軸とした**純利益概念**が重視される。

IASBフレームワークもFASBフレームワークもともに前者の意思決定有用性会計を基軸とするのに対して，イギリス会社法会計等は代替的フレームワークとして後者のステュワードシップ会計に依拠する。近年のIASB・FASB概念フレームワークの改訂・統合化の動きは，大きく「ステュワードシップ―過去的取引―検証可能性―歴史的原価」会計から，「意思決定有用性―現在的評

価―表示の忠実性―公正価値」会計への展開を示唆するものといえる。

§3 財務報告の目的と情報の質的特性

1 投資意思決定有用性と情報の質的特性

IASB改訂概念フレームワークでは，財務報告の主たる利用者として，広く現在および将来の投資者，債権者を含む資本提供者に焦点を置き，資本提供者による投資意思決定に有用な財務情報の提供を目指そうとする「意思決定有用性」ないし「**機能的アプローチ**」に立つ。この場合，財務報告において現在株主の視点からではなく，事業体（エンティティ）それ自体の視点から，事業体の経済的資源（資産）と資源に対する請求権（負債・持分）に関する情報ニーズに応え，事業体の正味キャッシュ・フローの稼得能力や経営者の投下資本の維持・促進能力の評価に役立つ情報がとくに重要となる。

また，経営者の再任・交代や経営者報酬の決定，経営者の方針決定等の受託責任（ステュワードシップ）の履行目的は，広く投資意思決定有用性の中に包摂され，位置づけられている。

情報の質的特性に関して，改訂フレームワークでは大きく「ファンダメンタル質的特性」と「促進的質的特性」に区分し，それぞれに具体的特性を配置する階層的，立体的な構造をとる点に一つの大きな特徴がみられる。ファンダメンタル質的特性は，「目的適合性」と「表示の忠実性」から構成され，また，促進的質的特性については「比較可能性」，「検証可能性」，「適時性」および「理解可能性」が位置づけられ，それに加えて，財務報告に対する制約条件として「重要性」と「コスト」が配置されている。「**図表4-2**」は，IASB改訂フレームワークにおける財務情報の質的特性の体系図を示している。

2 改訂フレームワークの特徴と論点

情報の基本的特性としての目的適合性は，「予測価値」と「確認価値」のいずれか1つ，又は双方をもつ情報の質である。また，表示の忠実性は財務情報

第4章　国際会計基準の概念フレームワーク　　**61**

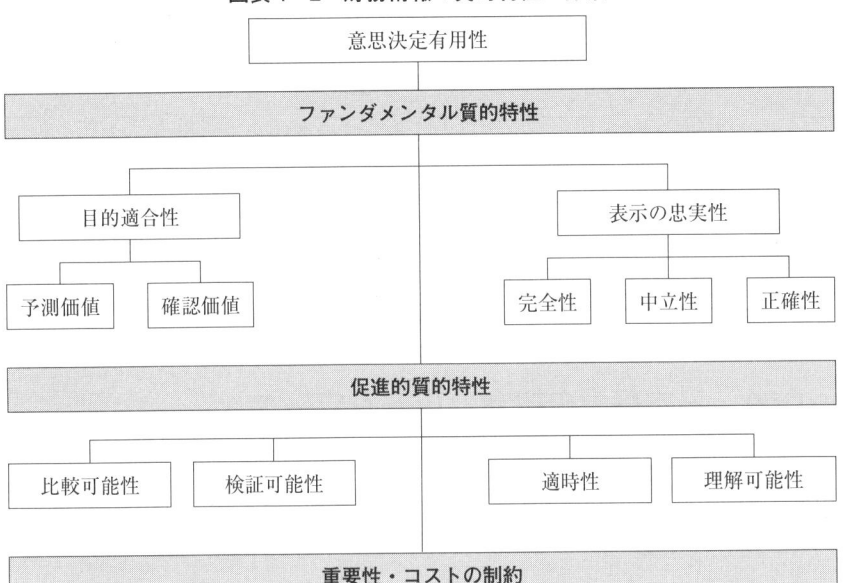

図表4-2　財務情報の質的特性の体系

```
                    意思決定有用性
┌─────────────────────────────────────────┐
│         ファンダメンタル質的特性              │
└─────────────────────────────────────────┘
        ┌──────────────┐          ┌──────────────┐
        │  目的適合性    │          │  表示の忠実性  │
        └──────────────┘          └──────────────┘
         ┌────┐  ┌────┐        ┌────┐ ┌────┐ ┌────┐
         │予測価値││確認価値│    │完全性││中立性││正確性│
         └────┘  └────┘        └────┘ └────┘ └────┘

┌─────────────────────────────────────────┐
│              促進的質的特性                 │
└─────────────────────────────────────────┘
  ┌──────┐ ┌──────┐      ┌────┐   ┌──────┐
  │比較可能性││検証可能性│   │適時性│   │理解可能性│
  └──────┘ └──────┘      └────┘   └──────┘

┌─────────────────────────────────────────┐
│           重要性・コストの制約              │
└─────────────────────────────────────────┘
```

に反映される経済的現象が完全で中立，かつ重大な誤謬を含まない情報の質である。情報の有用性を支える基本的特性として「目的—適合性—信頼性」のトレードオフ関係が崩れ，改訂フレームワークでは新たに「目的適合性」を最優先の特性とし，その後に「表示の忠実性」が位置づけられる「**適用手続アプローチ**」が予定される点に1つの特徴がある。

このように，改訂フレームワークでは信頼性に代わって表示の忠実性が提唱されることになったのは，信頼性の解釈が検証可能性，表示の忠実性・正確性など多種多様であることに加えて，測定値の検証可能性・正確性の点で制約をもつ**公正価値会計**の拡大に向けて大きく門戸を開くための概念的基盤の整備を図ろうとするものである（Whittingon 2008）。しかしながら，この場合，表示の忠実性によって反映しようとする「現実の世界の経済現象」とは何か，たとえば，減価償却資産については，取得原価なのか，償却後原価なのか，あるいは現在取替原価なのかは必ずしも明らかではない。

もう一つの問題として「中立性」対「保守主義」をめぐる議論がある。伝統的に会計では不確実性に対処する会計上の取扱いとして慎重性又は保守主義の要請がある。他方，改訂フレームワークでは，保守主義的バイアスも情報のバイアスからの解放（不偏性）を要件とする「中立性」と相矛盾するので，保守主義の特性を情報の有用性に不可欠な特性から除外している。しかし，保守主義会計は，長年にわたって培われてきた会計人の知恵であり，公正価値会計の拡充化の中で楽観的な公正価値評価の歯止めとしての役割も期待される（Gore & Zimmerman 2007）。

§4　日本基準の概念フレームワーク

わが国では，2004年（平成16年）7月に企業会計基準委員会から討議資料「財務会計の概念フレームワーク」が公表された。その主たる役割は，現行の企業会計の基礎にある前提や概念を要約・整理し，将来の会計基準設定の指針を提示するとともに，会計基準の国際的な調和（収斂）が求められる中で，海外の基準設定主体との円滑なコミュニケーションに資することである（「討議資料の公表にあたって」）。同討議資料は，内容的にも基本的に海外の先例に従い，①財務報告の目的，②会計情報の質的特性，③財務諸表の構成要素，および④財務諸表における認識と測定から構成されている。

その特徴点は次のように要約的に示される。

第1に，財務報告の目的について，IASBフレームワークと同様，投資家の意思決定に資するために投資のポジションとその成果に関する情報の測定・開示に焦点を置き，とくに投資の成果をなす利益情報の重要性を強調している（同資料，2・3項）。また，ディスクロージャー制度における主たる当事者として投資家，経営者，および監査人の役割を指摘し，ディスクロージャー制度を支える社会規範としての会計基準の役割に注目している（同6項）。なお，財務報告のもつ利害調整としての役割（配当制限・税務申告等）はここでも副次的目的とされる（同11項）。

図表4-3 会計情報の質的特性の関係図

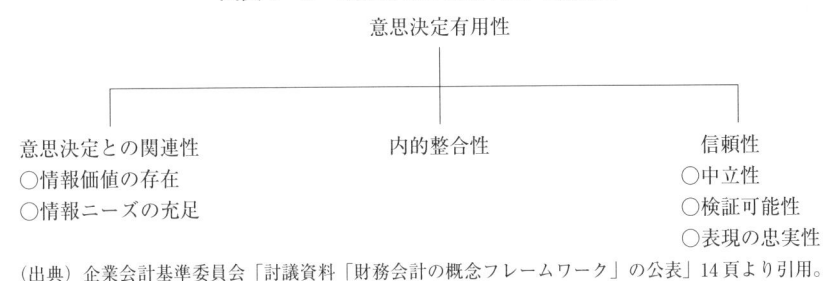

```
                    意思決定有用性
          ┌────────────┼────────────┐
    意思決定との関連性      内的整合性          信頼性
    ○情報価値の存在                        ○中立性
    ○情報ニーズの充足                      ○検証可能性
                                          ○表現の忠実性
```

(出典) 企業会計基準委員会「討議資料「財務会計の概念フレームワーク」の公表」14頁より引用。

　第2に，会計情報の質的特性について，「意思決定有用性」を基本的特性として位置づけ，それを支える特性として「意思決定との関連性」(情報価値の存在と情報ニーズの充足から構成)，「内的な整合性」および「信頼性」(中立性・検証可能性・表現の忠実性から構成) の3つの特性を措定している。これは質的特性の階層的・立体的構成を目指すIASBフレームワークとは相違している。とくに「個別の会計基準が，会計基準全体を支える基本的な考え方と矛盾しないことを指す」(同6項) という**「内的な整合性」**を有用性を支える主要な特性として位置づけた点はIASB概念フレームワークに見られない大きな特徴となっている。このような会計情報の質的特性の関係図を示したのが，**「図表4-3」**である。

　第3に，資産・負債・利益の定義に関して，資産・負債を経済的資源とそれを引き渡す義務として明確に定義づけるとともに (同4・5項)，純利益情報のもつ有用性を認識し，**「純利益」**と**「包括利益」**の2つの利益概念にそれぞれ独立した地位を与え，両者の併存を提示している。これらの両利益概念の関係について，「包括利益―（その他の包括利益および少数株主損益）+（過年度計上の「その他の包括利益」のリサイクル部分）＝純利益」の関係が成立する (同12項)。また，収益・費用を資産・負債の増減や包括利益に関連づけて定義づける国際的動向に対して，純利益 (および少数株主持分) に関連づけて定義づけている点に留意されたい (同22項)。

　第4に，財務諸表における認識と測定に関して，投資の状況に即して多様

な測定値を認め，取得原価を市場価格などと積極的に並列させて位置づけている。また，収益の認識において，従来の「実現」や「実現可能性」の規準に代えて「**リスクからの解放**」という新たなクライテリア（規準）を導入した。

このように，本討議資料はIASB概念フレームワークの展開を反映しつつも，わが国の投資環境の実態を踏まえて独自のカラーを示すものといえる。

レビュー問題

問題1　概念フレームワークについて，(1) 意義と (2) 統合化の必要性を説明しなさい。

問題2　概念フレームワーク構築の2つの見方として，意思決定有用性の会計とステュワードシップの会計について，(1) 利用者・利用目的，(2) 情報の質的特性，(3) 認識・測定基準，および (4) 利益計算方法の各側面から両者の特徴を説明しなさい。

問題3　IASB改訂概念フレームワークにおける情報の質的特性の体系を説明しなさい。また，その場合，どのような問題があるか述べなさい。

問題4　わが国会計基準委員会の討議資料において公表された概念フレームワークの特徴について，(1) 財務報告の目的，(2) 会計情報の質的特性，(3) 資産・負債の定義，および (4) 認識・測定の4つの点から説明しなさい。

【参考文献】

- 企業会計基準委員会 (2004)，討議資料『財務会計の概念フレームワーク』
- 古賀智敏 (2009)，「国際会計基準の概念フレームワーク」（古賀智敏・鈴木一水・國部克彦・あずさ監査法人編著『国際会計基準と日本の会計実務〈3訂版〉』第3章所収），同文舘。
- 斎藤静樹編著 (2005)，『詳解討議資料　財務会計の概念フレームワーク』中央経済社。
- Gore, R. and Zimmerman, D (2007)., "Building the Foundations of Financial Reporting: The Conceptual Framework", *The CPA Journal*, pp. 30-34.
- International Accounting Standards Board (2008), *Exposure Draft of An*

Improved Conceptual Framework for Financial Reporting: Chapter 1: The Objective of Financial Reporting, Chapter 2: Qualitative Characteristics and Constraints of Decision-useful Financial Reporting Information.

- Violet, W (1996), "A Philosophical Perspective on the Development of International Accounting Standards", in *International Harmonization of Accounting* (editor: C. W. Nobes).
- Whittington, G. (2008), "Fair Value and the IASB/FASB Conceptual Framework Project: An Alternative View", *ABACUS*, Vol. 44 No. 2, pp. 139-168.

第5章

国際会計基準の特徴

§1 国際会計基準の特徴

　国際会計基準（国際財務報告基準：IFRS）の源流をなすのは，イギリス・アメリカのアングロ・サクソン型会計である。**アングロ・サクソン型会計**は，証券市場に焦点を置き，投資者の投資意思決定有用性を促進するための情報の透明性を重視する姿勢で貫かれている。この伝統を強く受けた国際会計基準は，次のような特徴をもつ。その全体像として，まず，「**図表5-1**」を参照されたい。そこでは，経営者の判断を重視する原則主義会計を基準設定の中核アプローチとして位置づけ，その下に測定面では公正価値（時価）会計，利益計算面では資産負債アプローチ，認識面では経済的実質主義，また，開示面では

図表5-1　国際会計基準（IFRS）の特徴

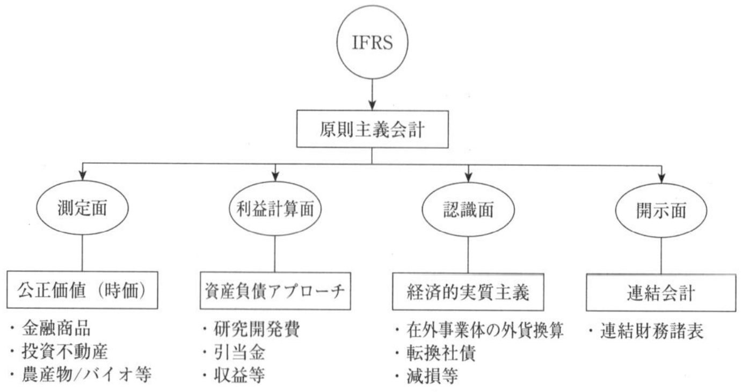

```
                        IFRS
                          │
                       原則主義会計
          ┌──────────┬──────────┬──────────┐
         測定面      利益計算面    認識面       開示面
          │           │           │           │
     公正価値（時価）  資産負債アプローチ  経済的実質主義   連結会計
     ・金融商品      ・研究開発費    ・在外事業体の外貨換算  ・連結財務諸表
     ・投資不動産    ・引当金       ・転換社債
     ・農産物/バイオ等 ・収益等       ・減損等
```

連結会計がそれぞれ位置づけられている。

(1) 基準設定アプローチとしての「**原則主義会計（プリンシパル・ベース）**」：国際会計基準は，基準設定にあたって具体的な数量指針や詳細規定よりも包括的な原則規定に焦点を置く原則主義アプローチに基づく。

(2) 認識における「**経済的実質主義会計**」：認識対象・取引の法形態よりも経済的実態に即して認識を行う（例．ファイナンス・リースの資産負債計上，機能通貨主義による在外事業体の区分，転換社債の区分経理）。

(3) 測定における「**公正価値（時価）会計**」：資産の測定基準として公正価値ないし時価の拡充化が図られている（例．金融商品，投資不動産，農産物・バイオ）。

(4) 利益計算アプローチとしての「**資産負債アプローチ**」：利益計算アプローチとして収益費用アプローチに対して，一定期間における正味財産（純資産）の増減額として利益を算定する資産負債アプローチを採用し，純利益よりも「**包括利益**」概念が重視される（例．研究開発費，引当金，収益会計）。

(5) 開示における「**連結会計**」：情報開示において連結会計を基礎とし，企業の業績評価・活動実態の透明性を促進するための情報の拡充化が図ら

図表5-2　国際会計基準の特徴の体系化

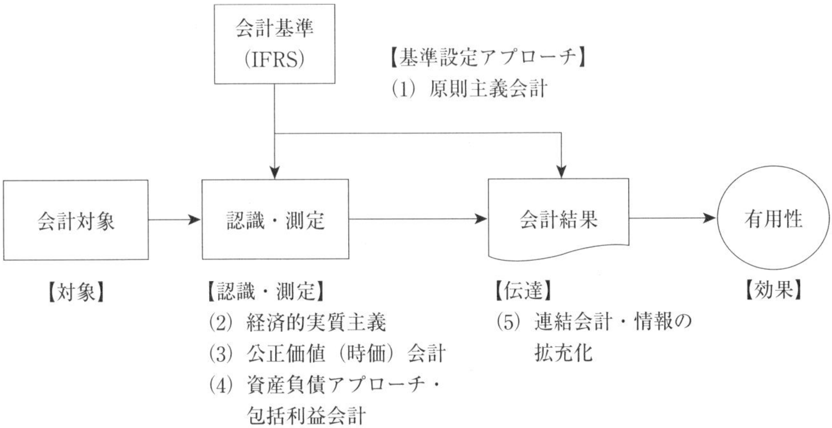

```
                    会計基準
                    (IFRS)        【基準設定アプローチ】
                       │           (1) 原則主義会計
          ┌────────────┼────────────┐
          ▼            ▼            ▼
  会計対象  →  認識・測定  →  会計結果  →  有用性

  【対象】    【認識・測定】    【伝達】        【効果】
              (2) 経済的実質主義  (5) 連結会計・情報の
              (3) 公正価値（時価）会計   拡充化
              (4) 資産負債アプローチ・
                  包括利益会計
```

れる（例．連結財務諸表，連結キャッシュ・フロー計算書）。

以上の国際会計基準の特徴を会計行為（認識・測定・伝達）の各側面に即して，体系的に示したのが，「**図表5-2**」である。

§2　国際会計基準と原則主義会計

会計基準の設定アプローチをめぐって，次の2つがある。
- 原則主義会計
- 細則主義会計

国際会計基準の第1の特徴は，**原則主義会計**である。細則主義が明確な数量基準や詳細な個別ルールに焦点を置くのに対して，原則主義は抽象的な包括規定に焦点を置く。なにが原則主義であり細則主義かの定義や見解については，必ずしも明確な合意が得られているわけではない。しかし，ごく大まかな特徴づけるとすれば，「**真実かつ公正な概観**（true and fair view）」の大原則に立つイギリス会計基準とその影響の強い国際会計基準は原則主義指向的であるのに対して，訴訟防衛が強く求められるアメリカ会計基準や詳細な税法規定に強く影響づけられてきた日本基準は細則主義指向的であるといえる。

日本基準に対して，国際会計基準の原則主義会計を示すものとして，次の例がある。

(1)　有形固定資産の減価償却について，日本基準では，税法の耐用年数や償却方法の規定に基づき，取得原価の10パーセントを償却すべきといった明確な数量指針が設けられているのに対して，国際会計基準（第16号）では，期間中の経済的価値の下落を反映するように，耐用年数にわたって規則的な方法で配分すべきとの抽象的規定によるのみである。

(2)　リース会計について，日本基準では，ファイナンス・リースの数値基準として具体的な数値基準（耐用年数の75％，購入価額の90％）が設けられているのに対して，国際会計基準では，ファイナンス・リースについての一般的定義を規定するのみであり，具体的な数値基準は設けら

図表 5-3 「原則主義」対「細則主義」

	原則主義会計	細則主義会計
特徴	・抽象的な包括規定に焦点 ・取引事象の経済的実質の反映；作成者・監査人の判断により大きく依存する点で財務報告の比較可能性を阻害 ・イギリス会計基準	・明確な数量規準・詳細ルール ・財務報告の比較可能性の促進；会計ルールの悪用による利益操作 ・アメリカ・日本の会計基準
具体的内容	・有形固定資産の減価償却（経済的価値の下落を反映するように、耐用期間で規則的な方法で配分） ・リース会計（ファイナンス・リースについて、具体的数値基準の設定なし） ・金融商品の認識の中止（一般原則規定＋個別要件の例示）	・有形固定資産の減価償却（税法の耐用年数、償却方法の具体的規定の設定） ・リース会計（ファイナンス・リースについて、具体的な数値基準の設定） ・金融商品の認識の中止（具体的かつ詳細な認識中止の要件の設定）

れていない。

(3) 金融資産の認識中止（オフバランス処理）について，日本基準では，認識の中止のための具体的条件（譲渡資産の法的保全など）を設定しているのに対して，国際会計基準では，個別要件の例示は設けられているものの，一般原則のみを規定しているにすぎない。

「図表 5-3」に示されるように，原則主義は，適切に運用されれば，取引その他事象の経済的実質を反映した財務報告を促進することができる反面，作成者・監査人の判断により大きく依存し，財務報告の比較可能性を損なう可能性もある。したがって，国際会計基準の採用にあたっては，具体的な解釈指針・実践ガイドラインなどの整備と併せて，会計監査人や担当者の実務教育・訓練がとくに重要になる。

§3 原則主義会計と経済的実質主義

1 原則主義と経済的実質主義

原則主義の本質に関して、次の2つの見方がある。
- 原則主義か細則主義かは単なる詳細度の差異にすぎないとみる見方——「**細則規定の連続帯アプローチ**」
- 原則主義か細則主義かを単なる程度の問題としてではなく、それとは異なった経済的実質主義の立場から原則主義をみる見方——「**経済的実質アプローチ**」

前者の見方は、原則主義か細則主義かは相対的な区分にすぎず、両者は明確に区分し得ないとみる。この見方からすれば、**細則主義**に基礎づけられたアメリカ会計基準もFASB概念フレームワークから導出された原則に基づくという意味では原則主義であり、また、逆に、会計基準は程度の差こそあれ、いずれも細則規定に基礎づけられており、原則主義か細則主義かは明確に識別し得なくない。

後者の見方は、細則規定とは別個に専門的判断の拠り所を経済的実質に求める見方である。2000年代初頭に顕在化したエンロン等の会計ルールを使った利益操作は「ルール（細則）＝規定（法形式）」の充足にのみ関心をもち、情報が表示しようとする取引その他の事象を忠実に表現しようとするものではない。企業会計では、取引や事象の実質は、その法的形式と経済的実態とは必ずしも一致するとは限らないので、**実質優先原則**に基づき、法的形式よりも取引等の実質ないし経済的実態に即して処理・表示が行われなければならない。たとえば、国際会計基準委員会（IASC）「財務諸表の作成及び表示に関するフレームワーク」(1989) においても、「情報が表示しようとする取引その他の事象を忠実に表現するためには、取引その他の事象は、単に法的形式に従うのではなく、その実質と経済的実態に即して会計処理され表示されることが必要である」(第35項) として、実質優先原則を提示している。

また，イギリスFRS5（1994）では，取引の実質を決定するにあたっては，「そのすべての側面とその含意（示唆するもの）が把握され，実践において商業的効果をもたらすであろう事項に，より大きな比重が付与されなければならない」(パラ14) として，「**商業的効果**」の側面から実質を規定することを求めている。このように，実質優先の内容をどのように規定するにせよ，要は，この原則は原則主義会計を支える中核原則をなし，IFRS財務報告の基底に確固として存在している。

2 原則主義会計と目的指向基準設定アプローチ

原則主義会計の具体的な発展形態として展開されたのが，アメリカの**目的指向アプローチ**である。エンロン事件を契機として，アメリカの基準設定アプローチは，原則主義と細則主義との最適な中間帯として原則指向的ないし目的指向的アプローチを提唱した。アメリカ証券取引委員会（SEC）は，2002年サーベインズ・オックスレイ法（Sarbanes-Oxley Act）の制定を受けて，原則主義を基軸としつつも実務指針などの細則ルールを加味した目的指向基準設定アプローチを考案した。

これは次のような特徴をもつ（SEC2003）。
- 改善され，首尾一貫して適用される概念フレームワークに依拠
- 会計基準の目的の明示
- 基準が実践的に，かつ首尾一貫して適用できるに十分な具体性と仕組みの提供
- 会計処理の抜け穴捜しによって，基準の意図を損ねて機械的に準拠させるような比率テスト（判別基準）の適用回避

このように，SECの原則主義指向ないし目的指向的アプローチは，意思決定有用性を基点とする「目的―原則―細則ルール」の体系性ある明確な概念フレームワークとの整合性に焦点を置く点に大きな特徴がある（SEC2003, 1·c）。明確かつ首尾一貫した概念フレームワークとの整合性こそが目的指向基準設定アプローチへの移行を促進する第一歩であるとの認識のもとで，SECは

FASB概念フレームワークの改善を求めた。2004年4月からのIASBとFASBとの概念フレームワークの統合化のプロジェクトは、このようなSECからの強い要請を背景に促進された（FASB2004）。

§4 国際会計基準と資産負債アプローチ

1 収益費用アプローチと資産負債アプローチ

　利益測定面における国際会計基準の特徴は、資産負債アプローチに基づく点である。利益測定方法としての**収益費用アプローチ**が、一定期間における企業の収益と費用という抽象的計算量としての利益を算定するのに対して、資産負債アプローチは、一定期間における企業の純財産（純資産）の増減という具体的計算量として利益を算定する方法である。この場合、企業の純財産の増減は、一般に資産・負債という経済的資源・責務という実在的側面に注目するものであり、明確な資産・負債の定義と認識要件を満足するものでなければならない。それに対して、収益費用アプローチのもとでは、ある種の「繰延費用」や「繰延収益・引当金」など、資産負債の定義を満足しない項目をも貸借対照表に取り込むことになる（「図表5-4」参照）。

　資産負債アプローチに立つ国際会計基準として、次のようなものが例示される。

(1)　金融商品の会計基準について、資産・負債概念に照らして金融取引の正味債権・債務額を資産・負債として認識するとともに、金融商品の現在価値評価額（キャッシュ・フロー）の変動というストックの側面に注目して損益を認識する。

(2)　研究開発費の会計では、国際会計基準では「研究」に要した支出と「開発」に要した支出とを区分し、前者については費用処理をなすのに対して、後者については一定の資産計上の要件を満たす場合には、無形資産として計上することを求めている。これは、当該支出額が将来の経済的便益の源泉をなすかどうかという資産性に注目するものであり、将来

図表5-4 「資産負債アプローチ」対「収益費用アプローチ」

	資産負債アプローチ	収益費用アプローチ
利益の計算方式	一期間における実在的計算量としての利益概念（正味経済的資源の期間的比較計算）	一期間における抽象的計算量としての利益概念（収益と費用との対応計算）
貸借対照表能力	経済的資源・責務のみ貸借対照表計上 財政状態表としての貸借対照表	経済的資源・責務プラス計算擬制的資産・負債の貸借対照表計上 貸借平均表としての貸借対照表
評 価 基 準	時価を選好	原価を選好
利 益 の 性 格	具体的実在量としての利益	抽象的計算量としての利益

（出典：古賀『価値創造の会計学』(2000) 税務経理協会, p.22「表1」を参考に加筆・修正）

の繰延経理（計算上の資産計上）とは相違している。

(3) 引当金の認識にあたって，従来の日本基準では，企業会計原則の引当金規定の要件を満たす場合に認識し得るが（修繕引当金等を含む），国際会計基準では，現在の義務の存在等の所定の負債の認識要件を充足する場合にのみ引当金として認識することができる。

このような収益費用アプローチから資産負債アプローチへの利益測定の重点移動の背景には，明らかに「産業経済―有形財指向―原価評価」から「**金融経済―金融財指向―公正価値評価**」への経済基盤の変化があった。原価会計では，資産の「原価配分―対応原則」を通じて原価が費用化し，利益計算が行われるので，そこでの利益計算は収益費用アプローチである。それに対して，金融商品の公正価値（時価）会計では，将来のキャッシュ・フローの前取り計算によって公正価値が算定され，期首と期末との公正価値評価額の差額として利益が算定されるので，資産負債アプローチが採用される。

2 純利益と包括利益

利益決定アプローチを利益概念との間には，次のような関連性がある。

- ■ 「収益費用アプローチ―収益余剰計算―純利益」
- ■ 「資産負債アプローチ―純資産余剰計算―包括利益」

図表 5-5　ABC コーポレーション包括利益計算書

（単位：千円）

	20×2年	20×1年
収益	4,500,000	4,750,000
売上原価	(3,500,000)	(3,700,000)
売上総利益	1,000,000	1,050,000
その他の収益	100,000	80,000
販売費	(400,000)	(395,000)
一般管理費	(200,000)	(210,000)
その他の費用	(250,000)	(245,000)
金融費用	(100,000)	(80,000)
関連会社の利益に対する持分	150,000	60,000
税引前利益	300,000	260,000
税金費用	(125,000)	(105,000)
継続事業の当期利益	175,000	155,000
廃止事業の損失額	25,000	15,000
当期利益	150,000	140,000
その他の包括利益		
為替換算調整額	10,000	25,000
売却換算調整額	20,000	10,000
売却可能有価証券の再測定額	20,000	10,000
キャッシュ・フロー・ヘッジ	5,000	15,000
固定資産再評価額	15,000	25,000
確定給付年金制度の数理差異	5,000	10,000
持分法適用会社の包括利益	10,000	15,000
その他の包括利益の構成要素に関連する税金	25,000	35,000
その他の包括利益	90,000	125,000
包括利益	240,000	265,000
利益の帰属		
親会社株主	192,000	212,000
非支配持分株主	48,000	53,000
	240,000	265,000

（出典：古賀智敏・鈴木一水・國部克彦・あずさ監査法人編著『国際会計基準と日本の会計実務〈3訂版〉』(2009)，84-85頁）

収益費用アプローチにおける利益概念は収益余剰という「抽象的計算量」によって規定され，費用収益の適切な対応を図ることによって**長期的業績尺度**として役立つ経常的・長期的な利益情報を提供する。それに対して，資産負債アプローチにおいては，一期間の経済的資源・責務の変動の結果，純資産（純資産マイナス総負債）の変動額として決定されるので，（資本取引以外の）経済的資源・責務の変動をもたらすものは，それが正常性をもつか否かにかかわらず，その発生に即して当該期間の利益の構成要素に組み込まれるので，利益は変動性の高い瞬時的なものとなる。前者の正常的・長期的な業績尺度となるのが「**純利益**」であり，後者の変動性ある短期的な利益が「**包括利益**」である。

包括利益は，大きく純利益計算による「当期利益」に，（資本取引以外の）経済的資源・責務の変動を表す「その他の包括利益」を加えた額として算出される。「**図表 5-5**」は，このような包括利益計算書のひな型を例示するものである。

レビュー問題

問題 1　国際会計基準の特徴について，(1) 基準設定アプローチ，(2) 認識，(3) 測定，(4) 利益計算アプローチ，および (5) 開示の各側面に即して述べなさい。

問題 2　会計基準の設定アプローチをめぐる「原則主義」と「細則主義」について，次の各問に答えなさい。
　　(1) その意義
　　(2) その長所と短所
　　(3) 経済的実質主義との関連性

問題 3　利益決定アプローチについて，次の問に答えなさい。
　　(1) 2 つのアプローチの意義と特徴
　　(2) 利益概念との関連性

【参考文献】

- 古賀智敏（2000）『価値創造の会計学』税務経理協会。
- ―――（2007）「会計理論の変容と経済的実質主義」『會計』第 172 巻第 3 号，

1-14頁。
- ───── (2010)「国際会計」神戸大学経済経営学会編(『ハンドブック経営学』第22章所収)。
- 古賀智敏・鈴木一水・國部克彦・あずさ監査法人編著 (2009)『国際会計基準と日本の会計実務〈3訂版〉』第5章所収,同文舘)。
- American Accounting Association (AAA) (2003), "Evaluating Concepts-Based vs. Rules-Based Approaches to Standard Setting", *Accounting Horizons*, Vol. 17 No. 1, pp. 73-89.
- U. S. Securities and Exchange Commission (2003), *Study Pursuant to Section 108 (d) of the Sarbanes-Oxley Act of 2002 on the Adoption by the United States Financial Reporting System of a Principles-Based Accounting System*, July 2003.

第6章

国際会計基準と公正価値会計

§1 経済基盤の変化と公正価値会計の必要性

　1980年代以降の公正価値会計の台頭をもたらしたのは，企業を取り巻く経済構造の変化であった。世界の経済基盤は，いまや産業経済から金融経済，また，更には知識創造経済へと大きく移行しつつある（古賀2007；2008；2009）。このような経済構造の変化と背景のもとに，拠って立つビジネスモデルも必然的に変化せざるを得ない。20世紀型マニュアルチュアリング・ビジネスモデルでは機械・設備等の生産手段を中心としたのに対して，21世紀型ビジネスモデルでは，情報技術（IT）の発達とともに，デリバティブ等の金融商品や技術・ノウハウ・特許といった無形資産が企業の価値創造の源泉として重視されるようになった。「**図表6-1**」は，このような経済基盤の変化と公正価値会計の生成の背景を示したものである。

　この図表の要旨は，およそ次のとおりである。
(1) 「製造業＝生産財」重視の産業経済を背景とする伝統的プロダクト型会計と，金融革命と金融経済を背景とするファイナンス型会計とは，焦点を置く財貨の特性の相違によって異なった測定属性（ルール）をもつ。**プロダクト型会計**では，原価の擬集（材料費・労務費・諸経費の原価集合）としての有形財を主たる財貨として**原価・対応アプローチ**に基礎づけられた原価会計理論をなす。機械・設備等の生産財は生産プロセスでの使用によって価値創出を図ろうとするものであって，それ自体を個別

図表6-1　経済基盤の変化と公正価値会計の背景

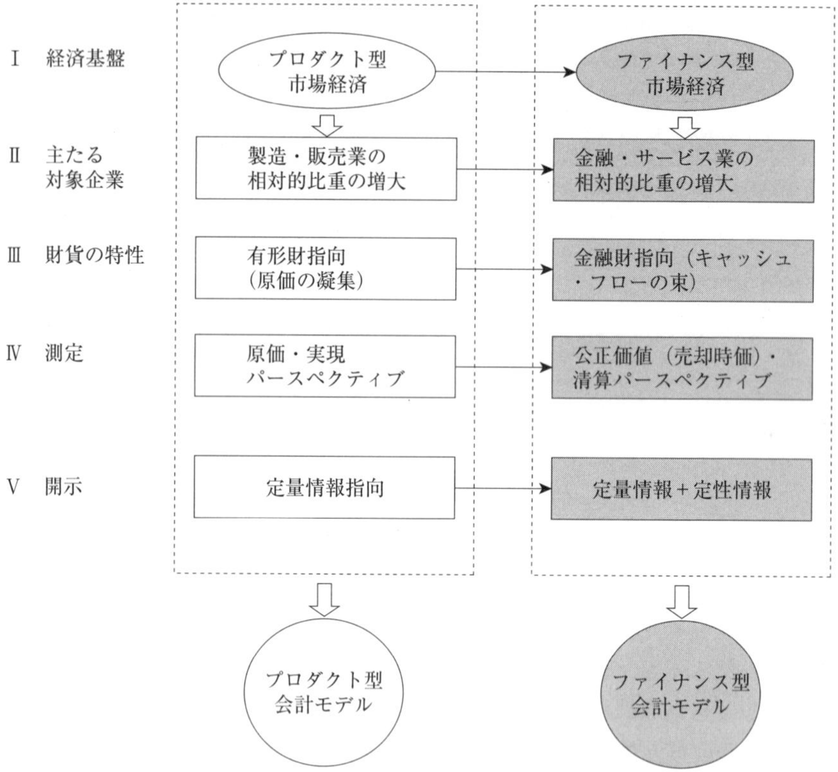

	プロダクト型		ファイナンス型
Ⅰ　経済基盤	プロダクト型市場経済	→	ファイナンス型市場経済
Ⅱ　主たる対象企業	製造・販売業の相対的比重の増大	→	金融・サービス業の相対的比重の増大
Ⅲ　財貨の特性	有形財指向（原価の凝集）	→	金融財指向（キャッシュ・フローの束）
Ⅳ　測定	原価・実現パースペクティブ	→	公正価値（売却時価）・清算パースペクティブ
Ⅴ　開示	定量情報指向	→	定量情報＋定性情報

↓プロダクト型会計モデル　　↓ファイナンス型会計モデル

に売却することを目的とするものではない。また，生産プロセスのアウトプットとしての商・製品も，有形財の「引渡し＝販売基準」によって収益認識の確実性が確保されるまで，時価上昇による評価差額を認識してはならない。したがって，プロダクト型会計では，「**プロダクト型市場経済─有形財─取引アプローチ─原価評価**」の一連の図式に立つ。

(2)　他方，**ファイナンス型会計**の中核をなす金融財の本質は，将来キャッシュ・フローのための契約上の権利又は義務をなし，金利・リスクの変動によるキャッシュ・フローのボラティリティ（変動可能性）と容易に処分可能であるという換金可能性（清算可能性）を特性とする（武田

2007)。したがって，投資意思決定の視点から，金融財は将来キャッシュ・フローの現在価値ないし公正価値（売却時価）によって評価され，ファイナンス型会計は，「**ファイナンス型市場経済―金融財―評価アプローチ―公正価値評価**」によって特徴づけられる。また，その後の知識創造経済と企業のイノベーションを背景としたナレッジ型会計理論では，ブランド，特許，技術等の無形財について，法的又は契約その他ライセンス供与し得るものに対して市場価値ないし将来キャッシュ・フローの現在価値によって資産計上が可能となる。

このように，近年の公正価値会計の拡充化は経済基盤の変化に照応するものであり，有形財にフォーカスした取得原価会計から金融財の特性を捉えた公正価値会計への重点移行を反映している。

§2　国際会計基準と公正価値測定の適用形態

測定面における国際会計基準の特徴は，公正価値会計の拡充化である。その**具体的適用形態**として，大きく次の4つに区分することができる（Cairns 2007；詳細は，古賀2008）。

(1)　当初認識時での測定基準としての公正価値の利用：有形固定資産（IAS16），リース（IAS17），政府補助金（IAS20）等
(2)　複合取引コストの配分基準としての公正価値の利用：金融商品―開示及び表示（IAS 32），企業結合（IFRS3）等
(3)　減損テストにおける公正価値の利用：資産の減損（IAS36），売却および廃止事業のための非流動資産（IFRS5）等
(4)　資産・負債の事後的測定基準としての公正価値の利用：金融商品―認識・測定（IAS39），農業（IAS41）等

上記(1)～(3)は決算日の事後測定（評価替）を要しない限定的範囲での公正価値測定の利用形態をなすのに対して（「**混合属性モデル**」における代替的測定），上記(4)は資産の再測定基準という本格的測定基準としての公正価

図表6-2　国際会計基準における公正価値測定の適用形態

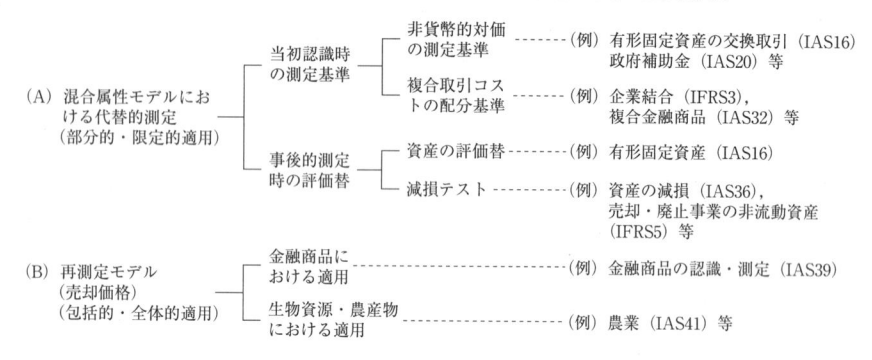

- (A) 混合属性モデルにおける代替的測定（部分的・限定的適用）
  - 当初認識時の測定基準
    - 非貨幣的対価の測定基準 ……（例）有形固定資産の交換取引（IAS16），政府補助金（IAS20）等
    - 複合取引コストの配分基準 ……（例）企業結合（IFRS3），複合金融商品（IAS32）等
  - 事後的測定時の評価替
    - 資産の評価替 ……（例）有形固定資産（IAS16）
    - 減損テスト ……（例）資産の減損（IAS36），売却・廃止事業の非流動資産（IFRS5）等
- (B) 再測定モデル（売却価格）（包括的・全体的適用）
  - 金融商品における適用 ……（例）金融商品の認識・測定（IAS39）
  - 生物資源・農産物における適用 ……（例）農業（IAS41）等

値測定をなす点で前三者とは異なる（売却時価モデル）。このように，国際会計基準における公正価値会計では，混合属性モデルにおける代替的測定としての限定的・部分的・任意的適用から，売却価格としての包括的・全体的・強制的適用への展開が認められる。

「**図表6-2**」は，公正価値測定の適用形態について体系化したものである。

国際会計基準において初めて「**公正価値**」が用いられたのは，旧IAS16（1982）であった（Cairns 2007）。そこでは土地・建物，機械等の有形固定資産を非貨幣性資産と交換で取得する場合，その当初認識時の測定基準として公正価値が用いられた。同様のケースは，政府補助による非貨幣性資産の測定（IAS20 [1983]）や企業結合における非貨幣的対価の測定（IAS22 [1983]）等において示されている。その後，企業結合会計に例示されるように，取得企業が被取得企業に支払う対価をその取得した資産・負債に配分する基準として公正価値が用いられる（IFRS3）。また，資産の減損処理においても，公正価値測定が適用される（IAS36 [1998]）。しかし，これらの公正価値測定の利用形態はいずれも原価評価に対する代用的・臨時的役割をもつにすぎない。

公正価値会計が質・量ともに大きく台頭するようになったのは，20世紀末からの**金融商品・デリバティブの公正価値会計**の浸透化にある。売買目的の金融資産・負債やデリバティブ資産・負債の公正価値測定（IAS39），投資不動産の代替的測定ルールとしての公正価値測定（IAS40）がその典型例である。この

背景をなすのは，商・製品や有形固定資産に基礎づけられた国内指向プロダクト市場から，金融商品・投資不動産の相対的重要性が高まったグローバル指向のファイナンス市場への市場の変化がある。キャッシュ・フローへの即時的転換を意図しないプロダクト財については，本質的に取得原価による測定を基軸とし，公正価値測定はごく限定された領域に適用されてきたにすぎない。それに対して，本来的に「キャッシュ・フローの束」をなすファイナンス財は，最適株主価値の獲得をめぐって国境を越えてグローバルに市場を駆けめぐり，投資指標となる公正価値が最も適合性ある測定属性であった。このように見るならば，国際会計基準における公正価値会計の展開は，国内市場指向からグローバル市場指向への市場経済の発展を背景として，プロダクト財を対象とする部分的適用（非貨幣性資産を伴う交換取引等）から，グローバル市場でのファイナンス財の評価差額の追求と投資効率性の測定に向けて大きく変容してきた。

§3 公正価値の意義と特徴

1 抽象的・普遍的公正価値概念と具体的・個別的公正価値概念

一般に**公正価値**とは，「取引の知識がある自発的な当事者の間で，独立第三者間取引条件により資産が交換され，または，負債が決済される価額」(IAS39, パラ8) として定義づけられる。つまり，一定の人的要件（知識レベル，自発的意思，独立性）を満たした当事者間取引で成立すると想定される「仮定上の取引」に基づく見積交換価格をいう。同様の定義は，FASB基準書，SFAS107やSFAS157ほか企業結合（SFAS141）や長期固定資産の減損（SFAS144）等，時代や領域を超えて広く採用されているという点で，これは「**抽象的・普遍的公正価値**」概念をなす。

その具体的内容について，国際会計基準では，
(1) 活発な市場が存在する場合には，公表された市場相場価格を用い，
(2) 活発な市場が存在しない場合には，将来キャッシュ・フローの割引現在価値など代替的測定技法を用いて算定される。

また，FASB基準では，より具体的に代替的測定技法として，大きく「マーケットアプローチ」，「インカムアプローチ」，「コストアプローチ」の3つを示し，それぞれの測定アプローチを用いて公正価値測定額を見積もることにした。マーケットアプローチでは観察可能な価格が公正価値をなし，インカムアプローチでは将来キャッシュ・フローの割引現在価値によって，また，コストアプローチでは現在取替原価によって公正価値測定額が決定される。これらの公正価値概念は，市場の整備状況や測定技法の開発・進歩に即して具体的内容が変化するという意味で，「**具体的・個別的公正価値**」概念をなす。

　この抽象的公正価値概念を具体的公正価値概念に変換するには，何らかの媒介概念なり変換装置が必要である。ここで両者の橋渡しをなす媒介概念は権威ある機関（国際会計基準審議会IASBや米国財務会計基準審議会FASBなど）による価値基準であり，現行の会計基準では，IASBという権威ある機関が規定した価値基準としての市場参加者の視点と情報の信頼性がとくに重視されている。

　以上の「抽象的概念―媒介概念―具体的概念」の概念構造に基づき，公正価値概念の特徴を描いたのが，「**図表6-3**」である。

　実際，IASB金融商品プロジェクトでは，公正価値の具体的内容として**出口価格（エグジット価格）**，つまり，資産の売却価格又は負債の現在決済価格に焦点が置かれてきた。活発な市場が存在する場合，金融商品の売却価格が最も信頼可能な交換価格を反映すると考えられる。しかし，活発な市場が存在しない場合や市場価格が存在しない場合には，類似項目の直近価格や割引現在価値計算など他の代替的方法によって，状況関連的に公正価値の具体的価格が決定されざるを得ない。そこで成立するのが具体的・個別的公正価値概念である。

2　主観的公正価値概念と客観的公正価値概念

　公正価値概念はそれが経営者個人の主観的評価に基礎づけられたものなのか，市場参加者の合意によって客観的に成立したものかによって，「主観的公正価値概念」と「客観的公正価値概念」として区分される。同一もしくは類似

83

図表 6-3 公正価値概念―IASB 基準と SFAS157

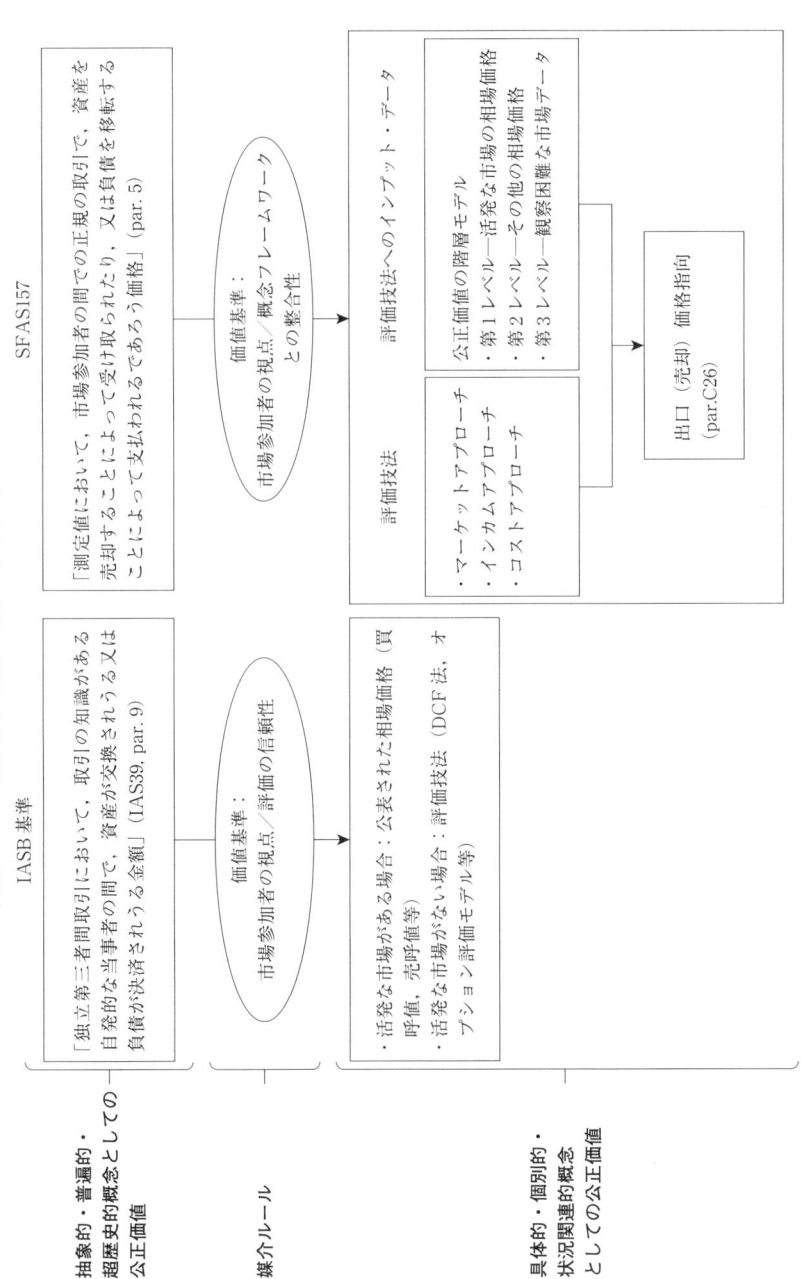

IASB 基準

抽象的・普遍的・超歴史的概念としての公正価値
「独立第三者間取引において、取引の知識がある自発的な当事者の間で、資産が交換されうる又は負債が決済されうる金額」(IAS39, par. 9)

媒介ルール
価値基準：
市場参加者の視点／評価の信頼性

具体的・個別的・状況関連的概念としての公正価値
・活発な市場がある場合：公表された相場価格（買呼値、売呼値等）
・活発な市場がない場合：評価技法（DCF法、オプション評価モデル等）

SFAS157

「測定値において、市場参加者の間での正規の取引で、資産を売却することによって受け取られたり、又は負債を移転することによって支払われるであろう価格」(par. 5)

価値基準：
市場参加者の視点／概念フレームワークとの整合性

評価技法
・マーケットアプローチ
・インカムアプローチ
・コストアプローチ

評価技法へのインプット・データ
公正価値の階層モデル
・第1レベル-活発な市場の相場価格
・第2レベル-その他の相場価格
・第3レベル-観察困難な市場データ

出口（売却）価格指向
(par. C26)

84 Ⅱ 国際会計の理論的基礎

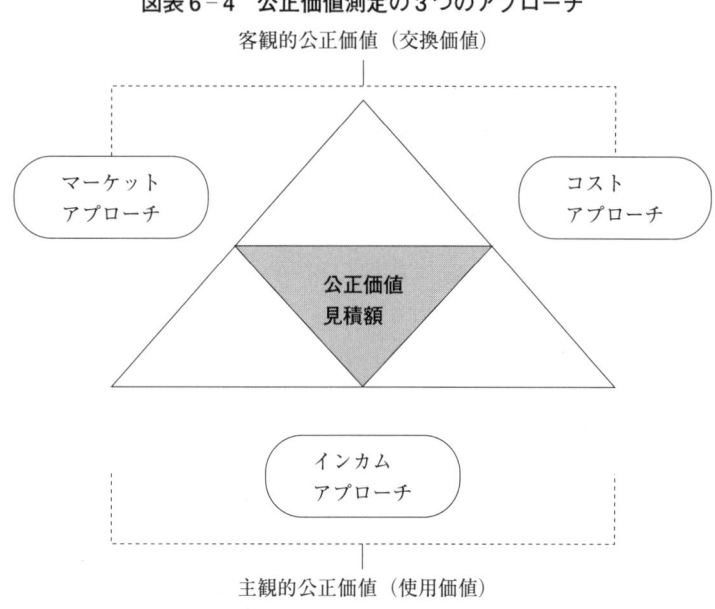

図表6-4 公正価値測定の3つのアプローチ

客観的公正価値（交換価値）

- マーケットアプローチ
- コストアプローチ
- インカムアプローチ

公正価値見積額

主観的公正価値（使用価値）

の資産・負債の市場価格（レベル1・2）は客観的公正価値概念をなすのに対して，経営者の主観的評価に大きく依存する割引現在価値やオプション・プライシング・モデルによる測定額等は主観的公正価値概念をなす。これを公正価値測定の3つのアプローチに関連づけて示したのが，「**図表6-4**」である。

　資産について売却市場に焦点を置くか（**マーケットアプローチ**），取替購入市場に注目するか（**コストアプローチ**）の差異はあるものの，両者ともに市場価格に基礎を置く点では客観的公正価値概念をなす。それに対して，**インカムアプローチ**は経営者個人の将来キャッシュ・フローの予測に基礎づけられるという点で，主観的公正価値概念をなす。

　主観的公正価値概念と客観的公正価値概念とは，公正価値の見積もりにおいて適用される前提なり仮定が異なっている。前者の**主観的公正価値概念**は，市場参加者が（イ）ゴーイング・コンサーンをなす事業体，または（ロ）事業体による利用のために構成される資産を継続して使用するという「継続的使用の

仮定」に立つのに対して，後者の**客観的公正価値**は市場参加者は当該資産を売却するという「仮想的売却の仮定」に立っている（FASB2006, パラ 13）。一般に継続的使用を目的とした機械・設備等の事業用資産は使用価値としての主観的公正価値概念が適合するのに対して，売買取引を究極的目的とする金融資産は交換価値としての客観的公正価値概念が適合する。したがって，前者では，主観価値（使用価値）と客観価値（交換価値ないし市場価値）との差額が経営者の能力，シナジー効果等を含む暖簾をなすのに対して，後者では，交換価値が公正価値をなすので暖簾は発生しない。

　市場が完全に競争的であり，完備している場合，市場価値を用いて公正価値を明確かつ一義的に規定することは，むろん容易である。しかしながら，市場が完全かつ完備していない，より現実的なシナリオのもとでは，理論的には無形財的な特性を包含する主観価値の方が売却価値等の客観価値（市場価値）よりも投資意思決定に適合するであろう（Barth & Landsman 1995, AAA 財務会計基準委員会 2000；古賀，2000）。たとえば，商業ローンのように流動性の低い市場では，金融商品の価値は何らかの「無形財的な」特性（借り手特有のローン条件，貸し手の経験や借り手との関係等）に依存する。このような私的情報は市場価値には反映されず，主観価値と客観価値（売却価格・購入価格）との間に差異が生じる。また，市場がほとんど完備していない多くの金融商品の場合，市場での売買価格は入手できないので，経営者の仮定と見積もりに基づく主観価値の計算に依拠せざるを得ない。

§4　公正価値測定の 3 階層

1　3 つのレベルの公正価値測定

　公正価値の測定において，国際会計基準および FASB 会計基準では，測定金額の算定のための基礎データ（インプット・データ）の信頼性のレベルに即して大きく 3 つに区分することができる（IASB2009；FASB2006）。

(1)　**レベル 1**：　活発な市場における**観察可能な同一の資産又は負債**の相

場価格

(2) **レベル2**: 活発な市場における**類似資産又は負債の相場価格**；活発でない市場における同一又は類似資産又は負債の相場価格；相場価格以外の資産又は負債のための観察可能なインプット・データ（例．金利，イールドカーブ，ボラティリティ，信用リスクおよびデフォールト率等）；相関関係その他の方法によって観察可能な市場データから派生されたり，裏付けられたインプット・データ

(3) **レベル3**: 資産又は負債のための**観察不能な市場インプット・データ**；報告企業の自社データも含めて，当該状況において入手可能なベストの情報を用いて得られた観察不能なインプット・データ；市場参加者がその算定にあたって考慮すると想定される諸仮定を反映

これは，公正価値測定にあたって，その算定の基礎をなすインプット・データについて，「活発な市場の有無」や「参照対象資産の類似性の程度」に即して望ましい公正価値測定のヒエラルヒー（階層関係）を示している。そこでは，市場参加者の観点から，取引が頻繁に繰り返されているような整備された市場（活発な市場）における同一資産・負債の相場価格が最も信頼性ある公正価値測定（「第1レベル」）をなす。取引市場が存在せず，観察可能な相場価格が入手できない場合には，その状況のもとでベストな情報に基づき，「もし市場参加者であれば，どうするか」という「仮想的市場参加者の立場」から合理的な公正価値測定額を合理的に推定せざるを得ない。「図表6-5」は，以上の公正価値測定のヒエラルヒーを示すものである。

2 具体例

このような公正価値測定の階層モデルは，国際会計基準書においても決して珍しいことではない。次の具体例を参照されたい。

（例1） 有形固定資産の再評価モデル（IAS16）：土地・建物等の有形固定資産について，その公正価値を信頼性をもって測定できる場合には，再評価額（減価償却累計額等があれば，その控除後）に基づいて計上すること

図表6-5　公正価値の階層区分

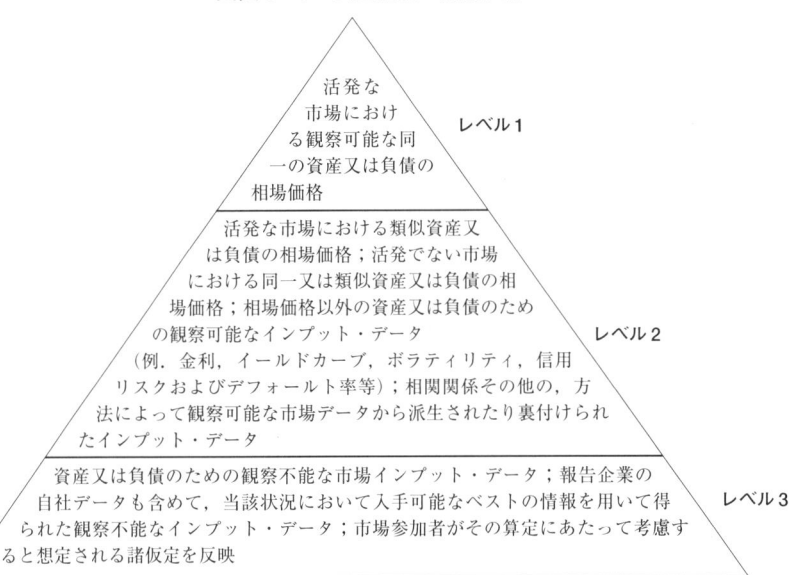

- レベル1: 活発な市場における観察可能な同一の資産又は負債の相場価格
- レベル2: 活発な市場における類似資産又は負債の相場価格；活発でない市場における同一又は類似資産又は負債の相場価格；相場価格以外の資産又は負債のための観察可能なインプット・データ（例．金利，イールドカーブ，ボラティリティ，信用リスクおよびデフォールト率等）；相関関係その他の，方法によって観察可能な市場データから派生されたり裏付けられたインプット・データ
- レベル3: 資産又は負債のための観察不能な市場インプット・データ；報告企業の自社データも含めて，当該状況において入手可能なベストの情報を用いて得られた観察不能なインプット・データ；市場参加者がその算定にあたって考慮すると想定される諸仮定を反映

(出典：Wilson 2007, p.203, Figure 15・1を参考に一部加筆・修正)

ができる（パラ31）。この場合，公正価値として専門鑑定人が見積もった市場価値で算定される（パラ32：「レベル2」）。特殊な設備等で市場価値に基づいて公正価値を算定することが出来ない場合，インカムアプローチや（償却累計額控除後の）取替コストアプローチによって算定する（パラ33：「レベル3」）。

(**例2**)　従業員給付（IAS19）や退職給付制度（IAS26）の**年金制度資産**：従業員給付制度の確定給付債務額の算定において，制度資産があればその公正価値（市場価格）を減額する（「レベル1・2」），市場価格が得られない場合，将来キャッシュ・フローの割引現在価値など見積計算による（IAS19, パラ102：「レベル3」）。また，退職給付制度における制度資産の公正価値の算定においても，制度資産が市場性ある有価証券であれば，その市場価値が最も有用な測定値となる（IAS26, パラ32：「レベル1」）。公正価値を見積もることができない場合，その理由を開示しなければならない。

(例3) **資産の減損** (IAS36)：資産の減損計算における回収可能価額の計算に用いられる公正価値として，独立第三者間取引の拘束力ある売買契約の価格による。このような拘束力ある合意はないが，活発な市場が存在する場合には，その資産の市場価格に基づく（パラ26：「レベル1」）。また，活発な市場も存在しない場合，その状況のもとで入手できる最善の情報に基づき公正価値が決定される（パラ27：「レベル2・3」）。

(例4) **無形資産** (IAS38)：企業結合に伴い取得した無形資産は，その公正価値で測定される。この場合，活発な市場において公表市場価格が最も信頼性の高い公正価値測定額となる（パラ39：「レベル1」）。活発な市場が存在しない場合，独立第三者間の取引において当該無形資産に支払ったであろう金額について，同種資産の直近の取引金額も含めて，最善の情報に基づいて決定する（パラ40：「レベル2・3」）。

(例5) **金融商品** (IAS39)：金融商品においても，活発な市場における相場価格が公正価値のベストな測定値をなす（パラ48A：「レベル1」）。活発な市場が存在しない場合には，直近の独立第三者間取引における市場価格，実質的に同一の特性をもった金融商品のカレントな公正価値，および割引現在価値分析やオプション・プライシング・モデルによる測定額による（「レベル2・3」）。

(例6) **投資不動産** (IAS40)：投資不動産の場合，同一の場所・条件等をもった類似不動産について，活発なカレント価格が公正価値の最善の測定値をなす（パラ45：「レベル1」）。このような同種の条件をもった活発な市場におけるカレント価格が存在しない場合には，異なった性質・場所・条件等をもった不動産について活発な市場でのカレントな価格，活発ではない市場での同種不動産の直近の価格，将来キャッシュ・フローの割引現在価値等の種々の情報を考慮して公正価値を測定する（パラ46：「レベル2・3」）。

(例7) **生物資源・農産物** (IAS41)：生物資源・農産物の公正価値の算定においても，活発な市場における相場価格が最適な基礎をなす（パラ17：「レ

ベル1」）。活発な市場が存在しない場合には，経済的環境において著しい変化がないとの仮定のもとでの最も直近の市場での取引価格や類似の資産についての修正市場価格等によって公正価値を決定する（パラ18：「レベル2・3」）。

以上は，国際会計基準で採用されている公正価値会計の主要なケースを例示するにすぎない。

§5 公正価値会計の拡充可能性

国際会計基準の拡充化が著しい中，わが国においても市場価値，割引現在価値を中心とした公正価値会計は，今後ますます拡大し，浸透していくことが予想される。「図表6-6」に示されるように，公正価値会計は**金融商品**，とくにデリバティブを起点としつつ，一方では，準金融財としての**投資不動産**や**生物資源・農産物**へと，また，他方では，知的財産権や知的資産（暖簾，ブランド，ノウハウ等）といった**無形資源**（インタンジブルズ）の価値評価へと急速に広がりつつある。実際，知的財産権等の評価においてマーケットアプローチやインカムアプローチによる評価が普及しつつある。

しかしながら，公正価値会計の適用領域は無制限ではない。公正価値会計の

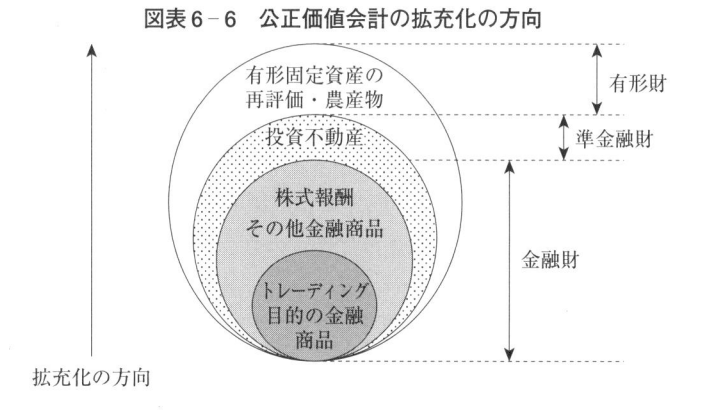

図表6-6 公正価値会計の拡充化の方向

- 有形固定資産の再評価・農産物 — 有形財
- 投資不動産 — 準金融財
- 株式報酬 その他金融商品
- トレーディング目的の金融商品
- 金融財

拡充化の方向

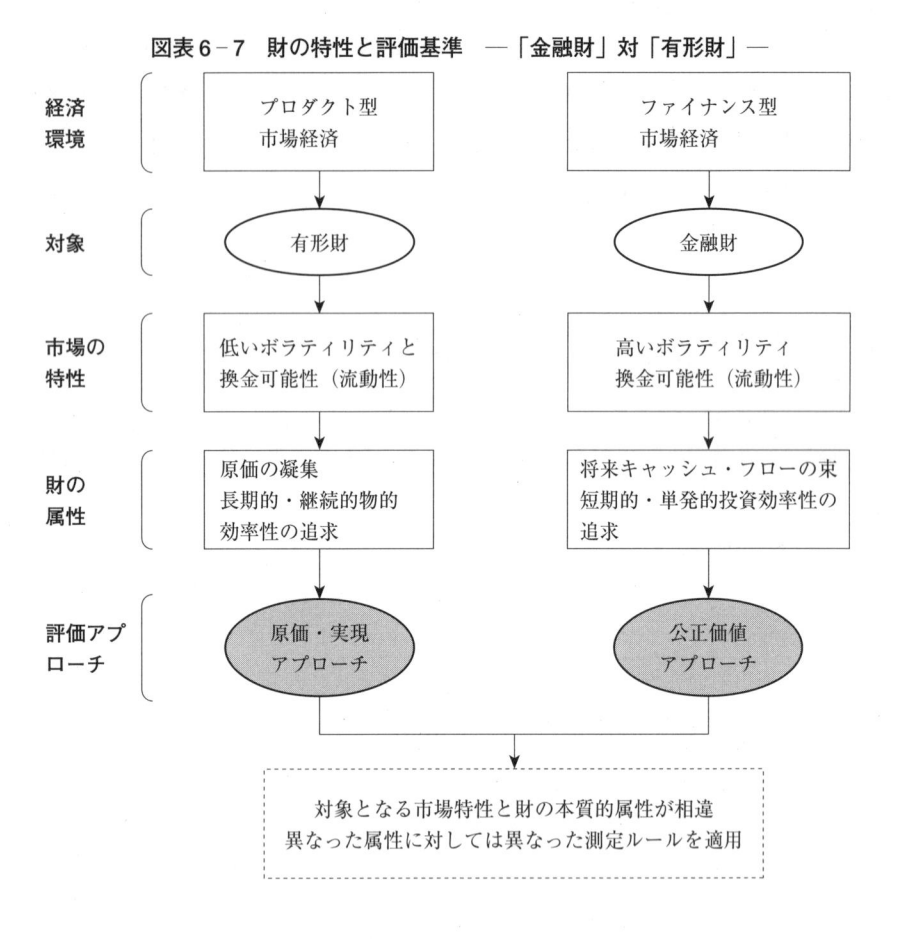

図表6-7 財の特性と評価基準 —「金融財」対「有形財」—

経済環境	プロダクト型市場経済	ファイナンス型市場経済
対象	有形財	金融財
市場の特性	低いボラティリティと換金可能性（流動性）	高いボラティリティ換金可能性（流動性）
財の属性	原価の凝集 長期的・継続的物的効率性の追求	将来キャッシュ・フローの束 短期的・単発的投資効率性の追求
評価アプローチ	原価・実現アプローチ	公正価値アプローチ

対象となる市場特性と財の本質的属性が相違
異なった属性に対しては異なった測定ルールを適用

適用は，原則として，金融商品ないし金融商品の特性をもつ財に限定されるであろう。「**図表6-7**」に示されるように，有形財と金融財とは財のもつ本質的属性は相違し，**異なった測定属性**に対して**異なった測定ルール**を適用することは当然である。有形財に対しては取得原価評価を原則とし，ボラティリティ（価格変動性）と換金可能性（清算可能性）の高い金融財については公正価値評価を基礎とする。それによって，本業としての生産活動の成果がボラティリティある財務・投資活動の成果，とくに金融財の価格変動に伴う巨額の評価損益に大きく影響されることなく，投資者は適切に企業の活動実態を適切に分

析・評価することができる。

レビュー問題

問題1　経済基盤の変化とともに，公正価値会計が大きく注目されるようになったのはなぜか，説明しなさい。

問題2　国際会計基準における公正価値測定について，(1) それがどのような状況のもとで適用されてきたか，(2) また，その適用形態がどのように変化してきたか，述べなさい。

問題3　公正価値概念について，次の問に答えなさい。
　　　　(1) 抽象的・普遍的公正価値概念と具体的・個別的公正価値概念
　　　　(2) 主観的公正価値概念と客観的公正価値概念

問題4　公正価値測定の3つの階層区分とは何か。また，それが国際会計基準の中でどのように適用されているか，いくつかの具体例を示して説明しなさい。

【参考文献】

- 浦崎直浩 (2002)，『公正価値会計』森山書店。
- 古賀智敏 (2000)，「金融商品と公正価値会計」『會計』第157巻1号，18-36頁。
- ────── (2007)，「会計理論の変容と経済的実質主義」『會計』第172巻3号，1-14頁。
- ────── (2008)，「国際会計基準と公正価値会計」『會計』第174巻5号，1-13頁。
- ────── (2009)，「金融危機と公正価値会計のゆくえ」『企業会計』第61巻3号，4-10頁。
- 武田隆二 (2001)，「会計学認識の基点」『企業会計』第53巻1号，4-10頁。
- ────── (2007)，「「産業構造の変化」に伴う「会計のあり方」─新会社法と会計のあり方 (その二)」『會計』第171巻2号，139-152頁。
- American Accounting Association (AAA, 2000), "Response to the FASB Preliminary Views: Reporting Financial Instruments and Certain Related Assets and Liabilities at Fair Value", *Accounting Horizons*, Vol. 14, No. 4, pp. 501-508.
- Barth, M. and Landsman, W. (1995), "Fundamental Issues Related to Using

Fair Value Accounting for Financial Reporting", *Accounting Horizons*, Vol. 9 No. 4, pp. 97-107.
- Cairns, D. (2007), "The use of fair value in IFRS", *The Routledge Companion to Fair Value and Financial Reporting*, edited by Peter Wanton, Routledge, 2007.
- Financial Accounting Standards Board (2006), SFAS No. 57, *Fair Value Measurement*.
- International Accounting Standards Board (2006), Discussion Paper, *Fair Value Measurements*.
- ──────────────────────── (2009), Exposure Draft, *Fair Value Measurement*.
- Wilson, A. (2009), "The relevance and reliability of fair value measurement"; *The Routledge Companion to Fair Value and Financial Reporting*, edited by Peter Wanton, Routledge.

III 国際会計基準の構造と展開

第7章

リスクヘッジと金融商品の会計基準

§1 グローバル金融取引の拡大と会計基準設定の背景

　金融商品の会計基準設定の背景となったのは，グローバル金融取引の拡大とリスクヘッジのための**デリバティブ**（金融派生商品）の台頭であった。1970年代以降の金利・為替の自由化，為替変動リスク・エクスポージャーの拡大のもとで，企業は将来の価格変動リスクをヘッジするために先物，フォワード（先渡），スワップ，オプション等のデリバティブを積極的に活用するようになり，金融市場のグローバル化の潮流のもとで，金融イノベーションが一層促進されていった。これを可能にしたのは，金融工学に基づく高度なリスク評価技術の進歩であった。いまや世界におけるデリバティブの市場規模は，他の金融商品（株式，債券）に比べ急速に成長し，2000年から2006年にかけて約3倍になっている（経済産業省「2008通商白書」；「図表7-1」参照）。

　しかしながら，**取得原価・実現主義**に基づく従来の企業会計基準は，デリバティブ等の金融取引の拡充化に対して適切に対応することは困難であった。第1に，デリバティブ契約は初期投資額がゼロ又は僅少であるので，決済時点まで契約それ自体の会計処理は行われず，簿外（オフバランス）処理された。第2に，原価・実現基準を原則とするので，デリバティブの価格変動による評価差額が認識されなかった。第3に，企業のヘッジ活動に対して合意あるヘッジ会計の取扱いは確立されていなかった。とくにデリバティブの**リスクマネジメント**（リスク管理）の失敗による巨額の損失事例が明るみになったことは，伝

図表7-1 世界におけるデリバティブ市場規模の推移（発行残高）

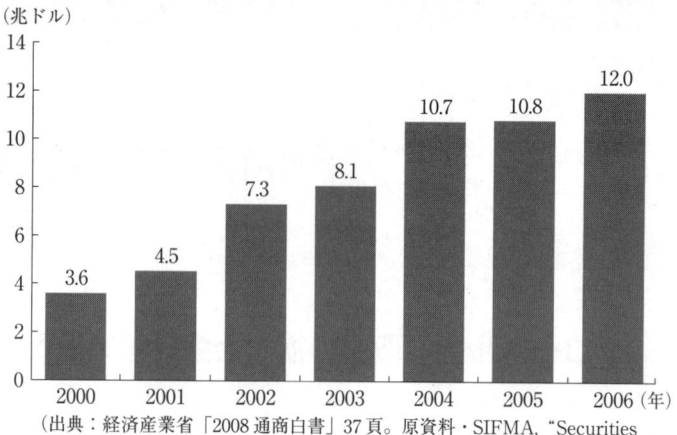

(兆ドル)

年	2000	2001	2002	2003	2004	2005	2006
発行残高	3.6	4.5	7.3	8.1	10.7	10.8	12.0

(出典：経済産業省「2008通商白書」37頁。原資料・SIFMA, "Securities Industry And Financial Markets Global Addendum 2007".)

統的な会計基準の限界を示すことになった。その結果，金融取引がますます複雑かつ多様になる中，金融商品の会計・開示に対する単一の包括的な会計指針が強く求められた。

1988年6月，国際会計基準委員会（IASC：現国際会計基準審議会（IASB）の前身）は，金融商品についての認識，測定および開示の包括的会計基準の設定プロジェクトを開始した。その後，公開草案（E48）に対する批判や各国の金融商品の会計基準の設定動向等を考慮し，本会計基準の設定を「認識及び測定基準」と「開示及び表示基準」とに分けてプロジェクトを推進することとした。その後，1995年3月に **IAS32**「金融商品：開示及び表示」がまず公表され，それに続いて1999年3月，**IAS39**「金融商品：認識及び測定」が設定された。IASBの設立によって両基準ともに改正され（2003年12月），また，**IFRS7**「金融商品：開示」(2005) の基準の公表によって，IAS32の表題は「金融商品—表示」へと変更された。その後，さらに改訂プロジェクトのもとで **IFRS9**「金融商品」の基準が2009年11月に公表されている。その結果，金融商品に関する主要な会計基準は，次の4つから構成されている。

・IAS32「金融商品—表示（1995；2003；2005）

- IAS39「金融商品：認識及び測定」(1999；2003)
- IFRS7「金融商品：開示」(2005)
- IFRS9「金融商品」(2009)

わが国でも，1999年1月に「金融商品に係る会計基準」が企業会計審議会から公表され，金融商品の時価導入やヘッジ会計，複合金融商品の会計処理等，国際会計基準や米国基準との実質的差異の解消が図られた。これはその後，企業会計基準委員会により企業会計基準第10号「金融商品に関する会計基準」(2006)として継承され，改訂されてきている。

§2　金融商品会計基準の基本的考え方

国際会計基準（IAS／IFRS）における金融商品の会計基準を基礎づける基本的考え方として，大きく次の4つの原則が考えられる（基準設定団体ジョイント・ワーキンググループ（JWG），スペシャルレポート2000参照）。

(1) 「**資産・負債の認識および消滅の原則**」：資産・負債である項目だけが，財務諸表で認識され測定されなければならない。

(2) 「**公正価値測定の原則**」：公正価値は，金融商品にとって最も適合性ある測定属性である。

(3) 「**利益認識の原則**」：金融商品の公正価値変動は，財貨の授受の調整後，すべて報告企業の損益として発生した期の損益計算書で認識されなければならない。

(4) 「**リスク表示・開示の原則**」：企業の重要な財務リスクそれぞれに関して，財務リスク管理目的および方針に関連させて，リスク・ポジションと実績を評価できるような情報が表示および開示されなければならない。

「図表7-2」は，上記のジョイント・ワーキンググループ(2000)の議論を参考にして，IAS39の基礎をなす4つの基本原則とその背後の考え方を要約して示したものである。

まず，「資産・負債の認識および消滅の原則」は，資産・負債の認識基準に

図表7－2 金融商品会計基準の基底をなす考え方

認識・測定の基本原則（IAS39）　　　JWG（2000）の基本原則　　　基底をなす考え方

(1)「金融商品の資産・負債性」
（金融商品の資産、資産又は負債の定義を満足する権利又は義務を表す）

→「資産・負債の認識および消滅の原則」
（資産・負債である項目だけが、財務諸表で認識され測定されなければならない）

→ 会計の概念フレームワークとの整合性（資産・負債概念）

(2)「金融商品の消滅の認識」
（金融商品は、その契約上の権利の行使・売買、または契約上の権利に対する支配が他に移転したときに、その消滅を認識する）

(3)「金融商品の公正価値評価」
（公正価値は、金融商品にとって最も目的適合性をもった測定属性である）

→「公正価値測定の原則」
（公正価値は、本基準に合まれる金融商品および類似項目の最も有用な測定値である）

→ 資本市場概念（資産・負債の現在価値としての公正価値）との整合性

(4)「評価差額の認識」
（金融商品の公正価値変動による評価差額は、当期の損益又は純資産の部等において認識する）

→「利益認識の原則」
（金融商品および類似項目の公正価値変動は、（財貨の授受の調整後）すべて報告企業の調整として発生した期の損益計算書で認識しなければならない）

→ 資本市場概念（現在の市場収益率稼得のための投資回収の余剰分）／会計の概念フレームワーク（将来キャッシュ・フロー予測）との整合性

(5)「ヘッジ会計の導入」
（ヘッジ対象として指定された項目について、ヘッジ取引の経済的実態を反映するためにヘッジ会計が適用される）

┄→「リスク表示・開示の原則」
（企業の重要な財務リスクそれぞれに関して、企業の財務リスクを管理目的および方針に関連させて、リスク・ポジションと実績を評価できるような情報ベースが表示および開示されなければならない）

→ 会計の概念フレームワーク（将来の不確実性予測）との整合性

→ 理論的妥当性　実践的適用可能性

関するものであり，明らかに財務会計の概念フレームワークによって基礎づけられている。「公正価値測定の原則」は，金融商品の公正価値が，期待キャッシュ・フローを同等のリスクに対する現在の市場収益率で割り引いた現在価値であるとする資本市場の理論によって基礎づけられている。また，「利益認識の原則」は，金融商品の公正価値の増加額が，現在の市場の収益率を稼得するために投資された貨幣資本の余剰分としての利益をなすとする資本市場概念とも整合性をもつとともに，将来キャッシュ・フローの予測を財務報告の目的とする会計の概念フレームワークとも整合性をもつ。さらに，「リスク表示・開示の原則」に関して，IASC討議資料 (1997) ではリスクヘッジに対するヘッジ会計の原則を提示しているのに対して，JWGでは，ヘッジ会計に代えてリスク開示の原則が提示されている点に注目されたい。

　金融商品の会計基準が確立されるまで，デリバティブ等の金融商品の認識・測定について「**取引アプローチ―原価評価**」のルールが支配的であった。しかし，このような伝統的会計においては，デリバティブの契約時点では，先物取引やオプション取引等における金銭の授受を除いて，未履行契約としてのデリバティブ契約自体の認識・計上は行われず，オフバランス処理されてきた。また，決算時点においても，従来の「取引―原価」アプローチのもとではデリバティブの価格変動による損益が的確に認識されず，デリバティブ取引に関する実態が情報利用者に適切かつタイムリーに提供されないという問題を露呈してきた。その結果，プロダクトとファイナンスとは，本来，その背景とする市場経済も財貨の特性も全く異質であるにもかかわらず，「取引―原価」アプローチというプロダクト型会計の理論を，高いボラティリティと流動性市場を前提とするファイナンスに適用しようとしたことに無理が生じたものといえる。そこで提示されたのが，上記の4つの基本原則であった。その後の金融商品の会計基準の整備・発展は，旧来のプロダクト型会計の限界に対して，**ファイナンス型会計**の固有の論理で対処しようとするものであった。

§3　金融商品の意義と分類

1　金融商品の意義と性格

金融商品とは，現金，他の企業の持分金融商品（以下，持分商品と略す），ある種の契約上の権利・義務をもたらす契約など，一般に，ある企業にとっては金融資産が生じるのに対して，その相手企業にとっては金融負債又は持分商品が生じるような契約をいう（IAS 32，11項）。金融商品の具体的内容については，「**図表7-3**」を参照されたい。このように，金融商品の定義上の特徴として，すべての金融商品は契約によって基礎づけられ，契約上の規定に伴う権利又は義務をなす点に注目されたい。なお，現金は契約そのものではないが，交換の媒体を表しており，すべての取引が測定され表示される手段をなすので，金融資産である（IAS 32，AG 3項）。

図表7-3　金融商品の具体的内容

区分	内容	項目
金融資産	現金	現金
	現金又は他の金融資産を他企業から受け取る契約上の権利	売上債権・有価証券・貸付金等
	自企業にとって潜在的に有利な条件のもとで他企業と金融商品を交換できる契約上の権利	オプション・先物・スワップ等の購入した権利行使権
	他企業の持分商品	他企業が発行した株式・出資証券等
金融負債	現金又は他の企業資産を他企業に引き渡さなければならない契約上の義務	仕入債務・借入金・社債等
	自企業にとって潜在的に不利な条件のもとで他企業と金融商品を交換しなければならない契約上の義務	オプション・先物・スワップ等の売却した権利行使義務
持分商品	企業の総資産から総負債を控除した残余財産の持分権を証する契約	発行者側における株式・出資証券等

（出典：古賀（1999），『デリバティブ会計［第2版］』森山書店，4頁）

第7章 リスクヘッジと金融商品の会計基準

　金融商品と非金融商品（棚卸商品，有形固定資産等）とは，**財の属性**（事物の有する本質的な性質）が異なる。金融商品は，現金又は他の金融資産を授受する契約上の権利又は義務を表すのに対して，非金融項目は，将来キャッシュ・フローに対してより間接的であり，必ずしも契約によって結びつけられていない。非金融項目は，他の生産資源とともに生産活動に投入され，生産物は将来キャッシュ・フローをもたらす機会を創出するが，現時点での現金その他の金融資産を受け取る権利を生じさせるものではない（IAS32, AG 10項）。

　金融商品には，現金，受取債権，支払義務および株式等第一次的・本体的商品のほかに，先物・先渡契約，オプション，スワップ等の第二次的・派生商品が含まれる。このうち，後者の派生的商品は，その基礎をなす金融商品の価値変動に連動する点にその特徴がみられ，デリバティブ（derivatives：金融派生商品）として総称される。**デリバティブの定義**を満足するためには，次の3つの特徴のすべてを有するものでなければならない（IAS 39, 9項）。

(1)　その価値が特定の金利，有価証券価格，現物商品価格，外国為替相場，指数その他の変数（「基礎変数」という）の変化に反応して変化すること——基礎変数の変動との価値連動性

(2)　当初純投資が不要又は類似の契約に要する当初の純投資よりも少額であること——不要又は少額な純投資額

(3)　将来日での決済

　デリバティブの第1の特性は，金利や外国為替レート，あるいは気温（天候デリバティブ）など客観的に把握し得る変数をもつ。これらの変数は金額や株式数その他物量単位など名目数量を用いて決済額（たとえば，価格×株式数）が決定される。したがって，より正確にはデリバティブは，基礎変数とともに名目数量（又は支払条件）を含むものである（FASB基準書133号）。

　デリバティブの第2の特徴は，初期投資を要しないか，又は類似する他のタイプの契約と比較して初期純投資が少額であることである。たとえば，為替予約や金利スワップなどでは，初期投資時には一般にアット・ザ・マネーの状態（オプションの対象となっている取引の市場価格と行使価格が等しい状態）に

あり，当該契約の公正価値はゼロであるので，当初純投資額はゼロになる。また，オプション契約の場合，買い手（ホルダー）はその本体の金融商品を購入する金額より著しく少額のオプション料（プレミアム）を支払えばよい。

　デリバティブの第3の特徴は，すべてのデリバティブは将来日において決済されることである。たとえば，為替予約は予め定められた将来の決済日に決済され，また，金利スワップはスワップの契約期間にわたって定期的に決済される。これらの決済は金額の授受の純額のみによる**差金決済**又はそれに類似した方式で行われる。

図表7－4　フリースタンディング・デリバティブ―基礎変数と名目数量の例示

デリバティブ	基 礎 変 数	名 目 数 量
ストック・オプション	株式の市場価格（たとえば，ABC社普通株式の価格）。オプションの行使価格は，基礎変数ではない。差金決済における変数は市場価格である。行使価格は固定されている。	株式数（たとえば，1,000株）。
	決済金額は，市場価格，行使価格，株式数の関数である。つまり，決済金額＝（市場価格－行使価格）×株式数	
通 貨 先 渡	為替相場（たとえば，ドイツマルク/U.S.ドル交換レート）。	通貨単位数（たとえば，200,000ドイツマルク）。
	差金決済は契約期間の最後に行われる。これは次の公式で計算される。決済金額＝（契約上の先渡レート－決済日の直物レート）×通貨単位数	
商 品 先 物	単位あたりのコモディティ価格（たとえば，1ブッシェルあたりの小麦価格）。	コモディティ単位数（たとえば，700ブッシェル）。
	差金決済は，毎日行われる。決済金額は将来価格の変動によって決定され，かつ，満期までの時間を反映するために割り引かれる。	
金利スワップ	金利指数（たとえば，6％の固定金利受取り，LIBOR払い）。	ドル額（たとえば，1,000,000U.S.ドル）。
	差金決済は，次の公式に基づいて契約期間に毎期行われる。決済金額＝（現行金利指数－契約上明記された固定金利）×特定のドル額。	

（出典：FASB編，訳者代表　古賀・河﨑（2000），『デリバティブ会計とヘッジ戦略』東洋経済新報社，76-77頁を参考に一部加筆・修正）

以上，いくつかの代表的なデリバティブについて，その基礎変数，名目価額および決済金額を例示したのが，「図表7-4」である。

2 金融商品の分類

(1) 金融資産の分類

現行IAS39では，金融資産は大きく4つに区分され，また，金融負債は2つに区分されている。金融商品の測定において，IAS39は公正価値（時価）と原価（償却原価）との**混合モデル**を採用しており，当初認識時の分類がその後の測定ルールに結びつくことになるので，金融商品をどの区分に分類するかが重要になる。従来，IAS39は金融資産を次の4つに区分し，取り扱ってきた (IAS39, 9項)。

■ 公正価値で測定し，損益を損益計算書に計上する金融資産（「売買目的保有のもの」と「当初認識時に企業がとくに指定したもの」を含む。）
■ 満期保有投資
■ 貸付金及び債権
■ 売却可能金融資産

また，金融負債は大きく公正価値で測定されるものと償却原価で測定されるものに大別されている。

その後，2009年7月，IASBはIAS39の改廃プロジェクトの第1フェーズとして，「金融商品：分類と測定」の公開草案を公表した。これは金融商品の区分の簡素化を図るために，分類・測定モデルを大きく償却原価と公正価値に2区分にすることを提示している。これは長期的目標としてすべての金融商品の公正価値測定と評価差額の発生期間での認識を掲げるIASBの意向に合致するものであり，その第一歩としての分類と測定ルールの簡素化を図ろうとするものである。

2009年11月に公表されたIFRS9でも金融資産は，事業体の金融資産管理の事業モデルや契約によるキャッシュ・フローの特性に基づき，償却原価か公正価値のいずれかで当初認識後の測定を行うこととした（IFRS 9, 4・1項）

(1) 金融資産は，次の2つの条件がともに満足されるならば，償却原価で測定される (同, 4・2項)。
　(a) 契約によるキャッシュ・フローを回収するために，事業モデルの中で資産を保有しており，かつ，
　(b) 金融資産の契約条件により，一定の日において元金残高について元利のみの支払いを表すキャッシュ・フローを生じさせること。
(2) 償却原価による測定によらない場合，金融資産は公正価値で測定される (同9, 4・4項)。
(3) 金融資産を公正価値で測定し，その評価差額を損益に算入することによって，測定や認識の首尾一貫性の欠如が著しく改善される場合には，事業体は，上記の規定にかかわらず，金融資産を公正価値で測定し，評価差額の損益算入を行うことができる (同, 4・5項)。

(2) 金融負債と持分商品（資本）の区分

　金融負債か持分商品かを区分する場合，発行企業は，当初認識時において，契約の実質および定義に従って分類しなければならない (IAS 32, 15項)。一般に，金融商品の一方の当事者（発行者）が，現金その他の金融資産を他の当事者（保有者）に提供するか，または発行企業にとって潜在的に不利な条件で金融資産又は金融負債を保有者と交換するという契約上の義務が存在する場合，「**金融負債**」となり，そうでない場合には，「**持分商品（資本）**」になる (17項)。しかし，金融商品の中には，法的形式上は持分商品であるが，実質は負債であることも少なくない。この場合，分類を決定するのは法的形式ではなく実態であるという「**経済的実質**」の原則が適用される (18項)。

■ **強制的償還条項が付された優先株式の事例：**

　一般に優先株式は法的形式上は持分商品（資本）である。しかし，優先株式のうち，将来の一定の日において一定の金額で発行企業が強制的償還を規定しているもの，あるいは将来の一定の日において一定の金額がある金融商品を償還することを発行者に要求する権利を保有者に与えている場合，経済的実質に即して「金融負債」として表示されることになる (IAS32, 18項 (a))。

§4　金融商品の認識と認識の消滅

1　金融商品の認識

IAS39では，金融商品の当初の認識について，企業は，金融商品の契約条項の当事者となった時点においてのみ，金融資産又は金融負債を貸借対照表上で認識することとしている（IAS39, 14項）。これは，契約当事者となった時点以降，企業は金融資産・金融負債の価格変動リスクや契約相手方の信用リスクに晒されることが大きな要因をなすものである。

この認識原則は，次のように適用される（IAS39, AG35）。

(例1)　**無条件の債権・債務**：企業が契約の当事者となり，現金を受け取る法的権利又は現金を支払う法的義務を有した時に，資産又は負債として認識する。

(例2)　**デリバティブ**（先渡契約・オプション契約等）：先渡契約の決算時ではなく，契約日に資産又は負債として認識する。オプション契約は，買手又は売手が契約の当事者となったときに，資産又は負債として認識される。

(例3)　**財貨の売買・役務提供の確定約定**：少なくとも当事者の一方が契約による履行を行うまで，確定約定の結果として取得すべき資産又は負担すべき負債は，一般的には資産又は負債として認識されない（ただし，純額決済される非金融資産の売買取引などでは，デリバティブ契約として取り扱われ，約定日に契約の正味の公正価値の測定額によって資産又は負債として認識される）。

通常の方法によって有価証券の売買を行う場合，「取引日会計（trade date accounting）」か「決済日会計（settlement date accounting）」か，いずれかの方法で認識または認識の消滅を行わなければならない（IAS39, 38項；AG55・56項）。

■　**取引日会計**では，企業は，取引日（資産の購入又は売却することを確約とした日）に受領した資産と，それに対して支払うべき負債を認識する。

この当初認識後に，金融資産は償却原価又は公正価値で測定される。同様に，金融資産の売却についても，取引日に資産の認識を消滅させ，購入者に対する債権の発生と売却損益を認識する。

■ **決済日会計**では，企業は，決済日（資産が企業に引き渡される日，又は企業が資産を引き渡す日）に購入した金融資産について資産を認識する。この場合，取引日と決済日との間で生じた，受け取った資産の公正価値の変動額は，取得した資産の場合と同様に，それが償却原価である場合には，評価差額は認識されず，それが売買目的の場合には損益に，また，それが売却可能資産の場合には，その他の包括利益に算入する方法で処理される。また，金融資産の売却においては，資産を企業が引き渡した日に認識を消滅させる。

「設例1」は，これらの2つの会計処理を例示するものである。

【設例1】

2010年3月1日，ABC社はDEF社の株式1,000株を1,000,000円で購入する約定をした。2010年3月31日（決算日）および4月10日（決済日）の株式の公正価値はそれぞれ1,150,000円および1,200,000円であった。ABC社はこの株式を「売買目的保有」として分類している。この場合，取引日基準および決済日基準による仕訳は次のとおりである。

取引日会計

2010年3月1日（取引日）
    （借）有価証券   1,000,000
    （貸）支払債務   1,000,000
2010年3月31日（決算日）
    （借）有価証券   150,000
    （貸）支払債務   150,000
2010年4月10日（決済日）
    （借）支払債務   1,000,000

(貸) 現　　金　　　　　　　　　　　　　　1,000,000
(借) 有価証券　　　　　　　50,000
(貸) 損益（有価証券評価益）　　　　　　　　50,000

<u>決済日会計</u>

2010年3月1日（取引日）

　　仕訳不要

2010年3月31日（決算日）

(借) 有価証券　　　　　　　150,000
(貸) 損益（有価証券評価益）　　　　　　　　150,000

2010年4月10日（決済日）

(借) 有価証券　　　　　　　50,000
(貸) 損益（有価証券評価益）　　　　　　　　50,000
(借) 有価証券　　　　　　　1,000,000
(貸) 現　　金　　　　　　　　　　　　　　1,000,000

(注) いずれの方法においても，2010年4月10日時点での有価証券の帳簿価額は，1,200,000円であることを確認されたい。

2　金融商品の認識の消滅

(1)　金融資産の認識の消滅

　IAS39では，企業は，次のいずれかの場合には，金融資産のすべて，又はその一部の認識を消滅させなければならない (17項)。

■　当該金融資産からのキャッシュ・フローに対する契約上の権利が消滅した場合，又は，

■　金融資産を譲渡し，その譲渡が認識の消滅の要件を満たす場合。

　このように，金融資産が譲渡されたとしても，すべての金融資産が貸借対照表から除去されるわけではない。金融資産を譲渡する場合，それが認識を消滅させるかどうかを一定のテストに基づき，評価しなければならない。この場合，IFRSにおける認識の消滅についての基本的アプローチとして，次の2つがあ

図表7-5　金融資産の認識の消滅フローチャート

```
       ┌─────────────────────────────┐
       │ すべての子会社（SPEを含む）を連結する │
       └─────────────────────────────┘

       ┌──────────────────────────────┐
       │ 以下の認識の中止の原則を適用するが、 │
       │ 資産の一部なのか全部なのかを決定する │
       └──────────────────────────────┘
                    ↓
        ┌─────────────────────┐   Yes
        │ 資産からのキャッシュ・フローに ├──────→ 資産の認識の中止
        │ 対する権利が消滅しているか    │
        └─────────────────────┘
                    ↓ No
        ┌─────────────────────┐
        │ 資産からのキャッシュ・フロー   │
        │ を受け取る権利を移転したか    │
        └─────────────────────┘
         Yes ←          ↓ No
        ┌─────────────────────┐   No
        │ パススルーの要件に該当する    ├──────→ 資産の認識を継続
        │ 資産からのキャッシュ・フロー   │
        │ の支払義務を引き受けているか   │
        └─────────────────────┘
                    ↓ Yes
        ┌─────────────────────┐   Yes
        │ ほとんどすべてのリスクと     ├──────→ 資産の認識の中止
        │ 経済価値を移転したか       │
        └─────────────────────┘
                    ↓ No
        ┌─────────────────────┐   Yes
        │ ほとんどすべてのリスクと     ├──────→ 資産の認識を継続
        │ 経済価値を保持しているか     │
        └─────────────────────┘
                    ↓ No
        ┌─────────────────────┐   No
        │ 資産への支配を保持しているか   ├──────→ 資産の認識の中止
        └─────────────────────┘
                    ↓ Yes
       ┌────────────────────────────────┐
       │ 企業の継続的関与の範囲で資産の認識を継続する │
       └────────────────────────────────┘
```

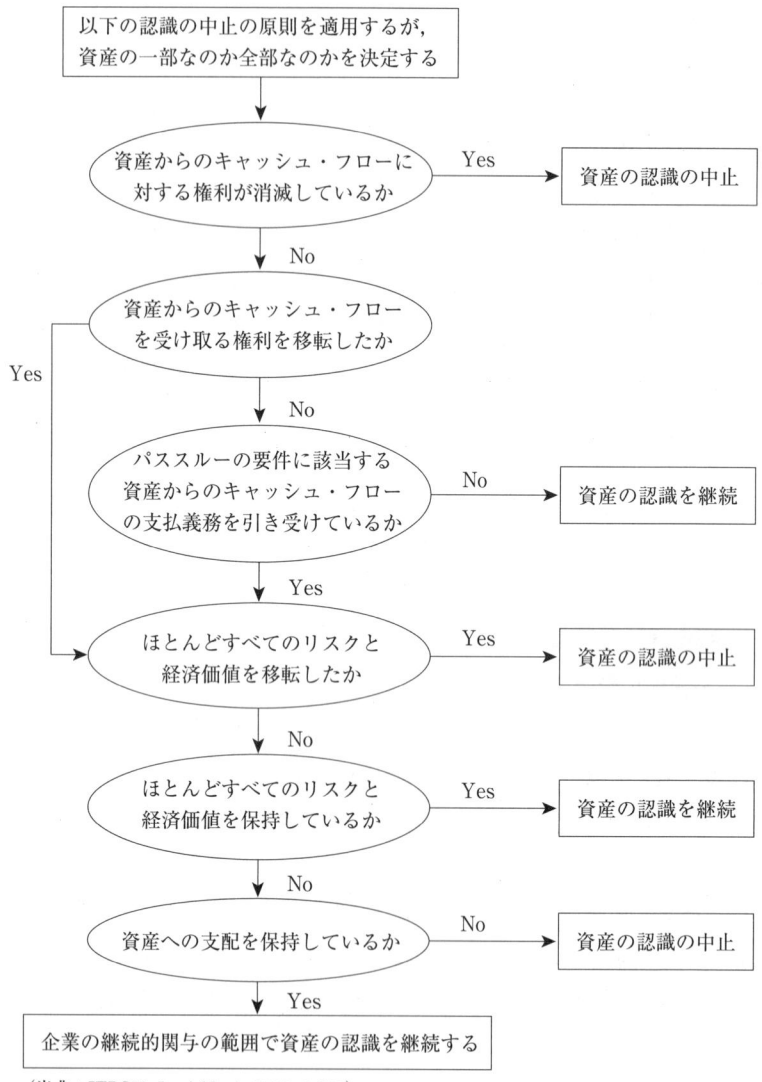

（出典：IFRS39, LexisNexis 2007, AG36）

第7章 リスクヘッジと金融商品の会計基準

る。
- 主たる第一次的テスト：「**リスクと経済価値アプローチ** (risks and rewards approach)」
- 従たる第二次的テスト：「**支配アプローチ** (control approach)」。

この図表から，金融資産の認識の消滅を行うには，まず，その資産の所有に付随したリスクと経済価値のほとんどすべてが移転しているかどうかを判定し，その判定が明確でない場合には，支配アプローチを用いて，当該金融資産に対する支配を保持しているかどうかを評価しなければならない。したがって，リスクと経済価値アプローチが主たる第一次的テストをなすのに対して，支配アプローチは従たる第二次的テストをなす。その要点は，次のとおりである（20項）。

(1) 企業が，金融資産の所有に伴うリスクと経済価値のほとんどすべてを移転している場合には，その金融資産の認識の消滅を行う。
(2) 企業が，金融資産の所有に伴うリスクと経済価値のほとんどすべてを保持している場合には，金融資産の認識を継続する。
(3) 企業が，金融資産の所有に伴うリスクと経済価値のほとんどすべてを移転したわけでも，保持したわけでもない場合には，金融資産に対する支配を保持しているかどうかを判定する。
    (a) 企業が支配を保持していない場合には，その金融資産の認識の消滅を行う。
    (b) 企業が支配を保持している場合には，その金融資産に対して継続的関与を有している範囲において，認識を継続する。

多くの場合，企業が所有する金融資産のリスクと経済価値のほとんどすべてを移転したかどうかは明らかである。しかし，そうでない場合には，譲渡の前後における譲渡資産の正味キャッシュ・フローの金額，および時期の変動に対する企業のエクスポージャーを計算することによって判定される（21項）。つまり，企業のエクスポージャーが，譲渡によって著しく変化していない場合には，所有に伴うリスクと経済価値のほとんどすべてが移転されておらず，保持

されていることになる。

【設例2】
（ケース1）
　2010年3月31日，ABC社はDEF社の株式をXYZ社に2,000,000円で譲渡したが，譲渡にあたって，2011年3月31日又はそれ以前に2,100,000円で買い戻すことを条件としている。

　この場合，DEF社の株式投資による正味キャッシュ・フローの現在価値の変動に対するABC社のエクスポージャー（価格変動リスクに晒される状態）は変化することなく，DEF社の株式投資に伴うほとんどすべてのリスクと経済価値は保持されたままであると判断される。したがって，この取引は売却取引としてではなく，金融取引として記録され，当該有価証券は除去されない。

　この場合，仕訳は次のとおりである。

2010年3月31日

　　（借）現　　　　金　　　　2,000,000
　　（貸）借　入　金　　　　　　　　　　2,000,000

2011年3月31日

　　（借）支　払　利　息　　　　100,000
　　（貸）現　　　　金　　　　　　　　　　100,000
　　（借）借　入　金　　　　　2,000,000
　　（貸）現　　　　金　　　　　　　　　　2,000,000

（ケース2）
　2010年3月31日，ABC社はDEF社の株式（簿価2,000,000円）を2,100,000円で譲渡した。譲渡にあたって，2011年3月31日又はそれ以前に時価で買い戻すオプションが付されているものとする。

　この場合，この株式投資の正味キャッシュ・フローの現在価値の変動に対するABC社のエクスポージャーは，この株式投資に関する将来の現在価値の全体の変動性と比較して重大ではなくなっているので，その株式所有に伴うほとん

どすべてのリスクと経済価値は移転されたと判断され，売却処理される（資産の認識の消滅）。

2010年3月31日

（借）現　　　　金	2,100,000	
（貸）有　価　証　券		2,000,000
（貸）有価証券売却益		100,000

(Ng (2009), §39-320 を参考に作成)

(2) 金融負債の認識の消滅

金融負債の取扱いについて，その要点は，次の3点である。
(1) 金融負債が消滅したとき，つまり，契約で特定された債務が免責，取り消し，又は，失効になった時にのみ，金融負債の全部又はその一部が貸借対照表から除去される（39項）（たとえば，実質的ディフィーザンス取引のように，主たる債務者が当該債務に責任を負ったままの場合には，負債は除去されない）。
(2) 現金の借手と貸手との間で，著しく異なる条件による負債性商品の交換が行われた場合には，従前の金融負債は消滅され，新しい金融負債が認識される。また，現存の金融負債又はその一部について条件の大幅な変更が行われた場合も，従前の金融負債を消滅させ，新しい金融負債を認識しなければならない（40項）。
(3) 金融負債の認識が消滅した場合，負債の帳簿価額と，支払われた金額との差額は，当期の損益に算入される（41項）。

§5 金融商品の測定

1 基本的考え方

測定目的の観点から，従来の取扱いでは金融資産を「売買目的」，「満期保有目的」，「貸付金・債権」および「売却可能目的」に4区分するとともに，金融

負債を「売買目的」と「その他の金融負債」の2つに区分し，それぞれにおいて異なった取扱いを行うという**「混合属性」アプローチ**であった。その後，IAS39の改廃を目指す金融商品プロジェクトでは，金融危機を契機に金融商品の会計上の取扱いについても原則主義に即して，簡素化，透明性を向上させることが求められてきた。その結果，最新の金融商品の会計基準，IFRS9 (2009) では，ヘッジ目的以外の金融資産を**「公正価値で測定されるもの」**と**「償却原価で測定されるもの」**の2つに区分し，簡略化されている。しかし，本基準はIAS39の改廃プロジェクトの第1フェーズの区分と測定の取扱いを示すものであり，金融負債やヘッジ会計については現段階では確立していない。したがって，金融資産の分類と測定に関しては，IFRS9を参考にするが，金融負債やヘッジ会計，その他新規の改定基準が整備されていない項目については，従来どおりIAS39を参考に説明することにしたい。

わが国でも，現行の会計基準では，有価証券を売買目的や満期保有など経営者の意図に応じて4つに分けて会計処理が行われている。しかし，金融商品の会計処理の簡略化の動向を受けて，金融商品の区分をIFRSと同様に償却原価と時価（公正価値）の2つに区分処理する方向で素案作りが着手されようとしている。

2　金融資産の会計処理

IFRS9における金融資産の会計上の取扱いは，およそ次のとおりである。

(1)　当初認識時に，企業は金融資産を公正価値で測定する。ただし，公正価値測定において評価差額を損益に算入しない場合には，金融資産の公正価値にその取得に直接要した**取引コスト**（手数料，課徴金，税金等）を加算して測定額を決定する（IFRS9, 5・1項）。

(2)　当初認識後の測定では，企業は金融資産を公正価値又は償却原価によって測定する（同, 5・2項）。ただし，金融資産がヘッジ対象として指定される時には，ヘッジ会計を適用する（同, 5・2項）。

(3)　金融資産を公正価値で測定し，かつ，それがヘッジ関係の一部をなす

ものでない場合には，金融資産に係る利得・損失を損益として認識する。ただし，金融資産が持分商品への投資をなし，企業が利得・損失をその他の包括利益として表示することを選択した場合には，この限りではない（同，5・4項）。

(4) 金融資産を償却原価で測定し，かつ，それがヘッジ関係の一部をなすものでない場合，金融資産に係る利得・損失は認識の消滅，減損又は再分類が行われる時に損益として認識される。

(5) ヘッジ対象をなす金融資産に係る利得・損失は，IAS39のヘッジ会計の規定に則して認識する。

なお，当初認識時に企業は売買目的以外の持分証券（売却可能証券）への投資の公正価値変動額を，変更できない形でその他の包括利益として表示することを選択することができる。

以上の金融資産の測定基準を要約して示したのが，「図表7-6」である。

図表7-6　金融資産の測定

分　類	金融資産	測定基準	評価差額
「公正価値＋評価差額の損益算入」型の金融資産（売買目的金融資産）	社債・債権	公正価値	損　益
	株　式	公正価値	損　益
	デリバティブ（ヘッジ目的を除く）	公正価値	損　益
貸付金・債権	貸付金・債権	償却原価	損　益[*1]
満期保有投資	社　債	償却原価	損　益[*1]
売却可能金融資産	社　債	公正価値	その他の包括利益損益[*1]
	株　式	公正価値[*2]	その他の包括利益損益[*3]

(注)
*1　利息，外貨換算差額，および減損は損益処理を行う。
*2　信頼性ある測定可能な公正価値が得られない場合には，取得原価による。
*3　受取配当や減損，外貨換算差額は損益処理を行う。
(参考文献：Price Waterhouse Coopers（2009），*Manual of accounting- Financial instruments 2010,* CCH, 9.21を参考に，加筆・修正）

上述の説明について，具体的な会計処理を例示することにしよう。まず，

「設例3」は，当初認識における売却可能金融資産に生じた取引コストの取扱いを示している。

【設例3】

ABC社は，売却可能有価証券を1,000,000円の公正価値で取得し，購入手数料10,000円を支払うことになった。決算日において，この有価証券の市場価格は1,300,000円であり，もし売却するとすれば，売却手数料として20,000円を支払わなければならない。

この場合，IFRS9に準拠した当初認識時の公正価値の金額はいくらか。また，決算日における売却可能有価証券の評価差額はいくらか。

この有価証券は，当初認識時に「公正価値測定＋評価差額の損益算入」型の有価証券として区分されていないので，ABC社は，購入手数料10,000円を加算して公正価値1,010,000を算定することになる。決算日には公正価値は1,300,000円であり，売却手数料は考慮される必要はない。公正価値の変動による評価差額290,000円は，その他の包括利益として表示される。(IAS39，セクションE・1・1：PWC（2009），9・17項参照）

次の「設例4」は，IAS39の売買目的有価証券のように公正価値で測定し，評価差額を損益処理するケースを例示している。

【設例4】

DEF社は，2010年3月に次のような売買目的の株式を所有している。

	取得原価	市場価格
A社株式	30,000円	26,000円
B社株式	16,000	20,000
C社株式	12,000	16,000
	58,000円	62,000円

2010年7月1日，DEF社はA社株式を34,000円で売却した。

2011年3月31日,B社株式とC社株式の市場価格はそれぞれ17,000円と13,000円であった。

この場合,会計処理は次のとおりである。

2010年3月31日

　　（借）　有価証券（売買目的株式）　　　　4,000
　　（貸）　損　　　益　　　　　　　　　　　　　　　　　4,000

決算日において,売買目的株式は市場価格（公正価値）62,000円で計上され,取得原価58,000円との差額4,000円は損益処理される。

2010年7月1日

　　（借）　現　　　金　　　　　　　　　　34,000
　　（貸）　有価証券（売買目的株式）　　　　　　　　26,000
　　（貸）　損　　　益　　　　　　　　　　　　　　　　　8,000

A社株式の簿価26,000円と売価34,000円との差額8,000円は損益勘定に計上される。

2011年3月31日

　　（借）　損　　　益　　　　　　　　　　6,000
　　（貸）　有価証券（売買目的株式）　　　　　　　　6,000

B社株式とC社株式の簿価の合計額36,000円（20,000＋16,000円）と決算日での市場価格30,000円（17,000円＋13,000円）との差額6,000円は損益処理される。

また,「**設例5**」は,IAS39の満期保有債券のように償却原価を用いて会計処理するケースを示している。

【設例5】

2011年1月1日,ABC社はXYZ社の社債（額面価額100,000円,5年満期,利率年9％,利回り年10％）を96,209円*で取得した。

[＊5年間の利息の現在価値34,117円（＝100,000円×9％×3.79079）＋

62,092 円（= 100,000 円 × 0.62092）= 96,209 円〕

　この場合，5 年間にわたって償却原価法により社債発行差額の償却（アモチゼーション）と各年度末の簿価は次のとおりである。

年度末	利息収益	受取利息	社債発行差額のアモチゼーション	帳簿価額
	(10 % ×（E）)	(100,000 円 × 9 %)	((A) − (B))	(期首金額 + (c))
1/1/2011				96,209 円
12/31/2011	9,621	9,000	621	96,830
12/31/2012	9,683	9,000	683	97,513
12/31/2013	9,751	9,000	751	98,264
12/31/2014	9,826	9,000	826	99,090
12/31/2015	9,910	9,000	910	100,000

　各年度の会計処理は，次のとおりである。

2011 年 1 月 1 日
　（借）　有価証券（満期保有目的債券）　　96,209
　（貸）　現　　金　　　　　　　　　　　　　　　　　　96,209

2011 年 12 月 31 日
　（借）　現　　金　　　　　　　　　　　　　9,000
　（借）　有価証券（満期保有目的債券）　　　621
　（貸）　利息収益　　　　　　　　　　　　　　　　　　9,621

2015 年 12 月 31 日
　（借）　現　　金　　　　　　　　　　　　　9,000
　（借）　有価証券（満期保有目的債券）　　　910
　（貸）　利息収益　　　　　　　　　　　　　　　　　　9,910
　（借）　現　　金　　　　　　　　　　　　100,000
　（貸）　有価証券（満期保有目的債券）　　　　　　　100,000

§6 ヘッジ会計

1 ヘッジ取引とヘッジ会計

　企業がグローバル活動を行う場合，銅や石油など原材料の価格変動や金利，為替換算レートの変動によって損失を被るリスクに絶えず晒されている。したがって，どのようなリスクに対して，どのような方法を用いて損失の可能性を許容しうる範囲まで減殺するかが企業のリスク管理にとって重要な問題となる。この場合，資産・負債や予定取引等に生じる価格変動や金利変動，為替変動等による損失の可能性（金融リスク）を対象として，それに関連性ある一定の手段でもって金融リスクを削除ないし軽減する取引を「ヘッジ取引」という。つまり，**ヘッジ取引**とは，ヘッジ対象である資産・負債等の価格変動や金利変動といった相場変動による損失可能性を，デリバティブ等をヘッジ手段として用いて削減する取引をいう。

　ヘッジ取引という企業の経済活動を一定の会計手法を用いて計数化する会計処理の方法が「ヘッジ会計」である。**ヘッジ会計**とは，ヘッジ取引のうち一定の要件を満たすものについて，ヘッジ対象に係る損益とヘッジ手段に係る損益を同一の会計期間に認識することによって，ヘッジの効果を会計に反映させるための特殊な会計処理をいう（「金融商品会計基準」第Ⅴ）。本来，ヘッジ対象としての資産・負債に生じた損失とそれをヘッジするために用いられるヘッジ手段に係る利得とは，同一期間において認識され，相互に関連ある項目として相殺されるべきである。しかし，ヘッジ対象が原価（決済）基準であり，ヘッジ手段としてのデリバティブが公正価値（時価）基準で評価される場合などでは，両者の損失・利得の認識タイミングにミス・マッチングが生じることになる。これを解消させるために考案された特殊な会計手続きがヘッジ会計である。

　「**図表7-7**」は，ヘッジ会計の構造を図示するものである。

図表 7-7 ヘッジとヘッジ会計

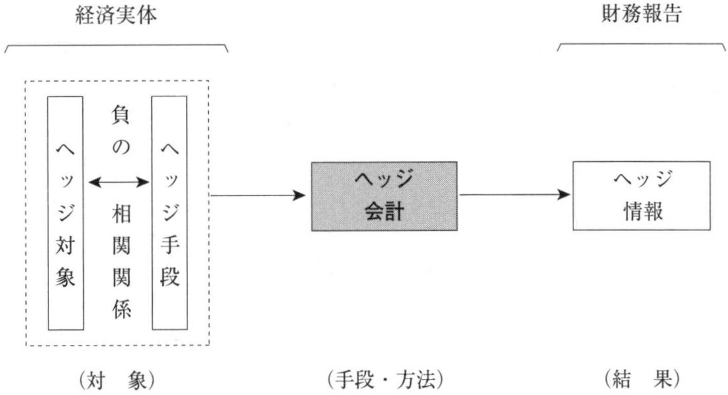

経済実体　　　　　　　　　　　　　　　　財務報告

ヘッジ対象 ←負の相関関係→ ヘッジ手段　→　ヘッジ会計　→　ヘッジ情報

（対　象）　　　　　　　（手段・方法）　　　（結　果）

2　ヘッジ会計の仕組み

　ヘッジ会計が適用されるためには，IAS39 は厳格な適格要件（規準）を設けている。これらの要件として，IAS39 ではヘッジ関係が明確に指定されており，ヘッジ開始時点で公式に文書化されていなければならない。また，ヘッジの開始時並びにヘッジの適用期間にわたってヘッジが「**高度に有効**」でなければならない。ここでヘッジが高度に有効であるとは，ヘッジの効果が 80％から 125％の範囲内にあることをいう。したがって，すべてのヘッジ活動が必ずしもヘッジ会計の適格要件を満足するものではない。

　IAS39 では，次の 3 つのヘッジ関係に対してヘッジ会計が適用される。

■　**公正価値ヘッジ**：ヘッジ対象リスクとして，ヘッジ対象項目の公正価値が市場価格や金利，為替換算レート等の変数に対応して変動する場合，ヘッジ手段に係る利得・損失とヘッジ対象の利得・損失とが損益勘定において相殺されるヘッジ方法をいう。

■　**キャッシュ・フローヘッジ**：ヘッジ対象リスクとして，ヘッジ対象項目の将来キャッシュ・フローが市場価格や金利，為替換算レート等の変数に対応して変動する場合，ヘッジ手段に係る利得・損失は当初，その他の包括利益の中で認識され，その後，ヘ

図表 7-8　ヘッジ会計の方法－公正価値ヘッジとキャッシュ・フローヘッジ

ヘッジ会計	内　容	具　体　例	会　計　処　理
公正価値ヘッジ	・認識された資産，負債，又は未認識の確定約定，あるいはその一部に付随した特定のリスクに起因し，損益に影響する公正価値の変動に対するエクスポージャーのヘッジ（IAS 39, 第86 (a)）。	A. **市場価格リスク・エクスポージャーのヘッジ** ・コモディティ先物契約の締結によって，その市場価値の下落をヘッジする。 ・株式投資の価値の下落を防御するために，プット・オプションを購入する。 B. **金利エクスポージャーのヘッジ** ・金利スワップによって，固定利付負債を変動利付負債に変換する。 C. **外貨建エクスポージャーのヘッジ** ・為替予約を締結することによって，6ヶ月後に決済される外貨建債権又は債務をヘッジする。	・（デリバティブをヘッジ手段とする場合） ヘッジ手段を公正価値で評価替した利得・損失について損益勘定に算入する。 （デリバティブ以外の金融商品をヘッジ手段とする場合） IAS21に準拠して測定されたヘッジ手段の簿価の外貨建部分について損益算入する。 ・ヘッジ対象リスクに起因するヘッジ対象に係る利得・損失の金額だけヘッジ対象の簿価を修正するとともに，同額を損益に算入する（ヘッジ対象が売却可能金融資産であってもそれ以外の原価で評価される場合も同様（IAS39, 第89項））。
キャッシュ・フローヘッジ	・認識された資産又は負債あるいは可能性の極めて高い予定取引に付随した特定のリスクに起因し，損益に影響するキャッシュ・フローの変動に対するエクスポージャーのヘッジ（IAS39, 第83項 (b)）。	A. **市場価格リスク・エクスポージャーのヘッジ** ・将来日の市場価格でコモディティについて可能性が極めて高い販売取引を予定している企業が，先物契約を締結することによってその販売価格を固定化する。 B. **金利エクスポージャーのヘッジ** ・金利スワップによって，変動利付負債を固定利付負債に変換する。 C. **外貨建エクスポージャーのヘッジ** ・極めて可能性の高い外貨建商品の販売を予定する企業が，為替予約を締結することによってローカル（機能）通貨の販売価格を固定化する。	・ヘッジ手段に係る利得・損失のうち有効なヘッジと判定される部分は，持分変動計算書を通じて資本の部に計上 ・ヘッジ手段に係る利得・損失のうちの非有効部分は，損益に算入する（IAS39, 第95項）。 ・具体的には，ヘッジ対象に関連する資本の部の独立の構成要素は，次のうちの小さい金額に修正する。 (a) ヘッジ開始時からのヘッジ手段に係る利得・損失の累計額；および (b) ヘッジ開始時からのヘッジ対象の予想将来キャッシュ・フローの公正価格（現在価値）の累積変動額。 ・ヘッジ手段又は指定されたその構成要素に係る利得・損失について残余部分（非有効部分）は，損益処理する（IAS39, 第96項）。

ッジ対象項目が損益に影響するに従って，資本の部から損益勘定へとリサイクルされるヘッジ方法をいう。
■ **純投資のヘッジ**：ヘッジ対象リスクとして，在外事業活動体に対する純投資の簿価が為替換算レートの変動に対応して変動する場合，ヘッジ手段に係る利得・損失は当初，その他の包括利益において認識され，その後，在外事業活動体の処分時に資本の部から損益勘定へとリサイクルされるヘッジ方法をいう。

参考までに，「**図表7-8**」は，公正価値ヘッジとキャッシュ・フローヘッジについてその具体的内容と会計処理の方法を要約して示すものである。

また，次の「**設例6**」はヘッジの有効性テストの方法について例示している。

【設例6】

2010年12月1日，ABC社は，リスク・エクスポージャーを受けている資産を対象として，デリバティブを用いてヘッジ取引を行った。2011年3月31日（決算日）において，ヘッジ手段並びにヘッジ対象について次のように利得・損失が認識されているとする。

・ヘッジ手段に係る利得・損失　　　　　1,000万円
・ヘッジ対象に係る利得・損失　　　　　 700万円

この場合，ヘッジの有効性テストは次のとおりである。

700/1,000 = 70%　；　1,000/700 = 143%

IAS39のヘッジの有効性の範囲は80%〜125%であるので，当該ヘッジは高度に有効であるとは判定されず，ヘッジ会計は適用できないことになる。

レビュー問題

問題1 次の用語（1）〜（3）について，具体例を示して説明しなさい。
(1) 金融商品とデリバティブ
(2) デリバティブの基礎変数と名目数量
(3) ヘッジ取引とヘッジ会計

第 7 章 リスクヘッジと金融商品の会計基準

問題 2　X 社は，事業子会社 Y 社を所有している。Y 社は議決権付きの A 株式を発行し，X 社はその 70 %を保有し，残りは外部株主が保有している。株主との合意により，Y 社は年率 5 %の配当を支払うことが義務づけられており，配当の支払いは，たとえ Y 社が支払いの期日において，分配可能な十分な資金をもたない場合であっても累積するものとする。この場合，X 社の連結財務諸表において，子会社 Y 社が発行した A 株式は，「持分商品」として分類されるべきであるか，「金融負債」として区分されるべきであろうか。

[ヒント] IAS 第 32 号第 16 項では，ある金融商品が現金又はその他の金融資産を引き渡す義務又は当該発行者にとって潜在的に不利な条件で，他の企業と金融資産又は金融負債を交換する契約上の義務を含んでいないような場合にのみ，「金融負債」ではなく「持分商品」であるとされている。

（本ケースは，The Committee of European Securities Regulators,「執行決定に関する EECS のデータベースからの抜粋（Ⅳ）」(2008 年 12 月) を参考に，一部加筆・修正したものである。）

問題 3　金融商品会計基準の基本的考え方として，「公正価値測定の原則」がある。なぜ金融商品にとって最も適合性ある測定属性が公正価値（時価）であるかについて，機械・設備等の有形固定資産と対比しつつ，金融商品と有形固定資産それぞれの財貨の属性を踏まえて説明しなさい。

問題 4　ヘッジ会計について，次の問に答えなさい。
　　（1）ヘッジ会計の 3 分類と内容
　　（2）それぞれについての具体例
　　（3）会計処理の方法

問題 5　次の 2 つのケースにおいて，ヘッジが高度に有効であるかどうかを判定しなさい。
　　（ケース 1）決算日におけるヘッジ手段に係る利得・損失　1,500 万円
　　　　　　　同　　　　ヘッジ対象に係る利得・損失　　　 950 万円
　　（ケース 2）決算日におけるヘッジ手段に係る利得・損失　1,000 万円
　　　　　　　同　　　　ヘッジ対象に係る利得・損失　　 1,050 万円

【参考文献】
・　古賀智敏 (1999)，『デリバティブ会計 [第 2 版]』森山書店。

- 古賀智敏・鈴木一水,國部克彦,あずさ監査法人編著 (2009),『国際会計基準と日本の会計実務 [三訂版]』同文舘。
- International Accounting Standards Board, *IFRS 9 Financial Instruments*, 2009（企業会計基準委員会・財務会計基準機構監訳『2010 国際財務報告基準』中央経済社)。
- International Accounting Standards Committee, *IFRSs*(『国際財務報告基準 (IFRSs) 2007』, LexisNexis, 2007).
- Ng Eng Juan, *A Practical Guide to Financial Reporting Standards (Singapore), 4th Edition*, CCH, 2009.
- PriceWaterhouseCoopers, *Manual of accounting: Financial instruments 2010*, CCH, 2010.

第8章

企業活動のグローバル化と為替換算会計

§1　企業活動のグローバル化と会計基準設定の背景

　為替換算会計の整備・発展の背景をなすのは，**企業活動のグローバル化**の拡大である（日本企業のグローバル化の展開については，本書第2章を参照されたい）。近年，世界経済危機によって急激な落ち込みをみせたグローバル経済も，2010年には緩やかな成長を遂げるまでに回復してきた（経済産業省「通商白書2010」）。とくに中国の成長は目覚ましく，2002年以降，輸出入ともに著しい伸びを示している（「**図表8-1**」参照）。

　企業がグローバルな経済活動を行う場合，通常，2つの方法がある。

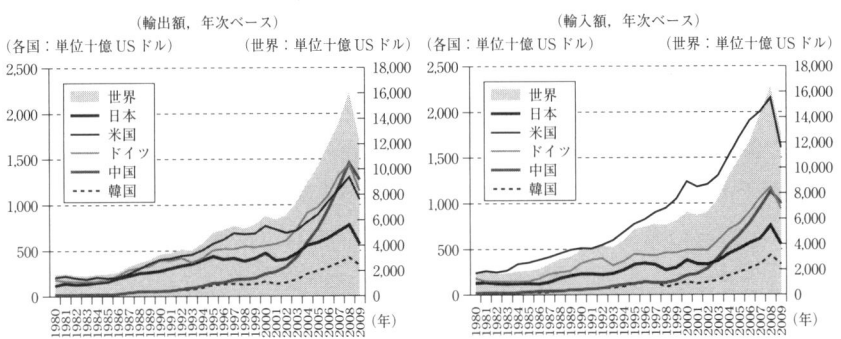

図表8-1　輸出入総額の推移

備考：輸入はCIF方式（運賃・保険料込み）のため，輸入の世界合計額は輸出の世界合計額と一致しない。
（出典：「通商白書2010」12頁より引用。原資料：IMF）

- 1つは，海外企業から原材料を購入し，加工した製品・サービスを海外の顧客に販売する**輸出入型のビジネス形態**であり，
- もう1つは，在外子会社・支店や共同事業体等を通じてグローバル・ビジネスを行う**在外事業体を拠点とするビジネス形態**である。

前者の場合，外国通貨で表示された財務諸表項目を自国通貨（機能通貨）に変換する手続きが必要になる。また，後者の場合には，報告企業の連結財務諸表を作成するためには，外国通貨で表示された外貨建財務諸表を報告企業の自国通貨に交換しなければならない。いずれの場合でも，外国通貨で表示された財務諸表項目を自国通貨に変換し，表示し直す手続きが必要である。これを「**為替換算**（translation）」という。つまり，換算プロセスは，測定された資産・負債の本来の特性を変化させることなく，当初，外国通貨で表示されていた資産・負債を一定の換算比率（為替換算レート）を用いて共通の通貨へと表示替えすることである。

国際会計基準における為替換算会計の基準をなすのは，**IAS21「外国為替レート変動の影響」**(1993)である。これは「財務諸表の比較プロジェクト」のもとで，旧IAS21を一部改訂して設定されたものであり，次のような具体的問題に対して指針を示している（IAS21, 第1・2項）。

- 外貨建取引並びに在外事業活動を財務諸表において取り扱うこと。
- どのような換算レートを適用し，換算レートの変動の影響を財務諸表上でどのように報告するかを示すこと。
- 外貨建財務諸表を報告企業の通貨に換算すること。

その後，2003年12月，IAS21の改訂が行われ，改定基準では，在外事業活動体を「報告企業の業務と不可分である在外事業活動体」と「在外事業体」に区分する従来の方法を廃止し，「**機能通貨**（functional currency）」の考え方を採用することになった。

§2 機能通貨の考え方

　為替換算会計の基礎をなす通貨概念として，機能通貨と報告通貨の2つがある。外国通貨で事業活動を行う企業は，まず取引を「機能通貨」に変換し，経営成績並びに財政状態を算定しなければならない。したがって，機能通貨を決定することが，為替換算会計の第1の課題となる。一般に，**機能通貨**とは，企業が営業活動を行う主たる経済環境の通貨をいう（IAS21, 8項）。これに対して，報告企業が財務諸表を公表する際に使用する通貨が「**報告通貨**」である。連結財務諸表を作成する際に，在外子会社や関連会社等が親会社とは異なる通貨で表示されている場合，通常，親会社の通貨に換算して表示される。このように，機能通貨は取引を測定するための測定通貨をなすのに対して，報告通貨は報告企業がそれを公表財務諸表として表示するための通貨である。

　機能通貨を決定するにあたって，IAS21は「主要な決定指標」と「追加的な決定指標」とを示している。

- ■ **主要な決定指標**とは，企業が営業活動を行う主要な経済環境に関する指標であり，より重要な決定要因をなす。たとえば，売上や費用が生じる国の通貨，キャッシュ・インフローやキャッシュ・アウトフローが創出される国の通貨などがある（9項）。
- ■ **追加的な決定指標**とは，機能通貨を決定するための追加的な証拠を提供するものである。たとえば，企業の資金調達など財務活動が行われる国の通貨や，営業活動からの受取金額が留保される国の通貨などが例示される（10項）。

　機能通貨を把握しようとする場合には，これらの指標を統合的に考慮して決定しなければならない。「**図表8-2**」は，主要な指標と追加的な指標とを一覧表示している。

　また，海外子会社や海外支店など海外で事業活動を行っている事業体の場合には，先に述べた決定指標に加えて，(1)在外事業体の活動の自主性の程度，

図表 8-2 機能通貨の決定指標：主要な指標と副次的な指標

区　分	指　　標	考慮すべき要素
主要な決定指標	売上／キャッシュ・インフロー	(1) 財貨・サービスの販売価格に主たる影響を与える通貨。これは一般には財貨等の販売価格が表示され，決済される時の通貨（IAS21, 9項 (a)(i)))。取引が表示される通貨よりも取引の価格設定が行われる経済の通貨に焦点。 (2) 競争力や規則が財貨等の販売価格の決定に主たる影響をもたらす国の通貨（同，9項(a)(ii))。
	費用／キャッシュ・アウトフロー	労働力，原材料その他財貨や役務の提供に伴う原価に主たる影響を与える通貨。多くの場合，これらの原価が表示・決済される通貨に該当（同，9項 (b))。
副次的な決定指標	財務活動	資金調達活動（負債や持分証券の発行）から資金が創出される通貨（同，10項 (a))。たとえば，資金調達が現地市場・金融機関を通じて行われる場合，反証がない限り現地通貨が機能通貨をなす。
	営業利益の留保	営業活動からの受取金額が通常，留保される通貨（同，10項 (b))。これは余剰運転資金が留保される通貨に該当。

（出典：PriceWaterhouseCoopers (PWC) (2009), *Manual of accounting IFRS 2010*, pp. 7005-7006 を一部加筆・修正）

(2) 報告企業との取引の頻度，(3) 報告企業に対するキャッシュ・フローの影響の程度，および (4) 財政的独立性，の4つの補足的な要因が併せて考慮されなければならない (11項)。「**図表 8-3**」は，これらの要因について要点を示している。

以上のさまざまな判断要因の相対的な重要性は，各企業なり事業体によって異なる。従って，会計担当者はそれぞれの指標の相対的な重要性を評価する場

図表 8-3　機能通貨決定の補足的考慮要因

考慮すべき要因	機能通貨が報告企業のものとは異なっていることを示す状況	機能通貨が報告企業のものと同じであることを示す状況
事業活動の自主性の程度（IAS21, 112項(a)）	・高度の自主性をもって事業活動を実施（例：事業活動からのキャッシュ等の留保，費用の支払い，収益の創出，借入等を実質的にすべて現地通貨で実施）	・高度の自主性は存在せず―事業活動は報告企業の延長線上として実施（例：海外事業活動は報告企業からの輸入品の販売とその売上収入を報告企業へ送付するのみのケース）改訂前IAS21における「不可分の海外事業活動」に相当；報告企業と同一の通貨の使用
報告企業と取引の頻度（同, 11項(b)）	・報告企業との企業間取引の頻度少	・報告企業との企業間取引の頻度・規模ともに大
報告企業に対するキャッシュ・フローの影響（同, 11項(c)）	・主として現地通貨であり，報告企業のキャッシュ・フローには影響せず	・報告企業のキャッシュ・フローに直接影響し，報告企業へすぐに送金可能
資金調達（ファイナンシング）（同, 11項(d)）	・主として現地通貨で調達し，企業の事業活動によって創出された資金の拠出	・債務の返済において，報告企業からの資金活用又は報告企業への依存度が大

（出典：PWC（2009），*Manual of accounting, IFRS 2010* pp. 7006-7007を一部加筆・修正）

合，その指標が企業の営業活動においてどの程度重要性をもつかを判断し，特定の通貨が機能通貨としてどの程度明確に把握できるかを検討して，最終判断を行う（12項）。

　次の「**設例1**」は，機能通貨が比較的容易に把握できるケースを例示している。

【設例1】
　ABCリース社は中国でリース事業を行っている。同社は北京と上海にいくつかのオフィスビルを所有し，中国並びに外国企業にリースを行っている。すべてのリース契約は米国ドル建てであるが，実際の支払いは米国ドルでも中国の

人民元(元)でもよいことになっている。しかし，ほとんどすべてのリース支払いは，これまでも元で支払われてきたとする。この場合，ABCリース社の機能通貨は何か。

【解　説】

まず，主要な指標としての**「売上／キャッシュ・フロー」指標**については，判断は分かれる。リース契約の価格決定に影響するのは米国ドルであるのに対して，キャッシュ・インフローは元である。また，営業費や一般管理費，人件費，保険等のキャッシュ・アウトフローは元で発生し，支払われる点から，機能通貨は元であるといえる。

そこで，次のステップとして指標の相対的重要性を評価しなければならない。リース契約は米国ドル建てであるが，米国ドルは次の2つの理由によって，ABCリース社の営業活動において重要性をもつとは考えられない。

(a) 大部分のリース料の支払いは元で行われており，また，(b) リース契約の価格設定に主に影響する北京や上海の不動産リースの利回りを決定するのは中国での個別状況や経済環境であって，米国での状況ではない。

したがって，中国でのリース事業活動の経済的効果を最も的確に表示するのは，中国経済の通貨であって，米国経済の通貨ではない。リース契約は単にドル建てになっているにすぎない。これより，ABCリース社の機能通貨は人民元である。

(出典：PWC (2010), *Manual of accounting: IFRS2010*, 2009, Ex.1 を参考に加筆・修正)

また，「**設例2**」は，機能通貨の決定が困難なケースを示している。

【設例2】

スウェーデン・クローネを機能通貨とするSD社は，スイスに金融センター(TC)を設立している。TCは，米国ドル，ユーロ，およびスウェーデン・クローネをユーロ市場で調達し，その資金を同社の親会社や子会社にそれぞれの国の機能通貨で貸出している。TCの金融マネジメント活動の一環として，親会社

並びに各子会社の金融資産を同センター内でプールし，それをユーロ市場で短期に投資している。同社はまた，為替リスクや金利リスクを管理するために，第三者の企業等とデリバティブ契約を結んで対応している。

　金融センターTCは，キャッシュ・マネジメント活動からの配当や利息等の収入を米国ドル，ユーロ，およびスウェーデン・クローネで受け取っているとする。同センターの金融サービスに対する毎月の手数料（フィー）は，それぞれの企業の機能通貨をもった親会社や子会社に請求される。金融スペシャリスト等に支払う人件費その他の一般管理費等の事業活動費は，スイス・フランで発生し，支払われるとしよう。また，TCの短期・長期の資金需要は，親会社によってスウェーデン・クローネで提供される。

　以上の活動実態と事実に基づき，金融センターTCの機能通貨を決定することにしよう。この場合，分析の要点は次のように整理される。

(1)　TCはSD社のグループ企業との集権化した資金管理に伴う為替換算差額のリスクを負うとともに，投資収益を米国ドルやユーロ，スウェーデン・クローネで得ている。したがって，「売上／キャッシュ・インフロー」指標ではTCの機能通貨が何であるかを正当に特定化することはできない。しかも，背景にあるスイス経済がTCの手数料収入を決定するとの明示的ないし暗黙的証拠も認められない。

　他方，すべての事業活動費その他管理費がスイス・フランで発生し，支払われているので，「費用／キャッシュ・アウトフロー」指標ではスイス・フランが機能通貨であるとの強い証拠を示している。

　このように，主要な指標は機能通貨を明確に決定できるほどに強力な証拠をなすものではないので，さらに追加的な指標を検証しなければならない。

(2)　資金調達・財務活動の実態に注目した追加的な指標では，スウェーデン・クローネが機能通貨をなす。TCは資金需要に対する資金調達を他の外部的リースからは一切受けておらず，専ら親会社からの短期的・長期的資金に依存している。しかも，センターの事業活動からのキャッシュ・イ

ンフローは種々の通貨で行われるが,それらはスイスでの事業活動の諸費用の支払いに用いられ,「キャッシュの留保」指標はTCの機能通貨を決定するにあたって重要性をもつものではない。

(3) 補足的な指標もスウェーデン・クローネが機能通貨であるとの判断を裏付けるものである。たとえば,事業の「自主性」指標では,スウェーデンの親会社がキャッシュ・マネジメントと金融リスクに対する集権的コントロール機能を通じたグローバル金融活動を行うためにスイスにTCを設立したものであり,親会社と子会社間の経常的な資金フローによってグループ企業間の取引量は大きくなっていると推定される。したがって,TCのキャッシュ・フローは経常的に親会社SD社のキャッシュ・フローに影響を及ぼしているので,スウェーデン・クローネがTCの機能通貨をなすといえる。

【解 説】

以上の分析に示されるように,主要な指標ではTCが業務を行っている国(スイス)の通貨が機能通貨であるとの確定的な証拠は得られなかった。しかしながら,追加的な指標ではスウェーデン・クローネが機能通貨であることが支持された。それゆえ,全体として見た場合,スウェーデン・クローネが機能通貨であるとの一義的な結論は得られなかった。経営者の合理的判断に基づき,TCの金融活動の経済的効果を最も忠実に反映する通貨は何かを決定しなければならない。

1つの考え方は,TCはスウェーデンの親会社SD社に支配された多国籍企業グループ全体の金融活動を行うための「導管」として設立された点に注目することである。この場合,TCの金融業務活動を最も忠実に反映する国の通貨であるスウェーデン・クローネが機能通貨になるであろう。

もう1つの考え方は,米国ドル,ユーロ,およびスウェーデン・クローネのいずれかが本ケースにおいて支配的であるかどうか検討し,明確な結論が得られず,かつ,TCの経常費用が大きなウェイトを占めるのであれば,スイス・フ

ランがTCの機能通貨になることも可能である。

（出典：PWC, *Manual of Accounting: IFRS2010*, 7014-7015, Ex.8を参考に，加筆・修正）

§3　外貨建取引の会計

　IAS21は，企業が外貨で表示されているか，または外貨での決済を必要とする取引について，(1) 取引が発生した日（当初認識）と (2) 当初認識後の決算日とに分けて換算処理の方法を規定している。この場合，大きく次の2つの会計問題が示される。

- ■　外貨建取引を機能通貨に換算する場合に，どのような為替レート（相場）が使用されるべきか。
- ■　換算に伴う換算差額（換算差損益）をいかに処理すべきか。

以下，それぞれについて説明しよう。

1　外貨建取引の換算処理

　IAS21において，**外貨建取引**とは，「外貨で表示されているか，または外貨での決済を必要とする取引」(20項)であり，具体例として次のような取引が例示されている。

【外貨建取引の例示】

(a) 取引価額が外国通貨で表示されている財貨の売買又は役務の授受
(b) 決済金額が外国通貨で表示されている資金の借入又は貸付
(c) その他の方法で外国通貨で表示されている資産の取得又は処分，負債の発生又は決済

　このような外貨建取引について，IAS21で示されている換算処理の内容の要点を示したのが「**図表8-4**」である。

　この図表を参考に，換算処理について説明を加えよう。

図表8-4　外貨建取引の換算レート

区　分	換　算　基　準
取引発生時（当初認識時）の処理	・原則として，取引日の直物為替レートを外貨額に適用した機能通貨でもって計上する（21項）。ただし，実務上の理由から，取引日の実際レートに近似する平均レート（1週間又は1ヶ月）等が適用される（22項）。
決算時の処理	・（貨幣性項目の換算） 決算レートを用いて換算（IAS21, 23項 (a)） ・（非貨幣性項目の換算） (a) 外貨建ての取得原価で測定されている項目：取引日の為替レートを用いて換算（同，23項 (b)） (b) 外貨建ての公正価値で測定されている項目：公正価値が決定された日の為替レート（通常，貸借対照表日の決算レート）を用いて換算
換算差額の処理	・（貨幣性項目に係る換算差額） (a) 貨幣性項目の決済時に生じた為替差額，または貨幣性項目を当期中に当初認識あるいは従前の財務諸表で換算した時のレートとは異なるレートで換算することから生じる為替差額：発生する期間の損益として処理（28項） (b) 貨幣性項目が決済されずに残ってる場合に生じる未実現の換算差額：当該年度の損益として処理 ・（非貨幣性項目に係る換算差額） 非貨幣性項目に係る利得・損失が直接に「その他の包括利益」として処理される場合，それに含まれる換算差額も直接にその他の包括利益として処理（例：外貨建売却可能有価証券の公正価値変動に伴う評価差額（IAS39, AG83項））

【外貨建取引の発生時の処理】

　機能通貨（たとえば，日本円）による外貨建取引の当初認識にあたっては，外貨額に取引日の直物為替レートを適用して機能通貨で計上する（IAS21, 21項）。このように，ある通貨で表示された取引や財務諸表の金額を他の通貨の金額に変換するプロセスを「換算（translation）」という。取引日とは，取引がIFRSに従って最初に認識の要件を満足する日をいう（同，22項）。収益，費用，利得，損失の項目については，これらの項目が認識される日の**直物為替レート**（**直物相場**）が適用されるが，実務上の便宜性の理由から，取引日の実際レー

第 8 章　企業活動のグローバル化と為替換算会計　　**133**

トに近似するレート，たとえば，1週間又は1ヶ月の**平均レート**を用いることができる。しかしながら，為替レートが著しく変動している場合には，平均レートを用いることは適当ではない。

「設例3」は，外貨建取引の発生時の処理を例示するものである。

【設例3】

2011年1月10日，ABC工業（日本円を機能通貨とする。）は，米国企業DEF社から製品（原価US＄10,000）を購入した。取引日の換算レートは，US＄1＝85円であったとする。

この場合，ABC工業の取引日の仕訳は次のとおりである。

（借）　仕　　入　　　850,000
（貸）　買掛金　　　　　　　　　850,000
（2011年1月10日の外貨建仕入の計上）

【決算時の処理】

決算時における外貨建資産負債を機能通貨に換算する場合，それが貨幣性項目なのか非貨幣性項目かによって取扱いが異なる。

(1) 貨幣性項目の換算処理

外貨建貨幣性項目は，貸借対照表日の決算日レートを用いて換算される（IAS21. 23項(a)）。ここで**貨幣性項目**とは，保有している通貨単位，および資産負債項目の中で固定又は確定可能な通貨単位で受領したり，支払うことになる項目をいう（8項）。たとえば，現金，預金，受取債権などの金融資産，支払債務などの金融負債，為替予約や外貨建スワップ，オプションなどのデリバティブ商品，現金で支払う年金・従業員給付金などが例示される。これらの貨幣性項目は，為替レートの変動リスクを財務諸表上に反映させる点を重視して，決算日の為替レートで換算することにした。

(2) 非貨幣性項目の換算処理

外貨建ての非貨幣性項目については，財貨の属性に即してそれが取得原価で測定されるか，公正価値で測定されるかによって適用される為替レートは異な

る（23 項 (b)・(c)）。

- 外貨建ての取得原価で測定されている非貨幣性項目は，取引日の為替レートを用いて換算する。
- 外貨建ての公正価値で測定されている非貨幣性項目は，公正価値が決定された日の為替レート（すなわち貸借対照表日の決算日レート）を用いて換算する。

このように，**非貨幣性項目**は固定又は確定可能な通貨単位を受け取る権利（又は引き渡す義務）が存在しない項目であり，有形固定資産，棚卸資産，無形資産，前払金額および株式投資（有価証券）などが含まれる（16 項）。たとえば，取得原価で測定された機械はその取得日の為替レートで換算され，決算日に再換算する必要はない。しかしながら，機械が減損した場合，その回復可能価額は価額が確定される日の為替レート，つまり貸借対照表日の決算レートで換算されなければならない。その結果，外貨建てでは減損が生じていたとしても，換算の結果，回復可能価額が簿価を上回ることになって，減損損失が認識されないことも生じる（PWC, IFRS2010）。

次の「**設例 4**」は，決算時の処理の方法を例示するものである。

【設例 4】
（ケース 1）
　2010 年 10 月 1 日，日本企業 ABC 社は，工場用地として土地を購入した（購入価格 US＄100,000）。同社は国際会計基準 16 号（IAS 16）に従って，土地の再評価を定期的に行うことを会計方針としており，2011 年 6 月 30 日，工業用地は US＄120,000 で再評価された。
　関連する為替レートは，それぞれ次のとおりであった。
  ・ 取引日（2010 年 10 月 1 日）　　US＄1 ＝ 90 円
  ・ 決算日（2011 年 3 月 31 日）　　US＄1 ＝ 85 円
  ・ 再評価日（2011 年 6 月 30 日）US＄1 ＝ 80 円
　このケースでは，工場用地は取引日（2010 年 10 月 1 日）には取得レートを用

いて 9 百万円（US＄100,000 × 取得日レート 90 円）で計上される。また，決算日（2011 年 3 月 31 日）には，工場用地は非貨幣性項目であるので，同様に取得日レートを用いて 9 百万円として計上される。土地の再評価が行われた会計年度の貸借対照表日（2012 年 3 月 31 日）において，土地は非貨幣性項目であるので，再評価日の為替レートを用いて，9.6 百万円（US＄120,000 × 80 円）で計上され，次の再評価が行われるまで，以後の各貸借対照表においてこの金額で計上される。

再評価が行われた会計年度の貸借対照表日の換算額	9,600,000 円
取得日の換算額	9,000,000
再評価剰余金（その他の包括利益）	600,000
再評価剰余金の内訳：	
公正価値評価差額（US$120,000 − US$100,000）× 80 円	1,600,000 円
換算差額（損失）　US$100,000 ×（80 円 − 90 円）	(1,000,000)
再評価剰余金（その他の包括利益）	600,000

(ケース 2)

2011 年 1 月 10 日，日本企業 ABC 社は投機目的で上海証券取引所に上場の株式に投資し，国際会計基準 39 号（IAS39）に従い，売買目的有価証券として公正価値（時価）で測定することにしている。

株式投資額は 100,000 人民元（以下，元と略す。）であり，2011 年 3 月 31 日の市場価格は 120,000 元であったとする。また，取引日（2011 年 1 月 10 日）および決算日（2011 年 3 月 31 日）における為替レートは，それぞれ 1 元＝ 15 円，1 元＝ 12 円であったとする。

このケースでは，2011 年 1 月 10 日，売買目的の株式投資額は，1,500 千円（100,000 元 × 取得日レート 15 円）で計上される。同年 3 月 31 日決算日では，非貨幣性項目としての持分投資は，公正価値測定に対応して決算日レートを用いて換算し，1,440 千円（120,000 元 × 決算日レート 12 円）で計上される。この場合，純損失額 60 千円の内訳は，次のとおりである。

公正価値評価差額（利得）	240 千円（120,000 元 − 100,000 元）× 12 円
換算差額（損失）	△300 千円　100,000 元 ×（12 円 − 15 円）

2 換算差額の処理
(1) 2つの見方：一取引基準と二取引基準

外貨建債権・債務の取引日と決算日の間での為替レートの変動に伴い，換算差額（換算差損益）が生じる。換算差額の会計処理をめぐって，理論的には「一取引基準」と「二取引基準」との2つの見方がある。

- **一取引基準**では，外貨建売買取引とその取引に係る代金決済取引とを一体化した一つの取引とみなして会計処理を行い，換算差額は当初の取得価額の修正項目として取り扱い，代金決済時点ではじめて取得価額が確定することになる。
- **二取引基準**では，外貨建売買取引と代金決済取引とを別個の2つの取引と見なして会計処理を行う方法であり，換算差額は外貨建取引とは別個に換算差損益（利得・損失）として取り扱う。

【設例5】

2011年4月10日，ABC社（円を機能通貨としている）は，DEF社（米国で設立された子会社）から機械部品をUS＄100,000で購入し，同年7月10日，外貨建買掛金を決済した。

取引日（2011年4月10日）および決済日（同年7月10日）における為替レートは，それぞれUS＄1＝85円およびUS＄1＝80円であった。

この場合，取引日においてABC社は買掛金8,500千円を計上し，決済日には8,000千円を支払うことになる。換算差額は500千円である。

このケースについて，一取引基準に準拠する場合，換算差額500千円は当初の取得価額の修正項目として取り扱われ，決済日での取得価額は8,000千円である。それに対して，二取引基準に従った場合には，仕入価額は8,500千円として，換算差額500千円とは別個に計上されることになる。

上記のケースについて，一取引基準および二取引基準それぞれについての仕

訳は，下記のとおりである（単位：千円）

<u>一取引基準による仕訳</u>

2011年4月10日
　　（借）　仕　入　　　　　　8,500
　　（貸）　買掛金　　　　　　　　　　　8,500
　　（外貨建仕入の計上：US＄1 ＝ 85円 × 100,000）

同　年7月10日
　　（借）　買掛金　　　　　　8,000
　　（貸）　現　金　　　　　　　　　　　8,000
　　（外貨建買掛金の決済：US＄1 ＝ 80円 × 100,000）
　　（借）　買掛金　　　　　　　500
　　（貸）　仕　入　　　　　　　　　　　　500
　　（当初の取得価額の修正と換算差額の認識）

<u>二取引基準による仕訳</u>

2011年4月10日
　　一取引基準の仕訳と同じ

同　年7月10日
　　（借）　買掛金　　　　　　8,000
　　（貸）　現　金　　　　　　　　　　　8,000

　　（借）　買掛金　　　　　　　500
　　（貸）　換算差額　　　　　　　　　　　500
　　（外貨建取引の決済と換算差額の認識）

（参考資料：Ng (2009), § 21-320, Illustration 5 を参考に作成）

これらの2つの見方のうち，IAS21は二取引基準に立っている。

(2) 貨幣性項目に係る換算差額

貨幣性項目に係る換算差額は，次のように処理される。

(a)　貨幣性項目の決済時に生じた為替差額，あるいは最初に認識した時のレートとは異なるレートで換算することから生じる為替差額は，発生する期間の損益として処理される（IAS21, 28項）。取引が当初に認識された

ときのレートと異なったレートで決済される場合，換算差額は取引が決済される期の損益として処理される。これは換算差額が取引の決済時でのキャッシュ・フローに反映されることになるからである。

(b) しかしながら，外貨建取引から生じた貨幣性項目が決済されずに残っている場合には，取引日のレート（あるいは前年度の貸借対照表日のレート）と今年度の貸借対照表日のレートとの未実現の換算差額は，同年度の損益項目として報告される。

未実現の換算差額が生じるケースとして次の「**設例 6**」を例示しておこう。

【設例 6】

2011 年 1 月 10 日，日本企業 ABC 社は，米国企業 DEF 社から化学製品を US＄100,000 で購入し，同年 4 月 10 日外貨建買掛金を決済した。

為替レートは，それぞれ次のとおりであったとする。

- 取引日（2011 年 1 月 10 日）　US＄1 = 85 円
- 決算日（同年 3 月 31 日）　US＄1 = 82 円
- 決済日（同年 4 月 10 日）　US＄1 = 80 円

このケースでは，取引日に計上された買掛金 8,500 千円は，貸借対照表日には 8,200 千円として表示替えされるので，未実現の換算差額（利得）300 千円が生じることになる。この未実現の換算差額は，当該会計年度の損益項目に算入される。

参考までに，仕訳は次のとおりである（単位：千円）：

2011 年 1 月 10 日
　（借）　仕　入　　　　　8,500
　（貸）　買掛金　　　　　　　　　　8,500
　（外貨建仕入取引の計上）

2011 年 3 月 31 日
　（借）　買掛金　　　　　　300
　（貸）　換算差額（利得）　　　　　300
　（未実現の換算差額の計上）

```
2011年4月10日
    (借)  買掛金           8,200
    (貸)  現 金                    8,000
    (貸)  換算差額(利得)           200
(外貨建買掛金の決済の計上)
```

(3) 非貨幣性項目に係る換算差額

　非貨幣性項目に係る利得・損失が直接にその他の包括利益として処理される場合,それに含まれる換算差損益部分も直接にその他の包括利益として取り扱われる。たとえば,企業が売却可能有価証券として区分される外貨建証券を取得した場合には,授受される通貨単位が確定できないので非貨幣性項目となり,公正価値の変動による評価差額は直接にその他の包括利益として処理し,それに関連する為替差損益部分もその他の包括利益として計上される (IAS39, AG83 項)。ただし,外貨建ての売却可能証券が公正価値ヘッジの対象とされ,ヘッジ会計のすべての要件を満足する場合には,為替レートの変動による差損益部分は損益項目に算入される。

§4　為替予約の付された外貨建取引の会計

　先物為替予約(以下,為替予約と略す。)とは将来の一定日又は一定期間において特定の為替レート(予約レート)によって外国為替の売買受け渡しを予約することをいう。この場合の特定の為替レートを**先物為替レート**といい,取引時点の直物レートをベースとして,先渡日までの2国間の金利差を調整して算定される。

　為替予約は,その取引の目的に即して大きくヘッジ目的の予約と投機(トレーディング)目的の予約とに区分される。ヘッジ目的の予約とは,輸出入や出資,貸付,借入等の外貨建契約につき,為替レートの変動に伴う損失(為替リスク)をヘッジする手段として用いられるのに対して,投機目的の予約は,

為替レートの変動による投機利益の獲得を目的とする予約取引である。ヘッジが外貨建債権債務の決済という外国為替の需要に基づく為替予約であるのに対して，投機はこのような決済の需要に基づかない点に大きな差異がみられる。わが国でも，1984年（昭和59年）4月の実需原則の撤廃に伴い，投機目的の為替予約が可能となった。

次の「**設例7**」は，為替予約によってヘッジされた確定約定（契約）の**公正価値ヘッジ**の例を示している。

【設例7】

2011年4月1日，日本企業ABC重工業は米国企業DEF社に対して，2011年9月30日に設備の引渡しと代金支払いを行う販売契約を締結した。設備の販売価格は，US＄100,000であった。

為替レートは，それぞれ次のとおりであったとする。

2011年4月1日	直物レート	US＄1 ＝ 85円
	6ヶ月先物レート	US＄1 ＝ 82円
同年 9月30日	直物レート	US＄1 ＝ 78円

（シナリオ1）——為替予約が付されていない場合

ABC重工業は，為替リスク・エクスポージャーに対してヘッジを行わないことにしたとしよう。この場合，仕訳は次のとおりである（単位：千円）。

2011年4月1日
　（借）　売掛金　　　　　　　　8,500
　　（貸）　売　上　　　　　　　　　　　　　　8,500
　（外貨建売上の計上）

2011年9月30日
　（借）　現　金　　　　　　　　7,800
　（借）　換算差額（損失）　　　　700
　　（貸）　売掛金　　　　　　　　　　　　　　8,500
　（外貨建売掛金US＄100,000の決済）

(シナリオ2) ──為替予約が付されている場合

2011年4月1日，同時に，ABC重工業は2011年9月30日にUS＄100,000を売渡し，日本円8,200千円を受け取る為替予約を締結したとしよう。この場合，該当する仕訳は次のとおりである（単位：千円）。

2011年4月1日
 （借）　売 掛 金　　　　　　　8,200
 （貸）　売　　上　　　　　　　　　　　　8,200
 （予約レートUS＄1＝82円で売上代金の固定化）

為替予約契約それ自体については，契約時点において価値は算定できず，仕訳は不要である。公正価値ヘッジのために，為替予約を締結したという事実のみを備忘記録として残しておけばよい。

同年9月30日
 （借）　現　　金　　　　　　　7,800
 （借）　公正価値評価差損　　　　400
 （貸）　売 掛 金　　　　　　　　　　　　8,200
 （US＄100,000の受領）

 （借）　為替予約　　　　　　　　400
 （貸）　公正価値評価差益　　　　　　　　400
 （為替予約契約に対する公正価値修正額の計上）

 （借）　現　　金　　　　　　　　400
 （貸）　為替予約　　　　　　　　　　　　400
 （為替予約契約の決済）

【解　説】

本ケースは，為替予約契約を用いて為替変動リスクをヘッジしようとするものである。ここでは，2011年9月30日の為替レートのいかんにかかわらず，売上金額が8,200千円（US＄1＝82円）で固定化されており，現金の正味受取額は8,200千円（7,800千円＋400千円）であることに留意されたい。また，外貨

建売買契約に係る公正価値評価損は，同額の為替予約契約に係る公正価値評価益によって完全に相殺されている。

(参考資料：Ng（2009），§ 39-520, Illustration 20 を参考に作成)

§5 在外事業体の財務諸表項目の換算
―基礎をなす考え方

1 全般的アプローチ

従来，IAS21 では，在外業務活動を行う事業体を「報告企業の業務と不可分である在外業務活動体」（在外支店等）と，報告企業の業務活動から独立した「在外事業体」（在外子会社等）とに区分し，前者については報告事業体と同じ機能通貨をもち，テンポラル法を適用して換算するのに対して，後者については，決算日レートを用いて換算する方法を採用してきた。

しかしながら，その後，改訂 IAS21 (2003) では，この区分を削除し，**機能通貨アプローチ**を採用した。つまり，従来，報告企業と不可分の在外事業体として分類されたものは，「機能通貨＝報告企業の通貨」をなすものとしてテンポラル法を採用するのに対して，独立した在外事業体として分類されたものについてのみ，決算日レート法を用いて換算することにした。

このような在外事業体の財務諸表項目の換算をめぐる「テンポラル法」対「決算日レート法」の議論は，報告企業（親会社）との関係で在外事業体をどのように位置づけるかという概念的問題とも密接に関係する。

2 「テンポラル法」と「決算日レート法」

財務諸表の換算方法としてのテンポラル法は外貨換算の換算アプローチとして「測定アプローチ」に立ち，それを基礎づける事業体に対する見方は「所有主理論」である。それに対して，決算日レート法は換算アプローチとして「表示替アプローチ」に立ち，それを基礎づける見方は「エンティティ理論」であ

図表8-5 外貨換算の概念的アプローチ

	測定アプローチ	表示替アプローチ
在外事業体に関する見方	・所有主理論(親会社パースペクティブ) ・送金可能な国内通貨による価値の極大化指向	・エンティティ理論(独立実体パースペクティブ) ・グループ全体の財貨・用役に対する支配の極大化指向
外貨換算の考え方	・測定プロセスとして把握 ・送金可能な国内通貨による価値又は送金額の歴史的犠牲,並びにその変動額の測定に焦点	・表示替プロセスとして把握 ・換算前の在外事業体による財貨・用役の支配実体,財務諸表項目間のオリジナル関係の保持に焦点
換算方法	・テンポラル法(換算対象の属性に即した換算方法の適用)	・決算日レート法(決算日における統一的レートの適用)

る。

・「所有主理論―測定アプローチ―テンポラル法」
・「エンティティ理論―表示替アプローチ―決算日レート法」

測定アプローチと表示替アプローチとの2つの概念的アプローチについて,要約してその特徴を示したのが「図表8-5」である。

以下,それぞれについて要点のみを説明しておきたい。

(イ) まず,在外子会社の見方について,所有主理論ないし測定アプローチは,強力な**親会社パースペクティブ**に立つ。すなわち,海外事業活動は主として「国内通貨による国内親会社へのキャッシュ・フローの源泉」とみなされ,企業の第一次的目標として「送金可能な国内通貨価値の極大化」を措定する。そこでは,在外子会社はあくまで国内親会社の延長線上で捉えられるにすぎない。

それに対して,エンティティ理論ないし表示替アプローチでは,海外事業活動について親会社から「独立して成長可能な継続事業体としての性格」が強調され,親会社への送金は海外事業活動の一部にすぎないとみなされる。

(ロ) したがって,測定アプローチでは,在外子会社から送金可能な国内通貨

価値の有高並びにその変動額が最も重要な情報をなし,外貨換算とは,そのような国内通貨価値の有高又は海外保有財貨に付随した歴史的犠牲額,およびそれらの期中変動額を測定することである。つまり,ここでは,換算問題イコール測定問題として把握される。

他方,エンティティ理論では,国内事業環境とは異なった海外環境に関する重要な情報なり関係については,換算前の測定値が保持されていることを前提とするものであり,在外子会社の会計数値について,換算前に存在した財務項目間の関係なり在外子会社という**ローカル・パースペクティブ**を保持する形で換算が考えられなければならない。この場合,換算とはローカル・パースペクティブを保持したままの表示替えをなすにすぎない。

(ハ) そのための具体的換算方法として,所有主理論はテンポラル法を採るのに対し,エンティティ理論は決算日レート法による。送金による国内通貨キャッシュ・フローを重視する所有主理論のもとでは,時価評価された資産に対して送金のために売却可能な時価で測定され,原価評価による資産に対しては,当該資産を取得するために要した過去の送金額の犠牲分を示すため,取得原価によって測定することになる(**テンポラル法**)。

他方,換算前の財務諸表項目の金額についてのオリジナルな関係の保持に焦点を置くエンティティ理論のもとでは,すべての勘定残高が決算日等における統一的レートによって換算されなければならない(**決算日レート法**)。

§6 在外子会社等の財務諸表項目の換算

1 換算方法

グループ企業として海外に子会社をもつ企業は,連結財務諸表等を作成する場合,在外子会社の機能通貨とは異なる共通言語としての「報告通貨(presentation currency)」へと換算して財務諸表を公表しなければならない。た

とえば，在外子会社としてニューヨークや上海に子会社をもつ日本企業は，それぞれ米国ドルや中国人民元を機能通貨として財務諸表を作成するが，連結財務諸表の作成においては共通言語として日本円を報告通貨として経営成績や財務状況を表示しなければならない。この場合，機能通貨から報告通貨への換算，あるいはある報告通貨から別の報告通貨への換算方法として，IAS21では決算日レート法が採用されている。その意図するところは，在外子会社等の主たる経済環境のもとで行われた取引実態と，機能通貨によるその測定値の基底をなす事実関係（取引実態）と数関係（貨幣的測定値）とを保持することを保証しようとするものである。

IAS21による**在外子会社等の換算手続き**は，およそ次のとおりである（PWC 2009; Ng 2009）。

(1) 貸借対照表上の資産・負債項目は，貸借対照表日の決算日レートを用いて換算する。貸借対照表上のすべての項目について一定の換算レートで換算することによって，換算後の財務諸表において換算前の在外子会社等の財務諸表における関係が保持される。たとえば，換算後の固定資産と固定負債との相対的割合は換算前と同一になる。

(2) 損益計算書の損益項目は，取引日の換算レートで換算される。実践的便宜性から，取引日での換算レートに近似したレート，たとえば，期間の平均レートなどを用いて換算することもできる。

(3) すべての換算差額はその他の包括利益に計上され，株主持分（資本）区分の独立項目として累積計上する。

(4) 株主持分項目の換算についてはIAS21では明確な指針は提示されていない。したがって，企業は，会計方針の継続的適用のもとで，取引日（発生日）レート又は決算日レートのいずれかを選択適用することができる。株主持分項目の換算に伴う換算差額は，直接，株主持分区分において計上する。

2 計　算　例

次の「**設例8**」は，在外子会社の財務諸表項目の換算例を示すものである。

【設例8】

　2008年4月1日，日本企業ABC社は，米国企業DEF社の株式の80％を取得した。同日，DEF社の純資産は，次のとおりであった。資本金US＄300,000,再評価剰余金US＄100,000および留保利益（剰余金）US＄100,000。（同日換算レートUS＄1＝90円）。

　ABC社およびDEF社の報告通貨は，それぞれ日本円および米国ドルであった。

　2010年度（2011年3月31日決算日）のDEF社の財務諸表は，次のとおりである。

(1)　2010年度包括利益計算書（2011年3月31日決算日）（単位：US＄1,000）

売　　上		800
期首棚卸高	100	
仕　　入	550	
期末棚卸高	200	
売上原価		450
売上総利益		350
支払利息		10
減価償却費		30
無形資産償却（アモチゼーション）		10
その他費用		100
税引前利益		200
税　　金		100
税引後利益		100
その他の包括利益		
再評価剰余金		50
包括利益合計		150

(2)　2010年度貸借対照表　　（2011年3月31日現在）　（単位：US＄1,000）

第 8 章　企業活動のグローバル化と為替換算会計　　147

流動資産		
現金預金	50	
売掛金	200	
商品	200	
		450
固定資産		
機械	300	
（減価償却累計額）	(70)	
土地	600	
		830
無形資産		20
資産合計		1,300
流動負債		
買掛金	220	
支払税金	100	
		320
固定負債		
長期借入金		100
株主持分（資本）		
資本金	300	
再評価剰余金	150	
留保利益	430	
		880
負債・株主持分合計		1,300

(3) 2010 年度株主持分変動計算書（2011 年 3 月 31 日決算日）（単位：US $ 1,000）

期首留保利益（剰余金）	230
当期純利益	200
期末留保利益	430
期首再評価剰余金	100
当期再評価剰余金増加額	50
期末再評価剰余金	150

【追加情報】

(a) 2008年6月1日特許権をUS＄50,000で取得した。取得した特許権は，5年間にわたって毎年均等額を償却している。(同日換算レートUS＄1 = 88円)

(b) 2003年3月に土地をUS＄450,000で取得し，2007年3月31日および2011年3月31日に土地の再評価を行った。

(c) 機械の取得状況は，次のとおりである。

　　取得日　2008年4月1日　　　US＄200,000
　　　　　　2010年6月1日　　　US＄100,000

　機械は，10年間にわたって均等額で償却する（残存価額ゼロ）。年間6ヶ月以上使用された場合，年間の予定償却額の全額を当該年度の償却費として計上する。(2010年換算レートUS＄1 = 77円)

(d) 棚卸商品の期首および期末評価は，取得原価で評価しFIFO法を採用している。

(e) DEF社の普通株は，2003年4月1日に一株あたりUS＄1で発行された。

(f) 再評価剰余金の状況は，次のとおりである。

　2007年3月31日　US＄　100,000
　2011年3月31日　US＄　　50,000

(g) 2009年3月20日，DEF社はABC社から長期借入金（米国ドル建て；利子率年6%）を行った。(換算レートUS＄1 = 84円)

(h) 2010年3月31日付の換算後貸借対照表において，留保利益は26,800,000円，円換算差額（損失）5,400,000円であった。

(i) その他関連した換算レートは，次のとおりである。

　　2010年3月31日決算日レート　　　　　　US＄1 = 80円
　　2011年3月31日決算日レート　　　　　　US＄1 = 70円
　　2010年1月～3月平均レート　　　　　　　US＄1 = 82円
　　2011年1月～3月平均レート　　　　　　　US＄1 = 72円
　　2011年3月31日会計年度の平均レート　　 US＄1 = 75円

【財務諸表項目の換算方法】

第 8 章　企業活動のグローバル化と為替換算会計

以上の資料に基づき，決算日レート法による DEF 社の換算後の財務諸表は，次のとおりである。

(1) 2010 年度包括利益計算書（2011 年 3 月 31 日決算日）

	(US＄1,000)	(換算レート)		(1,000 円)
売　　　上	800	75		60,000
期首棚卸高	100	75	7,500	
仕　　　入	550	75	41,250	
期末棚卸高	200	75	15,000	
売上原価	450			33,750
売上総利益	350			26,250
支払利息	10	75		750
減価償却費	30	75		2,250
無形資産償却	10	75		750
その他費用	100	75		7,500
税引前利益	200			15,000
税　　　金	100	75		7,500
税引後利益	100			7,500
その他の包括利益				
再評価剰余金	50	70		3,500
換算差損益	－	(注4)		(6,800)
その他包括利益（損失）	50			(3,300)
包括利益合計	150			4,200

(2) 2010 年度貸借対照表（2011 年 3 月 31 日現在）

	(US＄1,000)	(換算レート)	(1,000 円)
流動資産			
現金預金	50	70	3,500
売掛金	200	70	14,000
商品	200	70	14,000
	450		31,500
固定資産			
機械	300	70	21,000
(減価償却累計額)	(70)	70	(4,900)

土地	600	70	42,000	
	830		58,100	
無形資産	20	70	1,400	
資産合計	1,300		91,000	

流動負債

買掛金	220	70	15,400	
支払税金	100	70	7,000	
	320		22,400	

固定負債

長期借入金	100	70	7,000	

株主持分（資本）

資本金	300	90	27,000	
再評価剰余金	150	（株主持分変動計算書）	12,500	
換算差額	−	（株主持分変動計算書）	(12,200)	
留保利益	430	（株主持分変動計算書）	34,300	
	880		91,000	
負債・株主持分合計	1,300			

(3) 2010年度株主持分変動計算書（2011年3月31日決算日）

	（US＄1,000）	（換算レート）	（1,000円）
期首留保利益			
取得前	100	90	9,000
取得後	130	（注2）	17,800
	230		26,800
当期純利益	100		7,500
期末留保利益	330		34,300
期首再評価剰余金	100	90	9,000
当期再評価剰余金増加額	50	70	3,500
期末再評価剰余金	150		12,500
期首換算差額（損失）	−	条件(h)	(5,400)
当期換算差額	−	（注4）	(6,800)
期末換算差額（損失）	−		(12,200)

第 8 章　企業活動のグローバル化と為替換算会計　　151

【解　説】
(注 1)　決算日レート法のもとでは，すべての貸借対照表項目は決算日レート（2011 年 3 月 31 日現在の換算レート），US＄1 ＝ 70 円で換算される。ただし，資本金および DEF 社の取得日前の留保利益は，取得日（2008 年 4 月 1 日）時点の換算レート（US＄1 ＝ 90 円）を用いて換算する。また，損益項目は，実践的便宜性の観点から，2011 年 3 月 31 日を年度末とする会計年度（2010 年度）の平均レート（US＄1 ＝ 75 円）を用いて換算している。

(注 2)　期首留保利益における DEF 社の取得後の留保利益は，次のように算定される。

　　2010 年度期首（2009 年度期末）の留保利益　26,800,000 円（条件(h)より）
　　取得前の留保利益　　　　　　　　　　　　　　9,000,000（＝US＄100,000 × 90 円）
　　　　　　　　　　　　　　　　　　　　　　　17,800,000 円

(注 3)　2007 年 3 月 31 日の土地再評価剰余金は，DEF 社取得前の剰余金であるので，取得日（2008 年 4 月 1 日）換算レート（US＄1 ＝ 90 円）で換算する。

(注 4)　当期の換算損失は，次の 2 つの要素から構成されている。
　(i)　純資産の換算差額（期首の純資産×当期の期首と期末との換算レートの差異）＝期首の純資産（資本金 US＄300,000 ＋期首留保利益 US＄230,000 ＋期首再評価剰余金（US＄100,000）×（期末レート 70 円 －期首レート 80 円）　　　　　　　　　　　　　　　　　損失 6,300,000 円
　(ii)　当期純利益に係る換算差額（当年度の留保利益×平均レートと決算日レートとの差異）　　　　　　　　　　　　　　　　損失　500,000 円
　　　＝US＄100,000 ×（期末レート 70 円 －平均レート 75 円）
　　　　　　　　　　　　　　　　　　　　　　　　　合計 6,800,000 円

(参考資料：Ng（2009），§ 21-510, Illustration 11 を参考に作成)

レビュー問題

問題 1　次の用語（1）～（3）について，相違点が分かるように説明しなさい。
　　　（1）一取引基準と二取引基準
　　　（2）機能通貨と報告通貨
　　　（3）貨幣性項目と非貨幣性項目

問題2　機能通貨に関して，次の問に答えなさい。
　　　(1) 機能通貨が何であるかを決定する場合の「主要な決定指標」と「追加的な決定指標」について説明しなさい。
　　　(2) 上記の決定指標を用いて，次のケースにおける機能通貨が何かを述べなさい。
　　　　　「ABC ドイツ社は米国企業 XYZ 社の子会社であり，米国ドル建てで XYZ 社で製造された電子部品を輸入している。電子部品はユーロ建てでドイツ国内で販売されており，その価格は主として同種の電子部品を製造している国内の競争企業によって決定されている。販売及び操業費用は，ドイツ国内で発生し，ユーロで支払われている。また，同社の企業活動に伴う長期金融は，主として親会社からの米国ドルの借入れの形でなされている。利益の分配は，親会社の支配のもと行われている。」
　　　　　[ヒント]「販売／キャッシュ・フロー指標」では，ユーロが機能通貨であることを強く示している。しかし，「費用／キャッシュ・フロー指標」では，米国ドルを機能通貨と見ることができ，主要な指標では，何が機能通貨であるかの見方は一義的ではない。したがって，更なる追加的な指標による判断が必要になる。(出典：PWC 2009, P.7015, Example 9 を参考に，加筆・修正して作成)

問題3　為替予約について，次の問に答えなさい。
　　　(1) 意義と目的
　　　(2) IAS21 における会計方法の特徴

問題4　在外事業体の財務諸表項目の換算アプローチについて 2 つのアプローチを示し，それぞれについて次の 3 つの側面から簡潔に説明しなさい。
　　　(1) 在外事業体に関する見方
　　　(2) 外貨換算の考え方
　　　(3) 換算方法

【参考文献】
・　古賀智敏 (2000)『価値創造の会計学』税務経理協会。
・　古賀智敏・鈴木一水・國部克彦・あずさ監査法人 (2009)『国際会計基準と日本の会計実務〈三訂版〉』同文舘。

- ─────「会計基準の国際的統一化と日本の会計実務」(古賀・鈴木・國部・あずさ監査法人)。
- ─────(2010)「国際会計」神戸大学経済経営学会編(『ハンドブック経営学』第22章所収)。
- International Accounting Standards Committee. (1993), *International Accounting Standard 21: The Effects of Changes (2009) in Foreign Exchange Rates*(企業会計基準委員会・財務会計基準機構監訳『2010 国際財務報告基準』中央経済社)。
- Ng Eng Juan (2009), *A Practical Guide to Financial Reporting Standards (Singapore)*, 4th Edition, CCH.
- PriceWaterhouseCoopers (2009), *Manual of accounting IFRS 2010: Foreign currencies*.

第9章

生産ネットワークの拡大と有形固定資産の会計

§1 生産ネットワーク社会の拡大と有形固定資産の会計の見方

　近年10年間における世界経済の特徴は，欧米諸国や日本など先進諸国の経済の低迷に対する新興国諸国の目覚ましい経済発展である。1990年代中期以後，アジアが「世界の工場」として勃興し，2000年代以降，中国・インド等のアジアやロシア・ブラジル等の新興国が世界経済の索引車としての役割を演じてきた（中国等の新興国の世界GDP規模に占める割合：2009年30.9％，2010年32.7％，2015年予想38.8％，「通商白書」2010，3頁）。

　このような世界経済に占めるアジアの存在感の著しい増大は，中国をはじめとする東アジア諸国の生産ネットワークの拡大についても明らかである。主要国・経済圏の製造業の実質付加価値額の推移において，2004年にはアジアは製造業実質付加価値額でEUを上回り，世界最大の生産センターとなった（「**図表9-1**」参照）。また，2007年には中国が日本の製造業実質付加価値額を上回り，世界の生産拠点となっている（「**図表9-2**」参照）。各製品別の生産に占める割合では，中国はカラーテレビ（42％），パソコン（96％），携帯電話（51％）等の電子機器や粗鋼（38％）の生産において圧倒的な割合を占め，世界の加工・組立を中心とした製造センターの拠点となっている。

　製造企業の生産性を高めるためには，設備・機械等の有形固定資産の財貨の特性を踏まえて，それをいかに効率的に活用するかが重要である。プロダクト

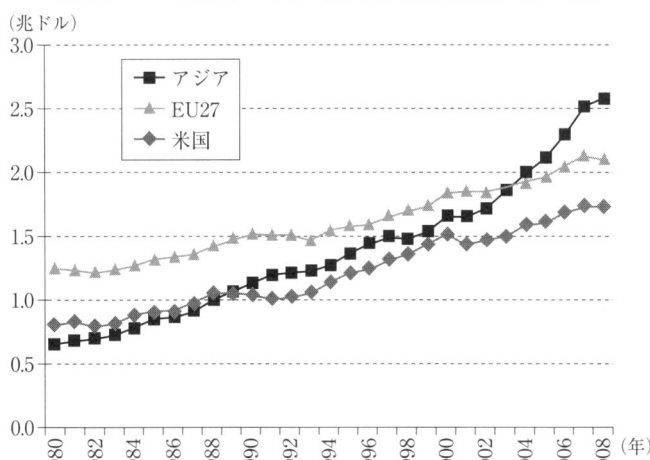

図表 9-1 主要国・地域の製造業実質付加価値額の推移

(出典：経済産業省『通商白書2010』、170頁より引用。原資料：UN「National Accounts Main Aggregates Database」)

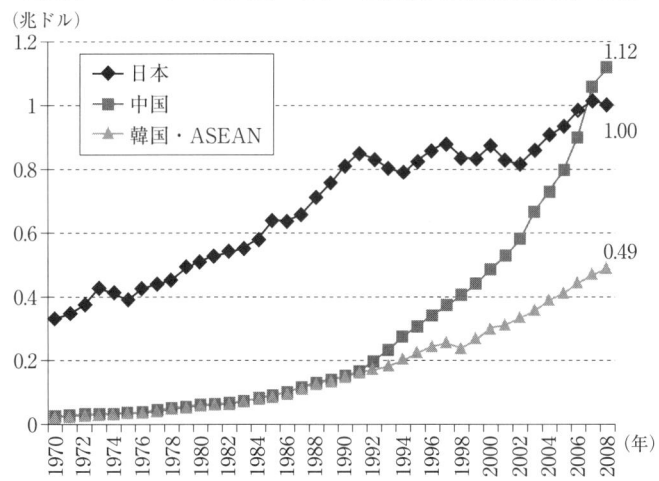

図表 9-2 アジア主要国・地域の製造業実質付加価値額の推移

(出典：経済産業省『通商白書2010』、170頁より引用。原資料：UN「National Accounts Main Aggregates Database」)

財としての有形固定資産は，先に取り扱った金融商品やデリバティブ（本書第7章参照）とは，著しく異なった性質（属性）をもつ。マニュファクチュアリング中心の産業社会では原材料等のインプットを集合（「原価の擬集」）させ，インプット（売上原価）とアウトプット（売上高）との対応原則が支配的な原則をなす。このような有形固定資産の本質は「**原価の凝集物**」（ペイトン＝リトルトン）であり，その価値は当該資産がいかに効率的に収益獲得プロセスにおいて利用されるかに依存する。この点で，将来キャッシュ・フローのための契約上の権利又は義務をなす金融商品とは著しく異なっている。

生産物の価値は，長い生産プロセスの中で少しずつ形成されていき，金融資産に転換された時点で収益が確実・客観的になるまで認識されない。これが有形固定資産とそのアウトプットとしての棚卸資産を主たる対象とする「**原価・実現アプローチ**」の会計である。それに対して，価格のボラティリティ（変動可能性）と市場での処分可能性（清算能力）が高い金融商品の場合，公正価値（時価）に基づく実現か未実現かの区別はあまり重要ではない。このように，物財としての有形固定資産と，金融財としての金融商品とは本来的に異なった特性をもつものであり，両者は異なった会計ルールを適用することになる点に留意されたい。

このような視点から，IFRS の有形固定資産の会計を特徴づけることにしたい。

§2 有形固定資産の意義と分類

国際会計基準第 16 号（IAS16）では，有形固定資産とは，次の2つの要件を満たす有形の資産をいう（IAS16, 6 項）。
(1) 財貨の生産又は役務の提供に使用する目的，外部への賃貸目的又は管理目的で企業が保有するもの─「**使用を目的とした資産（使用資産）**」
(2) 一会計期間を超えて使用されると予測されること─「**長期耐久性資産**」
有形固定資産は使用を目的とした長期耐久性資産という点で，販売を目的と

した短期性資産としての棚卸資産とは異なり，また，有形という形態的側面から，特許権や商標権等の無形固定資産とは識別される。使用を目的とする点で，投資有価証券や出資金等の投資資産とも区分される。なお，使用資産としての有形固定資産の要件に含まれる「使用」とは，経常的な将来活動における使用であって，将来の建設用地として保有する土地等は投資不動産として別個の区分に分類される。

有形固定資産の分類は，企業の業務における性質と使用目的の類似性に即して次のように例示される（同，37項）。

(a) 土地
(b) 土地及び建物
(c) 機械装置
(d) 船舶
(e) 航空機
(f) 車輌
(g) 器具及び備品
(h) 事務機器

§3 有形固定資産の認識

1 認 識 の 要 件

有形固定資産項目が貸借対照表上で認識されるためには，次の2つの認識要件が満足されなければならない（IAS21, 7項）。

■ 当該項目に付随する将来の経済的便益が企業に流入する可能性が高いこと―**「経済的便益の高い流入可能性の要件」**
■ 企業が当該項目の取得原価を信頼性をもって測定できること―**「信頼性ある測定可能性の要件」**

第1の要件は，当初認識時において経済的便益の流入についての確実性の程度が高い場合に満足される。これは通常，資産に関連したリスクと便益とが企

業に移転したときにのみ達成される。リスクと便益とが企業に移転する前には取引は著しいペナルティを伴わずにキャンセルすることができるので,資産の認識の対象とはならない。一般的には,無条件で取消しできない契約が結ばれる場合に,資産のリスクと便益は移転されることになる。

第2の要件については,外部者との取引により市場から取得される場合には容易に満足される。固定資産を自家建設した場合には,建設に要した諸原価について信頼性ある測定値は一般に容易に入手できる。

物質的形態をもつ有形固定資産の場合,通常,金融資産や無形資産よりも容易に認識の要件を満足することができる。しかし,有形固定資産の認識においては,その構成要素を個別の資産として認識するか,いくつかの要素を集計してその総額を認識すべきかという問題,また,どのような状況のもとで交換部品や保守器具を有形固定資産として認識すべきかといった判断を要する問題もある。

- IAS16では,どのような項目が有形固定資産を構成するかを明示していない。したがって,各企業の特有の状況に即して認識要件を適用し,個々の項目を独立した有形固定資産項目として取り扱うか,それらを集計して総額を認識すべきか判断しなければならない(IAS16, 9項)。たとえば,工具や金型などのように,個々には重要ではない項目の場合,その総額について認識することが適切であろう。

- 交換部品(スペア・パーツ)や保守器具については,通常,棚卸資産として計上され,費消時に損益として処理される。しかし,一会計期間を超えて使用することが予測される場合,また,有形固定資産項目に付随してのみ使用される場合には,有形固定資産として認識される(同, 8項)。後者の場合には,交換部品等は付随した資産の耐用年数を超えて減価償却が行われることはない。

2 初期費用と取得後支出

資産の認識要件は,すべての有形固定資産の原価について,その発生時に適

用される (IAS16, 10項)。これらの原価には，資産の取得又は建設に要した**「初期費用」**と，取得後に追加，取替又は保守に要する**「取得後支出」**が含まれる。

- 安全処理装置や環境保全施設など，現存の有形固定資産項目の将来の経済的便益を直接に増加させるものではないが，他の資産から将来の経済的便益を得るために必要な費用は，有形固定資産としての認識要件を満たす (IAS16, 11項)。たとえば，化学製品の製造企業では，危険な化学製品の製造・保管に関する環境保全基準を遵守するために，新しい化学処理装置を設置している。このような処理装置そのものは企業に新たな将来の経済的便益をもたらすものではないにせよ，企業はこの処理装置を用いて，追加的な将来の経済的便益を得ることができるので，逆に言えば，当該処理装置なしでは化学製品の製造および販売が不可能となるので，この取得費用は，有形固定資産として資産計上される。

- 有形固定資産の取得後に発生する支出は，資産の認識の要件に照らして，資産として認識処理されるか，発生した期の損益として処理されるか決定される。たとえば，ホテル事業の拡大に伴う客室の拡充費用は，将来の収益稼得能力を増大させることになるので，費用が信頼性をもって測定できるのであれば，資産として認識されよう。それに対して，経常的な清掃費用は資産の認識要件を満たさず，費用処理される。IAS16では，**「修繕および維持」**など有形固定資産の保守のための労務費や消耗品費は，本来的に資産の取得時に期待される将来の経済的便益のレベルを提供する資産の潜在能力を維持することを目的とするものであって，その経済的便益の増加を図るものではないことから，資産としては認識せず，費用処理することとした (IAS16, 12項)。それに対して，古くなった社屋の屋根の大規模な修繕や改造は，将来の経済的便益の増加をもたらすので，信頼性をもって測定される限り，資産として認識することができる。

「設例1」は，初期費用の例として，建設計画の認可前に発生した有形固定資産の初期費用の取扱いを例示している。

【設例 1】

　ABC 社は，自社の環境保全の目的使用のために処理設備を製造しようとしている。同社が監督機関からの建設認可を受ける前に，相当額の建設費用が発生しているものとしよう。この場合，IAS16 の資産の認識要件に基づき，同社はこれらの建設費用を資産として認識することができるであろうか。

【解　説】

　本ケースにおいて，建設費用が資産として認識されるか，費用処理されるかについては状況による。たとえば，建設許可が得られることが過去の実績から当然と見なされ，許可がいわば形式的なものとなっていて，近々，得られることが予測される場合，ABC 社は環境保全設備がもたらす経済的便益に対してアクセスでき，それに対する支配をもつことができるので，認可前に生じた建設費用を資産として認識することができよう。しかしながら，許可が単なる形式的なものではない場合（たとえば，許可を受けるまでに相当の時間がかかり，しかも許可が得られるかどうか不明である場合）には，同社は経済的便益へのアクセスを実証することは困難であり，費用処理する方が適切となるであろう。

（出典：PWC 2009, *Manual fo accounting IFRS 2010*, p.16005, Example を参考に加筆・修正して作成）

　また，取得後支出の例として，有形固定資産の定期的取替要素の減価償却の計算例を示したのが，「**設例 2**」である。

【設例 2】

　DEF 工業は，新たに工場を 10,000,000 円で購入した。耐用年数 30 年，残存価額 1,000,000 円とする。同工場はスレート葺きの屋根でできており，10 年毎に取替を要するものとする（費用 1,000,000 円）。

　同社は，この工場のスレート屋根の減価償却の方法をめぐって，次の 2 つのアプローチを検討しようとしている。

■　第 1 アプローチ：スレート葺き屋根をも含めて工場全体を 1 つの資産項目

第 9 章　生産ネットワークの拡大と有形固定資産の会計

とみなし，耐用年数 30 年間にわたって減価償却を行う方法（年間の減価償却費（10,000,000 円 − 1,000,000 円）／ 30 年 = 300,000 円）

■ **第 2 アプローチ**：屋根部分を工場建物の中の重要な構成部分として別個に取り扱い，屋根部分の費用 1,000,000 円を 10 年間にわたって償却するとともに（年間の減価償却費 1,000,000 円／ 10 年 = 100,000 円），工場の残りの部分 9,000,000 円について，その残存価額 1,000,000 円まで償却する方法（年間の減価償却費（9,000,000 円 − 1,000,000 円）／ 30 年 = 266,667 円）

いずれの方法においても，10 年後にスレート屋根が取り替えられるときに，当該取替部分に係る簿価は全額消去される。

この場合，いずれの方法が採用されるべきであろうか。

【解　答】

本ケースにおいて屋根部分は建物全体の中で重要な構成部分をなすので，第 2 アプローチが IAS16, 43 項に準拠しており，適切な処理方法である。明らかに，第 2 アプローチの方が工場建物による経済的便益の消費の実態をより適切に反映する。

【解　説】

上記の第 1 アプローチでは，取替時での屋根の原価と減価償却累計額とは，それぞれ 1,000,000 円と 333,333 円（= 1,000,000 円 × 10 年／ 30 年）となる。したがって，1,000,000 円の取替費用が屋根部分の実際の原価を代理表示するものとすれば，取替除去時点で 666,666 円（= 1,000,000 円 − 減価償却累計額 333,333 円）の損失が生じることになる。

それに対して，第 2 アプローチのもとでは，10 年後の取替時点での屋根部分の簿価はゼロであり，原価と減価償却累計額 1,000,000 円が消去され，消去に伴う損益は生じない。このアプローチでは，30 年間にわたって毎年，減価償却費 366,667 円（屋根部分 100,000 円 + それ以外の建物部分 266,667 円）が計上され

る。

（出典：PWC 2009, *Manual of accounting IFRS 2010*, p.16008, Example を参考に加筆・修正して作成）

§4　取得原価の算定とその構成要素

　有形固定資産の認識時点での測定の基本原則は，取得原価による測定である（IAS16, 15項）。この場合，取得原価の構成要素には，次のような項目が含まれる（同，16項）。
　・　購入価格（値引・割戻額の控除，輸入関税・取得税を含む）
　・　当該資産の設置費用，並びに（経営者が意図した方法で）稼動可能な状態にするための直接付随費用
　・　当該資産項目の解体および除去費用，並びに敷地の原状回復費用

　多くの場合，購入取引が行われる場合には，**購入価格**を容易に決定することができる。しかしながら，市場での購入価格が設定されていない場合，また，現金での支払金額が存在しない場合では，購入価格を決定するのはより困難になる。有形固定資産の認識時点での取得原価に含まれるのは，購入価格の他に当該資産を稼動可能な状態にするための**直接付随費用**が含まれる。これには，搬入・処理費用，据付・組立費用，整地費用および専門家報酬等が含まれる（同，17項）。製造・販売活動の開始期間では，経営者はすべての発生費用を資産の原価に算入し，将来期間に回収しようとしがちである。IAS16 は，このような会計処理を厳に戒め，資産を稼動状態にするための直接付随費用のみを資産として計上することにした。したがって，宣伝やプロモーション活動費，管理費その他一般間接費は取得原価の構成要素とはならない（同、19項）。

　「**図表9-3**」は，取得原価の構成要素について要約表示している。

　2つ以上の有形固定資産が同時に取得される場合（たとえば，土地と建物など），その費用項目をいずれの有形固定資産の取得原価に算入すべきかが問題となる。この場合，IAS16 では取得原価の構成要素となる直接付随費用につい

第9章 生産ネットワークの拡大と有形固定資産の会計

図表9-3 有形固定資産の取得原価の算入と非算入費用の例示

取得原価の算入の有無	具体的費用項目の例示
取得原価の構成要素となる費用項目（IAS16,16項）	(a) 購入価格 (b) 直接付随費用（IAS21, 16項） ・有形固定資産項目の建設又は取得により直接生じる従業員給付費用 ・整地費用 ・当初の搬入及び処理費用 ・据付及び組立費用 ・資産が正常に機能するかどうかの試運転費用 ・専門家報酬 (c) 当該資産項目の解体及び除去費用，並びに敷地原状回復費用
取得原価の構成要素とならない費用項目（同, 19項）	(a) 新しい施設の開設費用 (b) 新しい製品やサービスを導入する費用（宣伝やプロモーション活動費を含む） (c) 新規の場所又は新規の層の顧客に向けて事業を行う費用 (d) 管理費その他一般間接費

て，経営者が意図した方法で稼動可能な状態にするための費用項目であることから，「**意図した利用目的**」に即していずれの資産の取得原価に算入すべきかを決定することになる（IAS16, 16項 (b)；Ng2009）。

次の「**設例3**」は，複数の有形固定資産の取得原価について，関連付随費用の取扱いを例示している。

【設例3】

ABC電子工業は電子部品の製造工場を設置するために，工場用地を購入した。それに伴い，次の諸費用が発生したとしよう。

(a) 土地の購入価格　1,200,000円

(b) 工場の建設費用　1,800,000円

(c) 古い建造物の撤去費用　40,000円

(d) 土地の清掃及び整地費用　100,000円

(e) 工場建設作業員の仮宿舎の建設費用　120,000円

(f) 土地購入に伴う弁護士費用 80,000 円

(g) 工場設計の専門家報酬 60,000 円

上記のデータに基づき，土地および建物の取得原価はいくらであろうか。

【解　答】

IAS16 の経営者の「意図した利用目的」概念に照らして，土地および建物は次のように算定される。

・土地の取得原価＝(a) 購入価格 1,200,000 円＋(c) 撤去費用 40,000 円＋(d) 清掃・整地費用 100,000 円＋(f) 弁護士費用 80,000 円＝1,420,000 円

・建物の取得原価＝(b) 工場建設費用 1,800,000 円＋(e) 仮宿舎建設費用 120,000 円＋(g) 設計報酬 60,000 円＝1,980,000 円

【解　説】

土地は工場建設を目的として取得されたものであり，古い建造物の撤去費用や土地の清掃・整地費用は，土地に製造工場を設置するという意図した使用目的で稼働可能な状態にするための費用項目であるので，土地の取得原価の構成項目として算入されなければならない。

建築家の設計費用や工場用建物の建築作業員のための仮宿舎の建設費用は，工場を建築するのに不可欠な費用であるので，工場の取得原価の構成項目となる。

(出典：Ng 2009, *A Practical Guide to Financial Reporting Standards*（Singapore），p.271, Illustration 4 を参考に加筆・修正して作成)

【交換取引による資産の取得原価】

固定資産と固定資産との交換取引においては，取得した資産の取得原価を簿価とするか，公正価値（時価）とするか，また，その場合，受領した資産の評価額なのか，譲渡した資産の評価額なのかの問題が生じる。1つの見方は，投資の継続性と等価交換の仮定に立ち，交換時に交換差益（キャピタルゲイン）が生じないとの考えのもとで，**引渡した資産（譲渡資産）の簿価をもって受**

第 9 章　生産ネットワークの拡大と有形固定資産の会計　　**165**

入れた取得資産の取得原価とするという立場である（たとえば，わが国「連続意見書」）。

　交換による取得資産の評価をめぐっては，議論がある。取得した資産の公正価値に基づき新たに取得した資産を評価する方法は理論的にも優れ，歴史的原価主義の慣行にも合致する。しかしながら，取得した資産であれ，引き渡した資産であれ，公正価値で評価することによって交換差益が生じることは投資の継続性と簿価交換の仮定のもとでは受け入れられない。

　国際会計基準では，固定資産と固定資産との交換取引によって取得した資産は（a）交換取引が経済的実質を欠いている場合，又は（b）資産の公正価値が信頼性をもって測定できない場合，を除いて，公正価値で測定することとした（IAS21, 24項）。受領した資産と譲渡した資産いずれについても公正価値を信頼性をもって算定できる場合には，原則として**譲渡した資産の公正価値**でもって新たな取得資産の取得原価とする（同、26項）。なお，取得資産項目が公正価値で測定されない場合には，譲渡した資産の帳簿価額（簿価）をもって取得原価とする（同，24項）。

　次の「**設例4**」は異なった種類・性質の固定資産間の交換取引であり，交換差額が計上されている。

【設例4】

　XYZ社は，所有する研削設備をカラーコピー機と交換し，同時に100,000円を支払った。研削設備は，3年前に800,000円で購入し，交換時点での帳簿価額と公正価値（時価）は，それぞれ450,000円，500,000円であった。カラーコピー機の公正価値は，600,000円である。

　本ケースでは，IAS16の規定に準拠して，交換によって取得したカラーコピー機の取得原価は，譲渡した研削設備の公正価値500,000円又は新たに受領したカラーコピー機の公正価値600,000円によって算定されなければならない。

　この場合，仕訳は次のとおりである。

(借)	事務機器	600,000	
(借)	減価償却累計額（研削設備）	350,000	
(貸)	研削設備		800,000
(貸)	交換差額（利得・損失）		50,000
(貸)	現金		100,000

(出典：Ng 2009, p. 272, Illustraion 5 を参考に加筆・修正して作成)

§5　有形固定資産の会計―原価モデルと再評価モデル

1　再評価モデル

　その後の決算日において，企業は有形固定資産の測定について原価モデル又は再評価モデルのいずれかを会計方針として選択適用しなければならない（IAS16, 29項）。会計方針の適用にあたっては，全ての種類の有形固定資産について適用されることになる。

- ■　**「原価モデル」**のもとでは，固定資産項目は，取得原価から減価償却累計額および減損損失累計額を控除した価額で計上される（同，30項）。
- ■　**「再評価モデル」**のもとでは，固定資産項目は，資産再評価の実施日における公正価値から，その後の減価償却累計額および減損損失累計額を控除した再評価額で計上される（同，31項）。再評価は，帳簿価額が貸借対照表日における公正価値の評価金額とは著しく乖離しない程度に定期的に実施されなければならない。

以下では，とくに再評価モデルについて説明を加えておきたい。

　資産再評価とは，一般に資産の帳簿価額がその市場価値（カレント・バリュー）を表示するように評価替を行うことをいう。有形固定資産のような生産財は，将来の生産活動に役立つ**用役潜在力**ないし効用をその本質としている。しかしながら，長期にわたって使用される有形固定資産などでは，資産の計上価額が現在の市場評価額から大きく乖離することがある。その結果，資産の帳

簿価額はその実態を適切に反映しないのみならず，有形固定資産の原価配分を通じて算定される利益の予測能力をも阻害することになろう。この場合，資産価額の切り下げによってのみ帳簿価額と市場価額とのギャップを取り除こうとする**下向的評価替**（資産の評価減や減損）に対して，市場等の変動に即して資産価額の引上げによる**上向的評価替**をも対象とするのが資産再評価である。

　従来，取得原価主義会計のもとでは，実現主義や保守主義の観点から，資産価額の引上げは厳しく制限されてきた。しかしながら，イギリス，オーストラリア，ニュージーランド等の英国圏の国々では有形固定資産の上向的評価替が実務上広く認められており，当初の国際会計基準第16号（1982）でも代替処理として資産の再評価が認められてきた。

2　再評価モデルの特徴

　再評価モデルは，次のような特徴をもつ。

(1)　再評価の対象

　性質・使用目的等が類似した資産の種類（グループ）全体を対象として，再評価が行われる（IAS16, 36項）。IAS16では，資産価値が増加している個別項目のみを採り上げて資産再評価するのではなく，その資産が属する種類の全体を対象として資産の再評価を行うことを求めている。このような資産の種類としては，先に示したように，土地，土地及び建物，機械装置，器具及び備品，事務機器等が例示される（同，37項）。企業は業務の種類や資産の使用目的に照らして自社に適合した資産の**種類別グルーピング**を行うことができる。たとえば，オフィス用の建物と工場用の建物とは，それぞれ機能，性質，場所が異なっているので，前者には再評価モデルを適用し，後者には原価モデルを用いるという具合に，資産の種類ごとに再評価モデルを会計方針として採用することができる。

(2)　再評価の頻度

　どの程度頻繁に資産の再評価を行うかについて，会計基準では明確に示されていない。一般的ルールとして，IAS16では，帳簿価額が貸借対照表日の資産

の公正価値の金額とは著しく異ならないように**十分な定期性**をもって実施することを要求している（IAS16，31項）。資産の公正価値ないし市場価値がその帳簿価額から著しく乖離していない限り，毎年，決算日ごとに再評価を行う必要はない（同，34項）。実践的ルールでは，再評価の頻度は公正価値の変動状況に即して決定されることになる。たとえば，土地等の公正価値は，通常，機械，設備よりも価格変動が大きいので，毎年決算日ごとより短い間隔で再評価することが必要になるであろう。

(3) 評 価 者

土地・建物の評価は，通常，専門家としての資格をもつ**鑑定人**によって行われる（同，32項）。このような資格をもつ評価者は，土地・建物の不動産に関する専門家としての有資格者であり，十分な経験と不動産に関する適切な知識を有する者でなければならない。**評価の独立性**という観点からは，外部の独立した専門家が望ましいであろうが，企業内の専門スタッフ等の内部の評価者も実施できる。毎年，決算日ごとに内部の評価者が評価を行うとともに，3年に1度ほど，外部の独立専門家によって評価することもできる。

(4) 評価（測定）基準

再評価の基礎をなすのは「**公正価値**」である。IASでは，公正価値の算定に関する詳細なガイダンスは示されていないが，土地・建物の公正価値は，通常，鑑定によって決定された市場価値が用いられる（IAS16，32項）。しかしながら，特殊な機械や設備等，市場価値の証拠となるものがないときには，インカムアプローチ又は取替原価（再調達原価）アプローチによって算定した公正価値の見積額によらざるを得ない（同，33項）。中古の機械・設備等は企業の生産や弁済不能の時を除いて，一般に売却が困難であり，その場合の売却価額（清算価額）は正常な売却価値よりも著しく低いものになる。したがって，実務的には，このような中古の機械・設備の評価は，減価償却費を控除した取替原価になる（たとえば，PWC2009）。減価償却後の取替原価の計算では，類似の生産・サービス能力をもつ同一又は実質的に類似の資産との取替に要するコストについて，当該資産に対応した残存耐用年数にわたって減価償却を行った金額とし

(5) 減価償却累計額の表示方法

有形固定資産が再評価された場合，国際会計基準では減価償却累計額の表示の方法として次の2つがある (IAS16, 35項)。

(a) 減価償却累計額控除後の帳簿価額が再評価額に等しくなるように，同累計額控除前の帳簿価額に比例して減価償却累計額を改訂表示する方法——「インデックス方式」

(b) 減価償却累計額を相殺控除し，その正味の再評価額を新たな帳簿価額として取り扱う方法——「相殺方式」

上記 (a) の方法の特徴は，原価（又は評価額）と減価償却累計額との関係を保持しようとする点にある。つまり，再評価後に，減価償却累計額の控除前のグロスの帳簿価額と同減価償却累計額との関係が依然として保持される。それに対して，上記 (b) の方法は，再評価後に，資産が「新たな」資産として取り扱われる。

次の「設例5」は，上記の2つの方法を例示している。

【設例5】
ABC社は，オフィス用コピー機（取得原価 1,000,000 円，同減価償却累計額 200,000 円）を所有している。資産の再評価の結果，このコピー機は 1,200,000 円と評価されたとしよう。

<u>方法 (a) による仕訳</u>

この方法では，控除前の帳簿価額 1,000,000 円と減価償却累計額 200,000 円が，再評価後に，正味の帳簿価額（控除前の帳簿価額マイナス減価償却累計額）が資産の再評価額 1,200,000 円と等しくなり，かつ，資産の減価償却率 20％が保持されるように表示されなければならない。

（借）	事務機器	500,000	
（貸）	減価償却累計額		100,000
（貸）	再評価剰余金		400,000

【説　明】

(1) 再評価剰余金 400,000 円（再評価額 1,200,000 円 − 正味帳簿価額 800,000 円）が同剰余金勘定に貸記される。

(2) 資産とその減価償却累計額との関係 20％（コピー機の減価償却率）が保持されるように，借方に計上される資産価額の 20％の減価償却累計額が貸方に計上されなければならない。この場合，借方に計上される資産価額を X 円とすれば，その減価償却累計額は 0.2X 円となる。したがって，X − 0.2X ＝ 400,000 円。これより資産価額（X）＝ 500,000 円，減価償却累計額 100,000 円。

その結果，再評価後に正味の帳簿価額は再評価額 1,200,000 円と等しくなり，かつ減価償却累計額とグロスの帳簿価額との関係 20％が保持されることになる。

　　　事務機器　　　　　　　1,500,000 円
　　　減価償却累計額　　　　　 300,000 円
　　　正味帳簿価額　　　　　 1,200,000 円

<u>方法（b）による仕訳</u>

この方法のもとでは，まず減価償却累計額が全額相殺され，新規の（控除前の）帳簿価額が再評価額になるように（帳簿前の）帳簿価額が改訂修正されなければならない。

　　（借）　事務機器　　　　　　　　200,000
　　（借）　減価償却累計額　　　　　200,000
　　（貸）　再評価剰余金　　　　　　　　　　　400,000

【説　明】

(1) 再評価剰余金 400,000 円（1,200,000 円 − 800,000 円）が同剰余金勘定に貸記される。

(2) 減価償却累計額 200,000 円が全額相殺され，この金額が同累計額勘定に借記される。

(3) その差額 200,000 円が事務機器の借方に計上される。その結果，新規の資産の帳簿価額 1,200,000 円（当初の控除前の帳簿価額 1,000,000 円＋追加

計上額 200,000 円）は再評価額と等しくなる。

　以上，いずれの方法のもとでも，事務用機器の簿価は 1,200,000 円，再評価剰余金の金額は 400,000 円になる点に留意されたい。

（出典：Ng 2009, pp. 290-292, Illustration 20 を参考に一部加筆・修正して作成）

（6）再評価による利得・損失

再評価による利得・損失の取扱いは，次のとおりである。

・　資産の再評価による増加額は，**その他の包括利益**の貸方に直接計上し，株主持分の区分において「**再評価剰余金**」として計上しなければならない（IAS, 39項）。ただし，以前に資産の減少額を損益として認識した場合には，当該資産についてまず，その減少額を戻し入れる範囲で損益（収益）として認識しなければならない。

・　資産の再評価による減少額は，同一資産について計上されている再評価剰余金の金額を超えない範囲で，関連した再評価剰余金の金額から控除されなければならない（同，40項）。超過額がある場合には，損益勘定の費用項目として計上される。

次の「**設例6**」は，このような取扱いを例示している。

【設例6】

　DEF商事は，2010年3月末，所有する土地（取得原価 1,000,000 円）について再評価を行った。再評価額は 1,500,000 円であった。その後，2011年3月末には，再評価額は 1,200,000 円であった。

【説　明】

　この場合，2010年3月末に再評価に伴う増加額 500,000 円を再評価剰余金として計上し，2011年3月末の土地の下落による減少額 300,000 円は，損益勘定ではなく，再評価剰余金へ負担させることになる。

　その後，もし2012年3月末に土地価格がさらに下落して，900,000 円になったとすれば，再評価による減少額 300,000 円のうち，再評価剰余金の残額分

200,000円はこの勘定に負担させ，その超過額100,000円は，2012年3月末に損益項目として計上される。

(7) 再評価剰余金の振替

株主持分の区分に掲記される再評価剰余金は，資産が除却や処分された場合，それに関連した再評価剰余金は全額，**利益剰余金**に振り替えられる。同様に，資産の使用とともに，それに対応して徐々に再評価剰余金が利益剰余金へ振り替えられる（IAS16, 40項）。この場合，振り替えられる再評価剰余金の額は，資産の再評価後の帳簿価額に基づく減価償却と，当初の取得原価に基づく減価償却との差額である。このような再評価剰余金から利益剰余金への振替は，損益計算書を通さずに直接に利益剰余金勘定へ振り替えられる（同, 41項）。

【設例7】

XYZ社は，取得原価5,000,000円で工場用建物を取得した。建物の耐用年数50年，残存価額ゼロ，減価償却方法は定額法によるものとする。

10年後，同建物の帳簿価額4,000,000円，専門鑑定人による再評価額6,000,000円であったとしよう。なお，再評価日において建物の耐用年数40年間，残存価額ゼロであったとする。

この場合，再評価後の減価償却費150,000円（＝6,000,000円／40年），建物の使用に伴い再評価剰余金2,000,000円が実現し，利益剰余金勘定へと振り替えられていく金額は50,000円（＝再評価額による減価償却150,000円－当初の取得原価による減価償却100,000円）である。

　　（借）　減価償却費　　　　　　150,000
　　（貸）　減価償却累計額　　　　　　　　　　　150,000
　　　　（再評価後の減価償却）
　　（借）　再評価剰余金　　　　　 50,000
　　（貸）　留保利益（利益剰余金）　　　　　　　 50,000
　　　　（再評価剰余金の振替）

> その結果，建物が40年間で全額償却された場合，再評価剰余金の金額2,000,000円も全額実現されることになる。

(出典：Ng 2009, pp.290-292, Illustration 21 & 22 を参考に加筆・作成)

以上，有形固定資産の再評価の会計について，その特徴を要約して示したのが，「図表9-4」である。

図表9-4　有形固定資産の再評価モデルの特徴

項　目	内　容
再評価の対象	・性質・使用目的等が類似した資産の種類（区分）全体を対象 （例）土地，土地及び建物，機械装置，器具及び備品，事務機器等
再評価の頻度	・(一般的ルール)：資産の帳簿価額がその公正価値の金額と著しく乖離しない程度に定期的に実施 ・(実践的ルール)：公正価値の変動状況に即して判断－(例)土地等は特殊機械より頻繁に実施
評価者	・外部の専門鑑定人及び内部の評価専門家
評価基準	・公正価値（鑑定によって決定された市場価値） 代替的方法として，インカムアプローチ又は償却控除後の取得原価アプローチ
減価償却累計額の表示方法	・(インデックス方式)：減価償却累計額控除後の帳簿価額が再評価の金額に等しくなるように，同累計額控除前の帳簿価額に比例して減価償却累計額を改訂表示する方法 ・(相殺方式)：減価償却累計額を相殺控除し，その正味の再評価額を新たな帳簿価額として取り扱う方法
再評価利得・損失の取扱い	・(利得)：再評価剰余金（「株主持分」の区分）に計上；同一資産について，以前の費用計上の戻入れの範囲で収益認識 ・(損失)：同一資産について再評価剰余金の金額を超えない範囲で，超過剰余金に賦課；超過額について費用認識
再評価剰余金の振替	・資産の使用（減価償却の認識）に即して，再評価剰余金から利益剰余金への振替

レビュー問題

問題1 有形固定資産の取得原価の測定に関して，次の問に答えなさい。

問1 国際会計基準に基づき，どのような条件のもとで，有形固定資産の取得に要した支出項目を取得原価として資産計上するか，あるいは発生した期間の費用項目として処理すべきかについて説明しなさい。

問2 上記の考え方に照らして，次の（イ）～（ハ）の支出項目の取扱いについて説明しなさい。

（イ）化学製品の製造企業において，環境保全のための化学処理装置の設置のための支出

（ロ）電化製品の販売会社において，売り場拡大のための店舗・拡張のための支出

（ハ）自動車部品の製造工場において，工場の定期的な修繕及び維持のための支出

問題2 有形固定資産の再評価について，次の問に答えなさい。

問1 有形固定資産の再評価において，(1) 再評価の必要性，(2) 再評価の方法（評価モデル），および (3) 再評価に伴う利得・損失の取扱いについて説明しなさい。

問2 ABC社は取得原価 2,000,000 円の土地について，再評価を行っている。過去3年間における土地の再評価の金額は，次のとおりであった。

2008年3月末　　　1,500,000 円
2009年3月末　　　1,800,000 円
2010年3月末　　　2,100,000 円

以上のデータに基づき，各年度における再評価の利得・損失の取扱いを述べなさい。

問題3 ABC社は2008年4月，建物を購入取得した（取得原価 1,000,000 円）。同建物は，耐用年数40年，残存価額ゼロとする。2011年3月末，建物の時価は 900,000 円まで下落したとしよう。この場合，IAS16に基づき，2つの方法によって，2011年3月末の仕訳を示しなさい。

【参考文献】

・古賀智敏（2000）『価値創造の会計学』税務経理協会。
・古賀智敏・鈴木一水・國部克彦・あずさ監査法人編著（2009）『国際会計基準と

日本の会計実務［三訂版］』同文舘。
- International Accounting Standards Board (1982, 2006), *IAS 16, Property, Plant and Equipment* (邦訳『国際財務報告基準（IFRSs）』Lexis Nexis 2007).
- Kirk, R. (2006), *International Financial Reporting Standards in Depth*, Elsevier Butterworth Heinemann.
- Ng. (2009), *A Practical Guide to Financial Reporting Standards (Singapore)*, CCH.
- PriceWaterhouseCoopers (2009), *Manual of accounting IFRS2010*.

第10章

研究開発活動のグローバル化と無形資産の会計

§1 研究開発活動のグローバル化と国際競争力の促進

　20世紀のマニュファクテュアリング型経済から21世紀ナレッジ型経済への経済基盤の移行を背景として，研究開発や特許，テクノロジー，人材といった無形財投資の重要性がますます高まってきた（古賀2005）。とくに新製品の開発とテクノロジー発展の原動力となり，経済社会のイノベーション推進の中核をなすのは，民間企業や公的機関による**研究開発（R&D）活動**である。OECD諸国でも多くの国がＲ＆Ｄ支出促進のための明確な目標値を設定し，Ｒ＆Ｄ活動を促進しようとしている（たとえば，ドイツの場合，2010年までに対GDP比率3.0％；イギリスでは，2014年までに2.5％の目標値など）（OECD2004）。

　まず，近年のＲ＆Ｄ活動の動向を見てみよう。「**図表10-1**」は，主要国の企業部門の**Ｒ＆Ｄの名目額**（OECD購買力平価換算）について1981年～2008年までのトレンドを示している。この図表より，長期的には，各国とも増加傾向を示している。とくに米国は，過去30年間においてＲ＆Ｄ名目額は約3.5倍，わが国も2倍以上に増加し，2000年に入ってから中国の伸びが顕著となっている。また，企業部門のＲ＆Ｄの対GDP比の推移を示したのが，「**図表10-2**」である。最新年（2008年）の日本の対GDP比は2.74％であり，1990年以降20年にわたって首位を続けている。2002年以降，韓国が2位を占め，近年には日本に急接近してきている。

図表 10-1　主要国における企業部門の研究開発費

（名目額（OECD購買力平価換算））

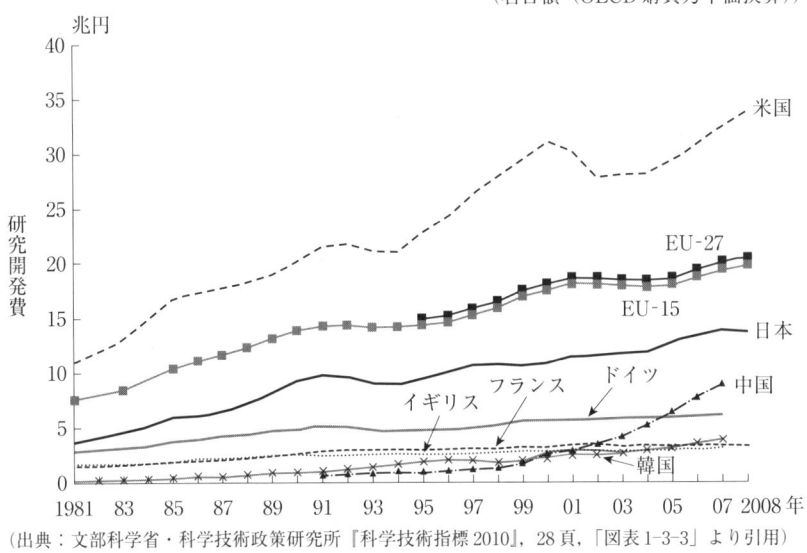

（出典：文部科学省・科学技術政策研究所『科学技術指標2010』，28頁，「図表1-3-3」より引用）

図表 10-2　主要国における企業部門の研究開発費の対GDP比率の推移

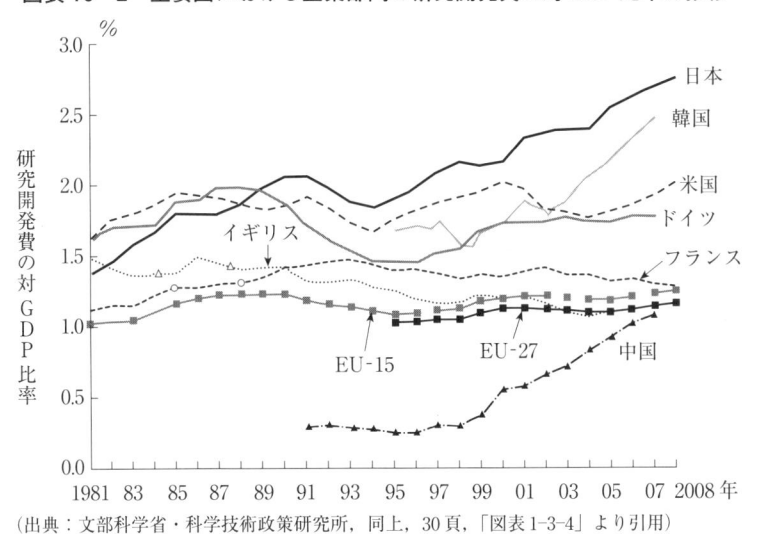

（出典：文部科学省・科学技術政策研究所，同上，30頁，「図表1-3-4」より引用）

178　Ⅲ　国際会計基準の構造と展開

図表 10-3　日本の「特許等使用料」の推移

（単位　億円）

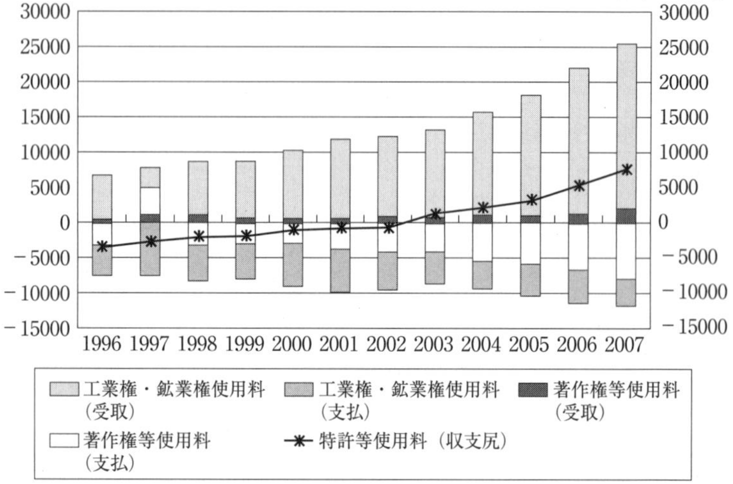

凡例：
- 工業権・鉱業権使用料（受取）
- 工業権・鉱業権使用料（支払）
- 著作権等使用料（受取）
- 著作権等使用料（支払）
- 特許等使用料（収支尻）

（出典：増田 2008, 75頁,「図1」より引用，原出典：日本銀行，国際収支動向（速報））

　Ｒ＆Ｄ活動の拡大に伴い，海外の研究機関への資金提供や海外機関との共同研究施設の積極的活用によって研究開発の効率化を高めようとするグローバル化が一層促進されるようになる。とくに新薬の研究開発に多額の資金と人材を要し，臨床開発のスピード化が収益の増大に直結する医薬品業界では，従来からグローバル開発を行う方が国内開発に比べて戦略的有利性が高いとされてきた。また，近年では，顧客のニーズの多様化と商品開発のスピード化を求めて，新興国を含めた**研究開発体制のグローバル化**と，海外Ｒ＆Ｄの比重の引き上げが促進されつつある（大手食品会社など）。

　Ｒ＆Ｄ活動の成果をなすのが特許権である。特許権等の知的財産権の使用サービスに伴うライセンス料（国際収支統計では，「特許権使用料」として示される。）の収支バランスは，2003年に受け取り超過（「黒字」）に転じて以来，黒字幅の拡大傾向が持続している（「**図表 10-3**」参照）。業種別では自動車工業の受取額が最も大きく，その要因は海外子会社からの**ロイヤリティ収入**の増加である（増田 2008）。中国，インド，ベトナムなどアジア新興国をも含めた海外生産の

高まる中，子会社から親会社へのロイヤリティ支払いもますます増加するであろう。

このような，R＆D活動の実態やそのアウトプットとしても特許権やロイヤリティを取り扱うのが，本章の無形資産の会計である。

§2　無形資産の意義と分類

1　無形資産の意義と特性

一般に無形資産とは，物質的実体（physical substance）をもたないが，当該事業体にとってなんらかの将来的経済価値をもつ項目を総称するものである。具体的には，特許権や商標権，著作権などの**法的権利**，フランチャイズやロイヤリティ，ライセンスなど契約に基づく**独占的販売・利用権**，その他顧客名簿や特殊技能，顧客・仕入先との関係など法的関係に基づかない無形価値ないし**知的資産**が含まれる（具体例については，IAS38,9項参照）。

国際会計基準でも，無形資産を「物質的実体のない識別可能な非貨幣性資産」として定義づけている（同，8項）。この定義から，無形資産は，次のような基本的特性をもつ。

- ■　将来の経済的便益を得ることを期待して，事業体が支配する資源であること─「**資産の定義の充足**」
- ■　物質的実体がないこと─「**物質的実体の欠如**」
- ■　のれんから分離して識別され得ること─「**識別（分離）可能性**」

無形資産の第1の特性は，資産の定義を満足するものでなければならない。資産は，過去的事象の結果として事業体によって支配される資源であり，そこから事業体へ将来の経済的便益が流入することが期待されるものである。したがって，資産の定義には，「支配」と「将来の経済的便益」との2つの要素が含まれている。

(1)　支配の存在

企業が保有する資源から将来の経済的便益を得る力を有し，かつ，他者がこ

れらの便益にアクセスできないようにすることができる場合，一般に支配が存在すると考えられる（IAS38, 13項）。それは多くの場合には法的に強制力をもった契約その他の権利に裏付けられる場合であるが，**法的権利**が存在しない場合には，支配の要件を満たすことはより困難になる。たとえば，熟練した従業員が提供する将来の経済的便益が法的権利によって保護されていない場合，一般には経済的便益に対する企業の支配力の側面から労働力を無形資産として認識することは困難になる（同，15項）。顧客との関係については，売買契約によって契約条件等が特定化されている場合は，支配テストは満足され，無形資産の定義を充足できる。しかし，そのような顧客との関係を保全する法的権利がない場合，顧客関係が無形資産の定義を満たすのは，一般には稀である（例外的ケースとして，そのような顧客関係に対して交換取引が行われる場合など）（同，16項）。

(2) 将来の経済的便益

　無形資産から生じる将来の経済的便益には，製品の販売やサービスの提供による収益，費用節減その他資産の利用による便益が含まれる（IAS38, 17項）。このように，会計基準は無形資産を分離して取得したり，企業結合に伴い無形資産を取得するような場合には，**経済的便益のテスト**は常に満足されることを想定している。たとえば，新しい営業区域でブランド力のあるドリンク商品を配送するライセンスを取得した場合，このライセンスは企業に将来的経済便益をもたらすので，無形資産として計上することができる（PWC 2009）。

(3) 物質的実体の欠如

　無形資産は，形態上，物質的実体を有しない資産である。しかし，物質的実体の有無によって無形か有形かを識別することは，必ずしも容易ではない。多くの場合，無形資産は有形の物体に含まれたり，有形物と不可分に結びついて存在している。たとえば，コンピュータ・ソフトウェアを入れたコンパクト・ディスク，特許権やライセンスを証拠づける法的文書，データベースを含むコンピュータ・システム等が例示される。このような場合，物的要素と非物的要素とは不可分な関係にあり，いずれがより本質的で重要な要素かを判断しなけ

れば な ら な い 。 も し 有形 要素 が よ り 重要 な 部分 で あ れ ば ， 当該 資産 は 有形 固定 資産 と し て 取 り 扱 わ れ ， そ の 逆 の 場合 ， 無形 資産 と な る （同， 4 項）。

- （ケース 1）―機械 A が特定のソフトウェアが無ければ稼働しないとすれば，このソフトウェアは機械 A の不可分の一部とみなされ，有形固定資産として取り扱われる。
- （ケース 2）―有形資産 B が無形資産に付随したものであれば，両者はともに無形資産として取り扱われる。
- （ケース 3）―データベースが高価なコンピュータ・ハードウェアに内蔵されており，しかもハードウェアの原価がデータベースとは別個に把握できる場合，コンピュータ・データベースのハードウェアとデータベースとは分離してそれぞれ有形資産と無形資産として取り扱う。

(4) 識別可能性

無形資産のもう 1 つの特性は，無形資産は識別可能でなければならないということである。無形資産は，次の場合に識別可能性の要件を満たす（IAS38, 12 項）。

- 「**分離可能性クライテリア（規準）**」：関連の契約，資産又は負債とは独立してか，あるいはそれらと一体となって企業から分離，分割売却，譲渡，ライセンス，賃借あるいは交換できること，又は，
- 「**契約―法的クライテリア**」：権利が譲渡可能か否か，又は企業あるいは他の権利・義務から分離可能か否かにかかわらず，契約その他の法的権利から生じるものであること。

個別に，あるいは他の資産と一体となって分離して売却される無形資産は，識別可能性の規準を満たす。しかしながら，契約や法的権利から生じる無形資産は，たとえ企業そのものから分離され得ないとしても，契約等による裏付けをもつものとして識別可能性の規準を満足する（IAS38, BC11-14 項）。

図表10-4 無形資産の基本的特性―要約

基本的特性		説明
資産の定義の充足	支配の存在	・自社の保有する資源からの経済的便益を獲得し，他者によるこれらの便益へのアクセスを制限する力の存在（典型的には，法的に強制力をもった契約その他の権利が付与されている場合等）
	将来の経済的便益	・製品の販売・サービスの提供による便益の獲得や費用節減その他資産の利用による便益を包括
物質的実体の欠如		・物質的実体をもたないという形態的特徴；実際上，無形資産の多くは，物的要素と非物的要素とが不可分の関係であるので，いずれがより本質的かによって判断
識別（分離）可能性	分離可能性クライテリア	・関連の契約，資産又は負債とは独立してか，あるいはそれらと一体となって企業から分離，分割売却，譲渡，ライセンス，賃借あるいは可能交換
	「契約－法的」クライテリア	・権利が譲渡可能か否か，または企業あるいは他の権利・義務から分離可能か否かにかかわらず，契約又はその他の法的権利から発生

「**図表10-4**」は，上述の無形資産の基本的特性を要約・表示するものである。

2 無形資産の分類

無形資産の分類について，国際会計基準では明確に示されていない。一般に，無形資産は，識別（分離）可能性並びに取得の方法（買入れ取得か自己創設か）によって，「**図表10-5**」に示されるように，大きく次の4つに区分される (Miller and Islam 1988; 古賀 2000)。

[A] 識別（分離）可能な無形資産
　1　買入れ無形資産
　2　自己創設無形資産
[B] 識別（分離）不能な無形資産

第10章 研究開発活動のグローバル化と無形資産の会計

図表10-5 無形資産の区分

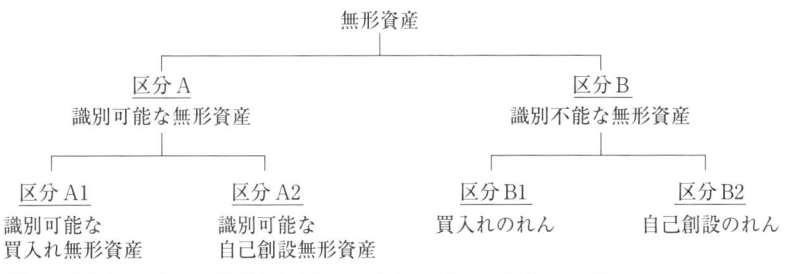

```
                        無形資産
            ┌──────────────┴──────────────┐
          区分A                          区分B
      識別可能な無形資産              識別不能な無形資産
      ┌─────┴─────┐              ┌─────┴─────┐
    区分A1        区分A2          区分B1        区分B2
   識別可能な     識別可能な      買入れのれん   自己創設のれん
  買入れ無形資産 自己創設無形資産
```

(出典：古賀 2000, 198頁；原出典：Miller and Islam, 1998, p. 88, Figure 1)

1 買入れのれん
2 自己創設のれん

「識別（分離）可能な無形資産」とは，個別に取得又は識別し得る無形資産であるのに対し，**「識別（分離）不能な無形資産」**とは，のれんのように，資産グループの一部として，又は企業全体の一部として想定される無形資産である。

識別可能な無形資産は，その性格や関係領域に即して次の5つに区分される（PWC 2009）。

・「マーケティング関連の無形資産」──（例：商標，新聞のマストヘッド，インターネットのドメイン名等）

・「顧客関連の無形資産」──（例：顧客リスト，顧客との契約，契約によらない顧客関係等）

・「芸術・文化関連の無形資産」──（例：劇・オペラ・バレー，書籍・雑誌，音楽作品，絵画，ビデオ等）

・「契約関連の無形資産」──（例：ライセンス・ロイヤリティ，広告・建築・マネジメント契約，リース契約，フランチャイズ契約，放送権，雇用契約等）

・「技術関連の無形資産」──（例：特許技術，R&D，コンピュータ・ソフトウェア，データベース，取引上の機密公式・プロセス・レシピ等）

これらの無形資産の多くは，何らかの「契約ー法的」クライテリアによって識別可能となっているのに対して，顧客リストや契約に基づかない顧客関係（以上，顧客関連資産），また，R＆Dやデータベース（以上，技術関連資産）は「分離可能性」クライテリアによって識別可能となっている資産である。

§3 無形資産の認識

1 認識の要件

無形資産が資産として認識され，貸借対照表上で計上されるためには，上述の資産の定義を満たすとともに，次の2つの要件を満足しなければならない（IAS38, 18項, 21項）。

- ■ 資産に帰属する期待される将来の経済的便益が企業に流入する可能性が高いこと（「**将来の経済的便益の発生の高い可能性**」）
- ■ 資産の取得原価が信頼性をもって測定することができること（「**信頼性ある測定可能性**」）

この認識要件は，無形資産の取得に要した当初原価や事後発生の費用に適用される。したがって，認識要件を満足しない支出は発生時に費用処理される。また，経済的便益の発生可能性に関して「高い可能性（probable）」とは何かについて，IAS38では明示されていない。しかし，他の基準（IAS37）では，発生の可能性が「発生しない可能性よりも高い可能性（'more likely than not'）」としてごく大まかに規定されているにすぎない。要は，IAS36の基準等から類推されるように，将来の経済的便益の可能性を判断するにあたって，予見し得る経済状況の範囲内で経営者の最善の見積もりを反映した合理的かつ裏付け可能な仮定に基づいて，その発生可能性を評定すべきということである（たとえば，PWC 2009, p. 15009）。

企業は無形資産を種々の方法で取得することができる。

- ・貨幣その他対価による単独取得（IAS38, 25項）
- ・企業結合に伴う取得（同, 33項）

第 10 章　研究開発活動のグローバル化と無形資産の会計

・政府補助金による取得（同, 44項）
・非貨幣性資産との交換による取得（同, 45項）
・自己創設によるもの（同, 48項, 51項, 52項）

これらの取得される状況によって判断のための証拠の範囲や信頼性は異なり，したがって，認識規準が満たされるかどうかも異なる。

2　認識の適用形態

「図表10-6」に示されるように，無形資産の認識上の取扱いは，大きく取得形態（買入れ取引か自家創設か）と識別（分離）可能性の有無によって，次のように要約することができる。

■　**買入れ（交換）取引**によって取得された無形資産は，識別可能なタイプ（区分A1）であれ，識別不能な無形資産（のれん等：区分B1）であれ，すべて資産として認識される。

■　**自己創設**によって取得された無形資産のうち，のれん以外の無形資産（区分A2）は，ある一定の状況のもとでのみ資産として認識される。

■　**自己創設のれん**（区分B2）は資産として認識されず，発生時に費用処理するものとする。

以上の無形資産の認識の理念的枠組みに照らして，上記の3つのケースそれぞれについてIAS38の取扱いを説明しよう。

【交換取引・企業結合によって取得された無形資産】

交換取引によって個別に取得された無形資産に対しては，経済的便益の発生可能性の認識要件は，常に満たされていると考えられる。無形資産を取得するのに要する価格は，資産から経済的便益が発生する可能性が高いとの期待を反映するものであり，その期待が高くなるほどに支払う金額も高額となるといえる（IAS38, 25項）。

無形資産が企業結合の一部として取得される場合も同様に取り扱うことができる。この場合，支払われた価格は，取得した企業全体から発生すると予想される経済的便益についての期待を反映するものであって，企業結合の一部とし

図表 10-6　無形資産の認識

	識別（分離）可能な無形資産	識別（分離）不能な無形資産
買入れ無形資産	（区分 A1） 資産として認識	（区分 B1） 資産として認識
自己創設無形資産	（区分 A2） 一定の状況において，資産として認識	（区分 B2） 資産として認識せず（のれんの維持・拡大にかかるすべての支出額の即時費用処理）

（出典：古賀 2000, p. 198；原出典：Miller and Islam, 1998, p. 93, Figure 2）

て取得された個々の資産に対する期待を直接に反映するものではない。信頼性をもって測定されるすべての無形資産は，取得日時点の公正価値で認識される（IFRS3, 37項）。このように，改訂 IFRS3（およびその後の改訂 IAS38）においては，**企業結合**によって取得された無形資産の場合，経済的便益の発生可能性の規準とともに，測定の信頼性の規準も常に満たされていることが想定されている（PWC 2009）。

非貨幣性資産との交換取引によって無形資産が取得された場合も，貨幣との交換で取得された場合と同様に，経済的便益の発生可能性の認識要件は満たされると考えられる。非貨幣性資産との交換取引が経済的実質をもった交換取引である限り，交換によって取得した無形資産は**公正価値**で測定され，公正価値は資産からの経済的便益の発生可能性に対する期待を反映している（同，45・46項）。

空港の発着権やテレビ・ラジオの事業免許，輸入免許や割当枠など無形資産が**政府補助金**によって取得されるケースでの無形資産の認識は，IAS38 には明示されていない。IAS20 の政府補助金の取扱いでは，政府補助金による非貨幣性項目は，企業が補助金の付帯条件を満たし，それを実際に受けることについて合理的な保証が得られるまでは認識できないことになっている（IAS20, 7・8項）。

第 10 章 研究開発活動のグローバル化と無形資産の会計

【自己創設無形資産】

自社内で開発されたり,創出された無形資産が認識されるためには,認識の要件が満たされなければならない。しかし,自己創設の無形資産は,次のような理由で無形資産として認識できないことが多い (IAS38, 51項)。

- 将来の経済的便益を生成する資産として分離して識別することができない。または,
- 資産の取得原価を信頼性をもって決定することができなかったり,あるいは,無形資産の取得原価を企業の内部で創出されたのれんの維持・拡張のための費用から区別することができない。

したがって,内部で創出される**ブランド**や新聞・雑誌等の題字(マストヘッド),出版表題,顧客名簿等は,事業全体の発展のための費用と区別できないので,無形資産として認識してはならない (同, 63・64項)。

自己創設無形資産の生成,製造その他資産を操業可能とするための準備に要するもので,直接配分可能な原価は,その取得原価に算入される。このような自己創設無形資産の**取得原価の構成要素**として,次の項目が例示される (同, 66項)。

- 無形資産の創出する上で使用又は消費した材料およびサービス原価
- 無形資産の創出に伴う従業員給付の原価
- 法的権利の登録報酬
- 無形資産創出に伴う特許・ライセンスの償却

それに対して,販売・管理その他一般間接費支出や非能率ロスや操業損失,資産の操業のための職員の教育訓練の支出などは,取得原価の構成要素とはならない (同, 67項)。

【自己創設のれん】

自己創設のれんは,分離可能な契約その他の法的権利から生じたものではない。それは一般に信頼性をもって原価で測定できるような識別可能な資源ではないので,資産として認識してはならない (同, 48・49項)。

§4 研究開発費の会計

1 基本的考え方

国際会計基準における研究開発費（R&D）の会計上の特徴は，研究段階と開発段階に区別して，R＆Dの支出について，一定の条件を満たす開発段階の支出を無形資産として認識することを認めている点である。これは，R＆Dはすべて発生時の費用処理とする米国基準（FAS2）や日本基準とは，その取扱いが異なっている。

【R＆Dの定義】

国際会計基準では「**研究 (research)**」とは，「新規の科学的又は技術的な知識および理解を得る目的で実施される基礎的および計画的な調査」をいうのに対して，「**開発 (development)**」とは，「事業化による生産又は使用を開始する前に，新規又は大幅に改良された材料や，装置，製品，製造工程，システム，サービスを生産するための計画・設計に研究成果や他の知見を応用すること」をいう（IAS38, 8項）。研究は，「新しい知識の発見」に注目するのに対して，開発は，「研究の成果その他の知見を応用すること」に焦点を置く。このように，「研究段階」と「開発段階」は，ここではごく大まかに定義づけられており，実践上，両者を明確に区分することは必ずしも容易ではない。

「**図表10-7**」は，研究段階と開発段階それぞれにおける活動を例示するものである。

【R＆Dと認識要件】

R＆D支出が無形資産として認識されるためには，それが将来の経済的便益をもたらす高い可能性をもち，かつ，信頼性をもって測定可能でなければならない。R＆Dの場合，当該支出額は既知であるので，R＆D活動が将来の経済的便益を生み出す高い可能性を持つかどうかが重要になる。一般に製品が**商業化**の段階に接近するほど，将来的便益が実現する可能性は高くなるといえる。

図表10-7　研究開発費の区分:「研究フェーズ」と「開発フェーズ」

区　分	意　義	具　体　例
研究フェーズ	新規の科学的又は技術的な知識および理解を得る目的で実施される基礎的並びに計画的な調査（IAS38, 8項）	・新知識の入手を目的とする活動 ・研究成果又は他の知識の応用の調査等 ・材料，装置，製品，工程等に関する代替的手法の調査 ・新規又は改良された材料，装置，製品，工程等に関する有望な代替的手法についての定式化，設計，評価，および最終的選択（同，56項）
開発フェーズ	事業家による生産又は使用を開始する前に、新規又は大幅に改良された材料，装置，製品，製造工程，システム，サービスを生産するための計画，設計に研究成果や他の知見を応用すること（同，8項）	・生産又は使用する以前の試作品および投資に関する設計，建設およびテスト ・新規の技術を含む工具，鋳型及び金型の設計 ・十分な採算性のない規模での実験工場での設計，建設及び操業 ・新規又は改良された材料，装置，製品，工程等に関して選択した代替的手法等についての設計，建設及びテスト（同，59項）

　内部プロジェクトの**研究段階**で要した支出は，すべて**発生時の費用**として認識しなければならない（IAS38, 54項）。研究段階では，企業は，将来の経済的便益を創出する可能性が高いことを立証することはできない。このような**発生可能性の要件**が満たされていないことは，当該支出が無形資産の定義を満足せず，かつ，その認識規準を満足しないことを意味する。したがって，研究段階での支出額は発生時に費用処理される（同，55項）。しかしながら，研究プロジェクトが企業結合の一部として取得されたり，研究開発プロジェクトで用いられるプロセスに対する特許その他の権利は別個に取得された無形資産として認識可能となる（PWC2009）。

　他方，**開発段階**から生じた内部創出の無形資産は，それが認識規準を満足するのであれば，無形資産として認識しなければならない（同，57項）。研究段階から開発段階へ進展するにしたがって，将来の経済的便益の発生可能性はより明確になり，開発コストもより信頼性をもって測定できるようになる（同，58

項)。したがって，開発コストのあるものは認識規準を満たすことができる。この場合，開発に伴う支出は無形資産として計上しなければならない。

2 開発コストの資産化の要件

内部プロジェクトの研究投資が無形資産として資産計上されるためには，製品が**技術的な実行可能性**および市場での**販売可能性**が保証されており，開発費支出が将来の経済的便益をもたらす可能性が高くなければならない。国際会計基準は，具体的な指針として，次のような要件をすべて立証できる場合に，開発コストを資産計上することができるとしている (IAS38, 57項)。

- 使用又は売却のために無形資産を完成させる技術上の実行可能性—「技術上の実行可能性」
- 無形資産を完成させ，それを使用又は売却するという企業の意図—「完成・使用等の意図」
- 無形資産を使用又は売却できる能力—「市場での販売可能性」
- 無形資産が可能性の高い将来の経済的便益を創出する方法—「経済的便益の高い創出可能性」
- 無形資産の開発を完成させ，それを使用又は売却するために必要な技術上，財務上，およびその他の資源の利用可能性—「技術的・財務的な資源の利用可能性」
- 開発中の無形資産に起因する支出を信頼性をもって測定できる能力—「信頼性ある測定可能性」

開発投資がこれらの資産化の要件を適切に満たすことができるかどうかは，業種や製造するプロダクトの性質に大きく依存する。一般に**自動車製造企業**では，新型モデルの開発段階まで進展すると，原価が信頼性をもって配分され，かつ技術的な実行可能性や市場での販売可能性が保証される範囲が高まり，製造原価額で資産化されやすい。それに対して，新薬開発の**製薬企業**では，新薬の承認を得るまでに厳しい規制と臨床実験を受けるので，新薬開発のための投資額の大部分は費用処理される傾向にある (詳細は，ASBJ2007の「実態調査」参照)。

第 10 章　研究開発活動のグローバル化と無形資産の会計　　191

§5　無形資産の測定

1　当初認識時の測定

　無形資産は，当初認識した時点で**取得原価**で測定しなければならない（IAS38, 24項）。取得原価は，支払った現金又は現金等価物による金額，あるいは資産を取得するために取得時に譲渡したその他の対価の公正価値で示される。

　先に述べたように，無形資産は，単独あるいは企業結合の一部として買い入れ取得されたり，自社内で創出されるなど，種々の形態で取得される（本章§3・2参照）。以下では，単独で取得した場合，および交換取引によって無形資産を取得した場合について，無形資産の当初認識時での測定の仕方を例示しておこう。

　まず，「設例1」はサッカークラブが選手の代理人に支払った契約手数料を選手の登録権として資産計上することができるかどうかを論点としている。

【設例1】

　証券発行者は，プロサッカークラブである。2008年6月30日を年度末とする同クラブの財務諸表において，大部分が登録および代理人手数料から構成される獲得選手の登録権を無形資産として計上し，契約期間にわたって定額法で償却していた。

　代理人手数料はサッカービジネスでは一般的であり，選手が当該クラブへ移籍するか，選手の契約が延長されると選手の代理人へクラブから支払われる。証券発行者は，これは選手の契約費用に直接帰属するものであるため，IAS38に基づき当該手数料は無形資産として認識されると判断した。

　この会計処理はIAS38に準拠した適切な処理として受け入れられるであろうか。

【評　定】

　欧州証券規制委員会は，上記の会計処理を適切であるとして受け入れる決定

を行った。

【決定根拠】

規制当局は，移籍において支払われる代理人手数料，並びに契約が延長される際に支払われる代理人手数料について，IAS38の無形資産の取得原価を構成する支出であるとして，これを選手の登録権として資産計上することを認めた。

・まず，移籍において支払われる代理人手数料について，IAS38では，個別に取得された無形資産の原価は購入価格（輸入関税・値引き等の調整後）であるが，第21項（b）では，「意図する利用のために資産を準備するために直接起因する原価を含んでいる。」と規定されている。この場合，**直接配分可能な原価**は，「当該資産を作業環境に適応させることから直接生じる専門家報酬」（IAS38, 28項）を含むと例示されている。執行当局は，サッカービジネスにおいては，代理人手数料が資産を使用可能な状態にするために発生するプロフェッショナル費用であることを認めた。

・次に，契約が延長されるために支払われる代理人手数料についても，執行当局は，それが選手の登録権のサービスのために発生した原価（無形資産）であるとの考えに同意した。IAS38, 68項（a）では，「認識規準（第18項から第67項参照）を満たす無形資産の取得原価の一部を構成する支出に合致しない限り，無形項目に関する支出は，その発生時に費用として認識しなければならない。」と規定されている。また，「無形資産としてある項目を認識するには，企業は，その項目が次の双方に合致することを立証する必要がある。」（IAS38, 18項）として，a）**無形資産の定義**，およびb）**認識規準**の2つの要件を定めている。この定めは，無形資産を取得するか，または無形資産を内部で生成するための当初生じた原価，およびその後の追加，取替え又はサービスのために生じた原価に対して適用される。選手の契約延長のために支払われた代理人手数料は，選手の登録権を保全するために発生した原価であり，無形資産として認識される。

（出典：The Committee of European Securities Regulators, 執行決定に関するEECSのデータベースからの抜粋（Ⅷ），2010年7月公表，日本公認会計士協会仮訳を参考に，要約して

作成）

次に,「**設例2**」は無形資産を相互に交換した取引例を示している。

【設例2】
　ABC社は精密機械技術に関する特許権（簿価300万円）を所有している。同社は，この特許権をDEF社の製造技術に関する特許権と交換することに同意した。ABC社の特許権の評価額について，両者ともに500万円と評定したとする。DEF社の特許権は信頼性をもって測定することはできなかった。この交換において，追加的な現金や非貨幣性対価は授受されなかった。
　この場合，ABC社の取得した特許権の取得原価はいくらであろうか。

【解　説】
　ABC社は，取得した特許権500万円を原価として計上しなければならない。
　IAS38では，非貨幣性資産を含む交換取引において，「取得した資産の取得原価は，(a) 交換取引が経済的実質を欠く場合，又は，(b) 交換されるいずれの資産の公正価値も信頼性をもって測定できない場合を除いて，公正価値で測定される」(45項)。本ケースでは，DEF社の特許権の公正価値を信頼性をもって測定することができないので，信頼性をもって測定できるABC社の公正価値500万円が取得原価として用いられる。
　その結果，ABC社の特許権の簿価300万円とその公正価値500万円との差額200万円の交換差額（利得）を損益計算書に計上しなければならない。特許権は本来的に固有の特異性（ユニーク性）をもつものであり，本ケースでの交換は商業的実体（経済的実質）をもつものである。

（出典：PWC2009, p.15051, Exampleを参考に，加筆・修正）

2　当初認識後の測定

当初認識後の無形資産の測定モデルとして，大きく次の2つがある（IAS38, 72項）。

■ 原価モデル（cost model）
■ 再評価モデル（revaluation madel）

原価モデルでは，無形資産は，取得原価から償却累計額および減損損失累計額を控除して計上される（同，74頁）。それに対して，**再評価モデル**のもとでは，無形資産は，再評価日の公正価値から再評価日以降の償却累計額および減損損失累計額を控除した再評価額で計上されなければならない（同，75頁）。再評価モデルは，無形資産が活発な市場で取引されている場合にのみ適用可能である。再評価は，貸借対照表日における資産の帳簿価額が，公正価値と大きく異ならないよう十分な規則性をもって行わなければならない。また，再評価にあたっては，同一種類（たとえば，ブランド；ライセンスおよびフランチャイズ；著作権，特許権その他工業財産権等）に属するすべての資産に適用され，個々の資産に活発な市場がない場合を除き，特定の個別の資産のみに適用されてはならない（同，72項）。

【再評価利得・損失】

無形資産の再評価に伴う利得・損失の会計上の取扱いは，次のとおりである。

・再評価利得は，株主持分（資本）勘定に直接貸記し，「**再評価剰余金**」として表示する（同，85項）。ただし，同一資産の再評価損失を以前に損益として計上している場合には，当該再評価利得は，損益処理した金額の範囲内で，損益として認識しなければならない。

・**再評価損失**は，費用として計上する。ただし，同一資産に関して再評価剰余金が貸借対照表上の貸方に計上されている場合，その金額の範囲内で，再評価剰余金に借方（控除）記入する（同，86項）。

・株主持分（資本）勘定に掲記される再評価剰余金累計額は，当該資産の廃棄・処分・使用によって当該剰余金が実現した場合，利益剰余金に直接振り替えられる（同，87項）。

次の「**設例3**」は，無形資産の再評価に伴う利得・損失の取扱いを例示している。

第 10 章 研究開発活動のグローバル化と無形資産の会計　　**195**

> 【設例 3】
> (ケース 1)
> 　2005 年 4 月 1 日, ABC 社は無形資産を原価 3,000,000 円で資産計上した (耐用年数:確定不可とする)。2007 年 3 月 31 日, 同社はこの無形資産を市場価値 3,900,000 円で再評価した。その後, 2009 年 3 月 31 日, および 2011 年 3 月 31 日にそれぞれ市場価値 3,300,000 円, 2,700,000 円で再評価したとしよう。
> 　このケースでは, 2007 年 3 月末に再評価利得 900,000 円が認識され, 再評価剰余金として表示される。2009 年 3 月末には, 再評価損失 600,000 円が再評価剰余金勘定に賦課 (控除) され, 2011 年 3 月末では再評価損失 600,000 円のうち 300,000 円が再評価剰余金に賦課されるとともに, 残額の 300,000 円は, 損益 (費用) に計上される。
>
> (ケース 2)
> 　2007 年 4 月 1 日, XYZ 社は無形資産を原価 2,000,000 円で資産計上した (耐用年数:確定不可とする)。2009 年 3 月 31 日, 同社はこの無形資産を市場価値 1,600,000 円で再評価し, また, 2011 年 3 月 31 日, 市場価値 2,300,000 円で再評価したとしよう。
> 　このケースでは, 2009 年 3 月末に, 再評価損失 400,000 円が損益 (費用) 計上される。2011 年 3 月末, 再評価利得 700,000 円のうち, 400,000 円は損益 (収益) 計上されるとともに, 残額 300,000 円は再評価剰余金に貸記される。

(出典:Ng 2009, p.824, Illustration 2 を参考に, 加筆・修正)

【償却 (アモチゼーション)】

　有限の耐用年数をもつ無形資産は, その償却可能価額を資産の耐用年数にわたって規則的に配分しなければならない (同, 97 項)。**償却可能価額**とは, 資産の取得原価あるいはその他の貸借対照表評価額から残存価額を控除した価額をいう。無形資産の残存価額は, 特殊な状況 (たとえば, 資産の耐用年数が終了する時点で, それを第三者が購入する約定がある場合等) を除いて, 通常, ゼロと推定する (同, 100 項)。

適用する償却方法は，資産の将来の経済的便益を，企業が費消すると予想されるパターンを反映するものでなければならない（同，97 項）。そのパターンを信頼性をもって決定できない場合には，**定額法**を採用することとしている。このような償却期間および償却方法は，少なくとも各事業年度末において，見直すものとする（同，104 項）。なお，耐用年数を確定できない無形資産は，当然のことながら償却することはできない（同，107 項）。

【設例4】

XYZ 社は，2011 年 3 月 31 日，2,400,000 円を開発費として資産計上している。同社は，この開発製品の販売による次の 3 年間の純利益の合計をおよそ 3,000,000 円と見込んでいる。そのうち 50％は 2012 年 3 月末会計年度，30％は 3013 年 3 月末会計年度，また，20％は 2014 年 3 月末会計年度であるとする。

この場合，開発費は 3 年間にわたって，それぞれ 1,200,000 円（2012 年 3 月末年度），720,000 円（2013 年 3 月末年度），および 480,000 円（2014 年 3 月末年度）の償却費が費用として計上される。

（出典：Ng 2009, p. 826, Illustration 3 を加筆・修正）

レビュー問題

問題1　国際会計基準第 38 号（IAS38）に基づき，無形資産に関して次の各問に答えなさい。

　　問1　無形資産とは何か。また，その基本的特性について，有形固定資産と対比して述べなさい。

　　問2　投資支出額が無形資産として認識されるための要件について述べなさい。

　　問3　自社内で開発されたり，創出された無形資産について，資産としての認識可能性について説明しなさい。

問題2　研究開発費について，次の問に答えなさい。

　　問1　国際会計基準第 38 号（IAS38）における研究開発費の取扱いの特徴について，説明しなさい。

　　問2　開発費が無形資産として計上されるためには，どのような条件

が必要であるか。
　　　問3　一般に自動車製造企業は製造企業よりも開発費を資産計上する割合が高いとされるのはなぜか。具体的事例を挙げて説明しなさい。
問題3　無形資産の再評価モデルに関して、次の問に答えなさい。
　　（1）原価モデルとの対比による、再評価モデルの特徴
　　（2）再評価利得・損失の取扱い
問題4　次のケースは、電機通信プロバイダー XYZ 社が電話サービスを提供するために取得したライセンスの償却方法をめぐって、欧州証券規制当局委員会（CESR）との間で討議されたものである。本ケースにおいて、証券発行者である XYZ 社の無形資産の逓増的な償却方法の主張が認められるかどうか、説明しなさい。

　電気通信プロバイダー XYZ 社は、公開入札を通じて、ある特定のエリアにおいて、特定の期間にわたって電話サービス事業を行うことを認可するライセンスを取得した。ライセンスに対して支払われた対価は、潜在的な顧客数によって変動するのではなく、入札で提示された中での最善の申込額であった。XYZ 社は、電気通信ライセンスがカバーしているエリアにおいて、これまでサービスを提供した実績はなく、ここでの予測は不確実性の程度に左右されることになる。
　XYZ 社は、電気通信ライセンスの場合、資産に固有の便益は、ライセンスが権利を付与しているサービスを提供することによって収益を生じさせる能力であると主張した。ライセンスに対して支払われた対価は、サービスを提供する権利の価値を反映しており、サービスの提供そのものによって、償却の方法が決定されなければならないと考えている。
　したがって、XYZ 社は、それが資産の将来の経済的便益の消費を反映することから、見積総収益額に対する獲得された収益の割合を基礎として、ライセンスの期間にわたってライセンスを償却することが合理的であると主張している。これより、同社の電気通信サービスは徐々にエリア内で拡大することから、将来期待される収益も次第に増加するという電話通信事業の特性により、ライセンスの償却方法は「逓増的な償却」にならざるを得ない。
　このアプローチは、当初の見積りからの変動をもたらすような実績値や状況の変化、およびその他の要素を反映させる形で毎年更新および改訂を要す

る見積りに依存している。しかし，XYZ 社の本事例は，償却累計額が定額法による場合よりも低額になるような償却方法を適用してもよいとする，本基準書の非常に稀なケースの一つにあたるものであり，このライセンスの償却方法は，IAS38 のもとで有効な方法であると主張している。

【ヒント】 本ケースでは，定額法以外の償却方法を裏付けるために求められる条件として，次の 2 つがある。

　a) 需要あるいは生産高は，資産の経済的な効用を最も適切に表現するパターンでなければならない。

　b) 予想される量又は充足されるべき需要値，あるいは無形資産によって供給される生産高を，事前に信頼性をもって決定することが可能でなければならない。

（出典：The Committee of European Securities Regulators, 執行決定に関する EECS のデータベースからの抜粋（Ⅱ），2007 年 12 月公表，日本公認会計士協会仮訳を参考に，要約して作成）

【参考文献】

企業会計基準委員会（ASBJ）(2007)「社内発生開発費の IFRS のもとにおける開示の実態調査」,（http://www.asb.or.jp/asb/asb i/documents/misc/）

古賀智敏（2000）『価値創造の会計学』税務経理協会。

古賀智敏・鈴木一水・國部克彦・あずさ監査法人編著（2009）『国際会計基準と日本の会計実務[三訂版]』同文舘。

増田耕太郎（2008）「自動車の海外生産が牽引する「特許等使用料」の黒字拡大」,『季刊 国際貿易と投資』Autumn, No. 73, 74-90 頁。

文部科学省・科学技術政策研究所（2010）『科学技術指標 2010』。

International Accounting Standards Board (1998, 2006), *IAS 38, Intangible Assets*. （企業会計基準委員会・財務会計基準機構『2010 国際財務報告基準』中央経済社）。

Kirk, R. (2006), *International Financial Reporting Standards in Depth*, Elsevier Butterworth Heinemann.

Miller, M. and Islam, M. A. (1998), *The Definition and Recognition of Assets, Accounting Theory Monograph 7*, Asutralian Accounting Research Foundation.

Ng, E. J. (2009), *A Practical Guide to Financial Reporting Standards (Singapore)*, CCH.

PriceWaterhouse Coopers (2009), *Manual of accounting IFRS2010*.

第 11 章

資産の減損と減損会計

§1 資産価格の崩壊と減損会計の必要性

　国際会計基準委員会（IASC）が資産の減損に関する会計基準の作成を決定したのは1996年6月のことであった。この経済的背景をなすのは，1990年代前半の資産価格の急落と銀行システム危機の発生であった。主要先進諸国の資産価格は，1970年代〜80年代の金融自由化の進展に伴い，資産価格の変動の振幅を拡大させつつ，銀行の信用量がその変動に連動する形で展開していった（経済産業省『通商白書2009』）。

　「図表11-1」および「図表11-2」を参考されたい。これは欧米先進諸国並びにわが国について，1980年〜2000年代中期までの資産価格と銀行の信用量の変動推移を示している。これより，資産価格とそれに連動する信用量は，1980年代後半に「山」を形成し，その後，1990年代前半において崩壊過程を描いていることがわかる。この傾向は，1990年代初期のバブル経済の崩壊によって資産価格が急落したわが国においてとくに顕著であった。

　このような不動産をはじめとする**固定資産価格の長期下落**によって，固定資産の帳簿価格には，将来期間に資産価格が回復する見込みがない多額の**含み損失**を抱え込むことになる。それを先送りすることは，財務諸表上，固定資産価額の過大表示をなし，利用者を著しく誤導することになりかねない。したがって，企業が引き継ぐ資産価額は，その回復可能価額を超えるものであってはならず，将来回復する見込みのない損失を減損損失として処理する会計が新たに

図表11－1　各国の実質総合資産価格指数の推移（1）

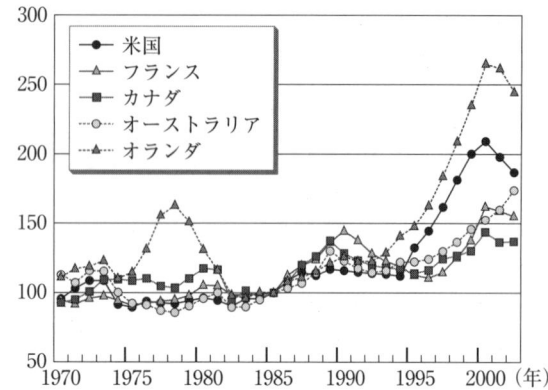

（1985年＝100）

（出典：経済産業省『通商白書2004』，34頁より引用。原資料：翁，白川，白塚（2000），国際決済銀行（BIS））

図表11－2　各国の実質総合資産価格指数の推移（2）

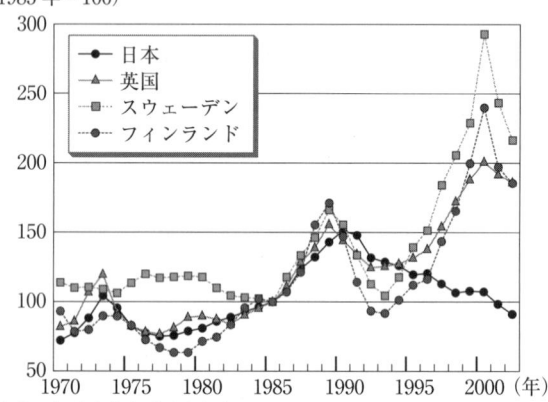

（1985年＝100）

（出典：経済産業省『通商白書2004』，34頁より引用。原資料：翁，白川，白塚（2000），国際決済銀行（BIS））

導入されることになった。これが「**減損会計**」である。

　IASCが減損会計を整備しようとしたもう1つの要因は，資産の減損に関する諸規定を整備し，1つの統一性ある基準を策定することであった。具体的に

は，次の3点である（「IAS36, BCZ230項）。
(a) 減損損失の判定，測定，認識および戻入れについての諸規定が整合するように1つの基準に結合させ，
(b) 企業が同じ方法で減損損失の識別，認識および測定ができるほどに，改訂前IASの規定や指針を詳細なものとするとともに，
(c) 無形資産とのれんの償却期間が，詳細かつ信頼性のおける年次の減損テストを受けることによって，例外的に20年を超えることができるかどうか検討する。

このような基準設定の背景と要因のもとで，「資産の減損」を取り扱った**国際会計基準第36号**（IAS36; 1998; 改訂2004）が登場することになった。

§2 減損会計の基本的考え方

1 減損会計を見る視点

資産の回収可能価額を超えた金額で貸借対照表に計上してはならない，というのが，固定資産評価に関する国際会計基準の基本原則である。実際，IAS36では，「資産の回収可能価額が帳簿価額より低い場合には，その場合のみ，当該資産の帳簿価額をその回収可能価額まで減額するものとする。」(IAS36, 59項)。この場合生じた減額の部分が**減損損失**である。

資産の**回収可能価額**（recoverable amount）は，資産が創出するキャッシュ・フローの観点から，企業にとっての最大価値を表すものであり，具体的には，次の金額のいずれか高い方の金額をいう（同, 6項）。

- **売却費用控除後の公正価値**（取引の知識がある自発的な当事者間で，独立第三者間取引の条件のもとで資産の売却について入手し得る金額から，資産の処分費用を控除した金額）（同, 27項）。
- **使用価値**（資産から生じることが期待される将来キャッシュ・フローの現在価値：期待される将来キャッシュ・フローには，資産の継続的使用から発生するキャッシュ・フロー，および最終的な処分から発生するキャッ

シュ・フローを含む）(同, 31項)。

売却費用控除後の公正価値を表す最善の証拠は、独立第三者間での売買契約に基づく価格から資産の処分に要する追加費用を控除した金額である（同, 25項）。売買契約が存在しないか、資産が活発な市場で取引されている場合には、資産の適正な市場価格（入札価格や直近の取引価格等）に基づき処分費用を差し引いた金額が用いられる（同, 26項）。このように、資産の回収可能価額のうちの一方の公正価値として資産の売却ないし清算を予定した金額が採られている。その意味では、減損会計は資産の処分ないし部分的清算による「**部分的フレッシュ・スタート**」としての特徴をもつといえる（武田 2009, 910-911頁）。

2 減損会計の課題

減損会計では、資産が減損している可能性がある場合に、資産の回収可能価額を見積もり、それが簿価よりも低い場合に、簿価を回収可能価額まで切り下げ、差額を減損損失として認識することになる。そこで、減損会計の主要なプロセスでは、大きく次の3つの課題がある。

- 「**減損テスト**」——各報告日現在で、資産が減損している可能性を示す兆候があるか否かを評価する。兆候の何れかが存在する場合には、資産の回収可能価額を見積ることを要する（IAS36, 9項）。
- 「**回収可能価額の測定**」——回収可能価額は、売却費用控除後の公正価値と使用価値のいずれか高い金額と定義づけられる。しかし、これらの金額のいずれかが資産の帳簿価額を超過する場合には、資産は減損していないので、他の金額を見積もる必要はない（同, 19項）。
- 「**減損損失の算定**」——資産の回収可能価額が帳簿価額を下回る場合、帳簿価額を回収可能価額まで減額し、減額部分を減損損失として損益計算書上で認識する（同, 60項）。

以下、それぞれについてIAS36の取扱いを見ていくことにしたい。

§3　減損可能性の評価

　減損会計基準では，すべての資産について減損している可能性を示す兆候がある場合，帳簿価額と回収可能価額とを比較することによって，減損テストを行わなければならない。したがって，減損会計の第1ステップは，資産の減損の可能性を示す兆候があるか否かを毎報告日ごとに評価することである（IAS36, 9項）。しかしながら，耐用年数が確定できない無形資産や未だ使用可能でない無形資産，企業結合で取得したのれんについては，減損の兆候の有無にかかわらず，企業は毎年次に減損テストを行わなければならない（同，10項）。

　減損の兆候があるかどうかを評価する場合には，企業は少なくとも次のような外部と内部の情報源を考慮して検討しなければならない（同，12, 14項）。その要点は次のとおりである。

【外部の情報源】
- 当期中に，時間の経過や正常な使用によって，予想される以上の資産の市場価値の著しい低下―「**マーケット・テスト**」
- 企業が操業している諸環境（技術的・市場的・経済的・法的）又は資産が利用されている市場において，企業に悪影響のある著しい変化が発生したか，又は近い将来に発生すると予想されること―「**インフラ・テスト**」
- 市場利率その他の市場収益率の上昇が使用価値の計算に用いられる割引率に影響して，資産の回収可能価額を著しく減少させる見込みであること―「**回収可能テスト**」
- 報告企業の純資産の帳簿価額が，その企業の株式の市場価値を超過していること――「**企業価値テスト**」

【内部の情報源】
- 資産の陳腐化又は資産に影響する物的損失―「**陳腐化・物損テスト**」
- 資産が使用されている範囲又は方法に関して，企業にとって悪影響のある著しい変化の発生，又は近い将来に発生すると予測されること（例．資

図表 11-3 「減損の兆候」の評価プロセス

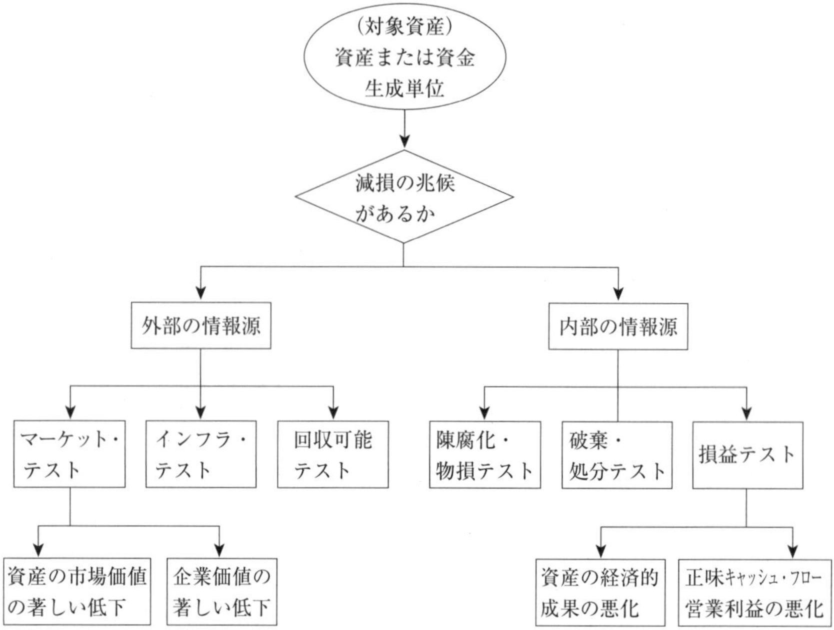

```
         (対象資産)
        資産または資金
          生成単位
             ↓
        減損の兆候
         があるか
       ↙         ↘
   外部の情報源    内部の情報源
   ↓   ↓   ↓    ↓    ↓    ↓
マーケット インフラ 回収可能  陳腐化・ 破棄・  損益テスト
・テスト  ・テスト  テスト   物損テスト 処分テスト
  ↓     ↓              ↓         ↓
資産の市場価値 企業価値の        資産の経済的  正味キャッシュ・フロー
の著しい低下  著しい低下        成果の悪化   営業利益の悪化
```

産の遊休化，当該事業の廃止ないしリストラの計画，資産の処分計画など）―「破棄・処分テスト」

・ 資産の経済的成果が予想していたよりも低下又は悪化することが予想されること―「損益テスト」

・ 正味キャッシュ・フロー又は営業利益が当初予算の金額より著しく悪化していること―「損益テスト」

以上の減損の兆候について，要約して示したのが「図表 11-3」である。

次の「設例1」は，資産の減損の兆候が示されるケースを例示している。

【設例1】

(ケース1)

　日本企業とベトナム企業との合弁企業 ABC 社は，ベトナムで最大規模のスー

パーマーケット・チェーンを展開している。最近，フランスのグローバル・チェーン MN 社がベトナムで事業を立ち上げることを決定した。MN 社は有名なワールド・ワイドのスーパーマーケット・チェーンであり，ABC 社の近隣地域に店舗を設け，ABC 社の顧客よりも豊富な商品と国際的ブランドを提供しようとしている。しかし，ABC 社の経営者は同社の顧客層の大部分を確保できると考えている。

この場合，ABC 社の資産について，減損テストが必要かどうか。

【解　説】

本ケースでは，MN 社の市場進出は，ABC 社の資産の減損可能性に関する「インフラ・テスト」や「損益テスト」を満たす。したがって，ABC 社の経営者は，入手可能な最善の情報に基づき資産の回収可能価額を見積もり，減損テストを行うべきである。

(ケース 2)

XYZ 社は辛口醸造酒を醸造機を使って生産している。近年，辛口から甘口への消費者の嗜好の変化によって，辛口醸造酒の需要が激減してきたとしよう。経営者の考えでは，最小限度の醸造機の配置替えによって辛口醸造酒の製造機を用いて甘口醸造酒を製造することができるので，従来使用してきた製造機械について減損すべきかどうかを検討する必要はないという。

機械の減損をめぐる経営者の判断は適切であろうか。

【解　説】

XYZ 社は辛口醸造機について減損の可能性を検討しなければならない。資産の使用の変更自体が減損の兆候をなす（「破棄・処分テスト」）。経営者は消費者の嗜好の変化，および資産の使用方法の変化がその回収可能価額にどのような影響をもたらすかを評定しなければならない。

(出典：PricewaterhouseCoopers2009, *Manual of accounting IFRS2010*, p. 18006-18007, Example2 を参考に加筆・修正して作成)

注意すべき点は，減損の兆候はしばしば一定の期間にわたって徐々に顕著になることがあるという点である。たとえば，過去数年度にわたっての売上げの継続的減少，企業の主要製品のマーケット・シェアの低下傾向などマイナスのトレンド（趨勢）は，減損の可能性を高めることになる。このように，減損の兆候判定にあたっては，特定時点の事象としてよりも連続的プロセスの中で注意深く評価すべきである（PWC2009）。

§4 回収可能価額の測定

回収可能価額（recoverable amount）は，売却費用控除後の公正価値と使用価値のうちいずれか高い金額として規定される。これは資産の売却またはその継続的使用によって得られるキャッシュ・フローという側面から，資産の最大価値を表している。これらの金額のいずれかでも資産の帳簿価額を超過する場合には，資産は減損しておらず，他の金額を見積もる必要はない（IAS36, 19項）。

- 売却費用控除後の**公正価値**は，資産が活発な市場で取引されていない場合であっても決定することができる。しかしながら，信頼し得る見積もりの基礎が得られない場合には，売却費用控除後の公正価値を見積もることはできない。この場合には，使用価値をもって資産の回収可能価額とする（同, 20項）。
- 資産の**使用価値**は，その継続的使用と最終的な処分から生じる将来キャッシュ・フローとアウトフローを見積もり，それに適切な割引率を用いた現在価値として算定される（同, 31項）。将来キャッシュ・フローの予測は，経営者による直近の財務予算／予測を基礎とし，通常は最長でも5年間とする（同33 (b), 35項）。

次の「**設例2**」は，使用価値の算定のための予算計画の利用について例示している。

【設例2】

日本企業 ABC 社は議決権付株式 90％所有のシンガポール法人 SP 社を設立している。ABC 社の経営者は，SP 社に関する情報を含めて，グループ企業全体の5年間の経営計画を承認している。

SP 社の経営者は自社独自の予算を作成しているが，それは ABC 社の経営者に承認された予算案よりも戦略的により競争的なものとなっている。

この場合，シンガポール法人 SP 社は資産の使用価値を決定するためには，日本企業 ABC 社の経営者が承認した経営計画を用いるべきか，それとも自社で設定した一層戦略的に厳格な経営計画に基づくべきであろうか。

【解　説】

見積キャッシュ・フローは経営者が承認した予算に基づくものでなければならない。シンガポール法人 SP 社は自社の独自の予算を作成しているが，グループ企業全体の公的な見積もりは親会社 ABC 社の経営計画に用いられた見積金額である。

ABC 社の経営者は，SP 社の経営者には未だ開示されていない情報を経営計画の設定における仮定に含めているかもしれない。したがって，より競争的な SP 社の予算案を用いることは適切ではない。

（出典：PWC2009, *Manual of accounting IFRS 2010*, p. 18029, Example12 を参考に加筆・修正して作成）

【資金生成単位】

回収可能価額は，個別資産について算定される。しかしながら，個別資産について回収可能価額を見積もることができない場合には，相互に独立してキャッシュ・フローを生成する資産グループについて回収可能価額を見積もらなければならない（同，22項）。**資金生成単位**（cash-generating unit）とは，他の資産又は資産グループからのキャッシュ・インフローとは独立したキャッシュ・インフローを生成させるものとして識別される資産グループの最小単位をいう（同，6項）。資金生成単位について減損の可能性を判定する場合には，そこに属

するすべての有形・無形の資産やのれんを含む資金生成単位について，減損の評価を行わなければならない。

【設例3】
　スーパーストアRS店は，スーパーストアABC社の国内店舗をなす。RS店は，ABC社の仕入センターを通じてすべての商品の仕入れを行っている。RS店のレジ担当者および販売促進スタッフの採用を除いて，価格，マーケティング，宣伝および人事方針はすべてABC社で決定されている。ABC社は，国内に他に9店舗を有している。これらはそれぞれ異なった地域に位置しているものとする。すべての店舗はRS店と同様の方法で管轄されている。
　この場合，スーパーストアRS店は資金生成単位をなすであろうか。

【解　説】
　ABC社のスーパーストアすべて販売ロケーションを異にしているので，おそらく対象とする顧客層も異なるであろう。RS店は全社レベルで管理されているが，ABC社の他の店舗のキャッシュ・フローからほとんど独立したキャッシュ・インフローを生成している。したがって，RS店は資金生成単位をなすと考えられる。

（出典：Ng2009, p.792, Illustration 2 を加筆・修正）

§5　減損損失の会計

1　減損損失の測定

　国際会計基準における減損損失の認識・測定に関する要点は，およそ次のとおりである。

(1)　資産（または資金生成単位）の回収可能価額が帳簿価額を下回る場合には，資産の帳簿価額を回収可能価額まで減額し，直ちに**減損損失**を認識する（IAS36, 59項）。

(2) 減損損失の処理にあたっては，資産が取得原価で計上されている場合には直接に損益計算書に計上され，また，それが再評価額で計上されている場合，まず資産の**再評価剰余金**の減額として処理し，差額が生じた時，損益計算書で費用として処理する（同，60・61項）。

(3) 減損損失の見積金額が資産の帳簿価額よりも大きい場合，資産価額をゼロまで減額し，その超過額については負債の認識規準（IAS37参照）を満足する限り，**負債**（provision）として認識する（同，62・108項）。

(4) 減損損失が認識された後，資産の**減価償却**（または償却）**費**は，減損処理後の帳簿価額から残存価額（もしあれば）を控除した金額を，残存耐用年数にわたって規則的に配分する（同，63項）。

次の「**設例4**」は，減損損失の処理を例示し，また，「**設例5**」は減損処理後の資産の減価償却の計算例を示している。

【設例4】

(1) 2005年3月期末，ABC社は工場用土地を10百万円で購入した。

2007年3月末，土地の価格は16百万円の金額で再評価されたが，2009年3月期末には経済の急激な悪化により土地の評価額は著しく下落し，12百万円となった。同年3月31日，ABC社は土地の売却費用控除後の公正価値の評価額に基づき，減損損失を計上することにした。

(2) さらに，2011年3月末，この土地の回収可能価額（売却費用控除後の公正価値評価額に基づく）は，9百万円に下落し，同社は減損損失3百万円（12百万円－9百万円）を計上することにした。

以上の取引に基づき，ABC社の (1) 2009年3月期末，および (2) 2011年3月期末の減損損失の処理の仕訳を示しなさい。

【解　説】

(1) 2009年3月期末に同社は4百万円（16百万円－12百万円）の減損損失を認識し，それを全額，既に計上した再評価剰余金（差額金）6百万円の取崩処理を行う（単位：円）。

(借) 再評価剰余金   4,000,000
(貸) 土　地   4,000,000

(2) 2011年3月期末では，減損損失3百万円のうち，土地再評価剰余金の残高2百万円（6百万円－4百万円）を取崩した後，残額1,000,000円は2011年3月期の損益計算書に計上する。

(借) 再評価剰余金   2,000,000
(借) 減損損失   1,000,000
(貸) 土　地   3,000,000

(出典：Ng2009, p. 7941, Illustration 5 を参考に加筆・修正)

【設例5】

2010年度3月末，DEF社は鋳物製品を製造する特殊機械を3百万円で購入した。この機械の耐用年数は5年，残存価額はゼロとする。

その後，同社の鋳物製品に対して著しく悪影響をもたらす風評が生じ，製品需要は激減した。2011年3月末，DEF社は鋳物製造機について減損損失を計上することにした。この特殊機械の期待される使用価値600,000円であり，減損損失1,800,000円（3,000,000円－減価償却累計額600,000円－回収可能価額600,000円）は，2011年3月期の損益計算書に計上されることになる。

この場合，仕訳は次のとおりである。（単位：円）

(借) 減損損失   1,800,000
(貸) 機　械   1,800,000

本ケースにおいて，2011年4月以降の会計年度の減価償却費はいくらであろうか。

【解説】

減損損失を行った後の機械の正味の帳簿価額は，600,000円（取得原価3,000,000円－減価償却累計額600,000円－減損損失1,800,000円）である。したがって，当初の耐用年数や残存価額の見積もりに変更がないとすれば，2011年

4月期以降の会計年度の減価償却費は，150,000円（600,000円/4）となる。

(出典：Ng 2009, p. 793, Illustraion 4 を参考に加筆・修正して作成)

2 全社資産の減損アプローチ

資金生成単位（CGU）の減損テストを行う場合，それに関係したすべての全社資産を識別しなければならない。「**全社資産**」とは，企業の本社や事業部門の建物，コンピューター・センターやリサーチ・センターなど，のれん以外の資産で，検討対象となっているCGUおよび他のCGUの双方の将来キャッシュ・フローに寄与する資産をいう（IAS36, 6項）。その本質的特徴は，他の資産又は資産グループから独立して独自にキャッシュ・フローをもたらさず，かつその簿価を減損テストの対象となっているCGUに必ずしも完全には配分できないことである（同，101項）。したがって，全社資産が減損している兆候がある場合，全社資産が帰属するCGUについて回収可能価額と簿価とを比較して，減損損失を認識しなければならない。

具体的手続きとして，まず，「**図表11-4**」を参照されたい。

図表11-4　全社資産の配分アプローチ

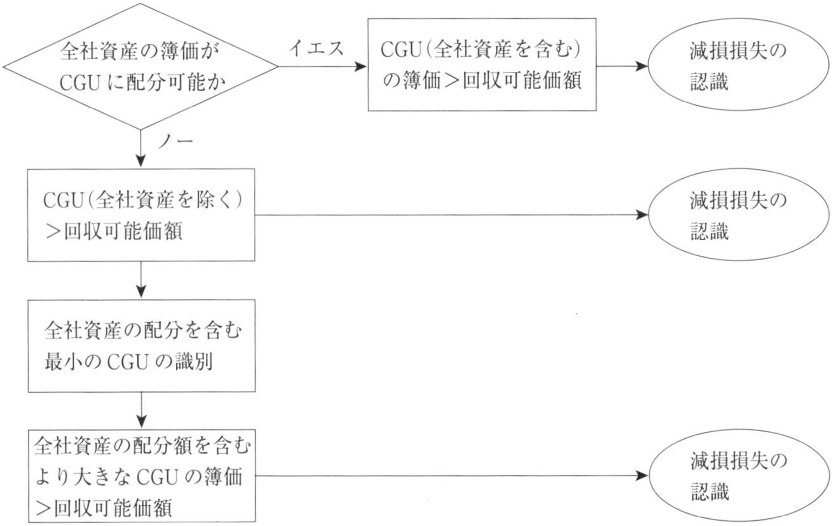

```
┌─────────────┐  イエス  ┌──────────────┐      ╭─────────╮
│ 全社資産の簿価が │────────→│ CGU（全社資産を含む）│─────→│ 減損損失の │
│ CGUに配分可能か │          │ の簿価＞回収可能価額 │      │  認識   │
└─────────────┘          └──────────────┘      ╰─────────╯
        │ ノー
        ↓
┌─────────────┐                                   ╭─────────╮
│ CGU（全社資産を除く）│──────────────────────────────→│ 減損損失の │
│ ＞回収可能価額   │                                   │  認識   │
└─────────────┘                                   ╰─────────╯
        │
        ↓
┌─────────────┐
│ 全社資産の配分を含む│
│ 最小のCGUの識別  │
└─────────────┘
        │
        ↓
┌─────────────┐                                   ╭─────────╮
│ 全社資産の配分額を含む│                                │ 減損損失の │
│ より大きなCGUの簿価 │──────────────────────────────→│  認識   │
│ ＞回収可能価額   │                                   ╰─────────╯
└─────────────┘
```

これより，全社資産を含むCGUの減損損失は，次のようにして認識される（同，102項）。

■ 全社資産の簿価の一部が合理的かつ首尾一貫した基準でCGUに配分できる場合には，（全社資産を含む）CGUの簿価とその回収可能価額とを比較して，減損損失を認識する。

■ 全社資産の簿価の一部が合理的かつ首尾一貫した基準でCGUに配分できない場合には，次の手続きによる。
  ・ 全社資産を除くCGUの簿価と回収可能価額とを比較して，減損損失を認識する。
  ・ 全社資産の簿価の一部が合理的かつ首尾一貫した基準で配分できるような最小のCGUグループ（検討の対象となるCGUを含む）を識別する。
  ・ 全社資産の簿価の一部を含む，より大きなCGUの簿価とその回収可能価額とを比較して，減損損失を認識する。

「**設例6**」は，全社資産の配分を伴う減損損失の認識例を示している。

【設例6】

電子部品製造会社KLM社は，3つの資金生成単位（CGU）A，B，Cを有している。各CGUともにのれんを含まないものとする。2011年3月期末，A，B，Cの簿価はそれぞれ200百万円，200百万円，300百万円とする。

全社資産の簿価は300百万円（本社建物200百万円，リサーチ・センター100百万円）であった。CGU A，B，Cの残存耐用年数は，それぞれ10年，20年，20年であった。減価償却として，定額法が採用されている。

各CGUの正味売却価格を計算することはできないので，回収可能価額は12％税引前レートを用いた使用価値に基づいて，A，B，Cそれぞれ250百万円，230百万円および350百万円として算定された。

この場合，全社資産（本社建物およびリサーチ・センター）を含めたKLM社の減損損失を算定しなさい。

第 11 章 資産の減損と減損会計

【解　説】

(a)　第1ステップ：全社資産の識別

全社資産として，本社建物とリサーチ・センターが含まれる。本社建物の簿価は，合理的かつ首尾一貫した基準に基づき配分できるが，リサーチ・センターの簿価はそのようにして配分することはできない。

(b)　第2ステップ：全社資産の簿価の配分（単位：百万円）

	A	B	C	合計
帳簿価額	200	200	300	700
耐用年数	10年	20年	20年	
耐用年数によるウェイトづけ	1	2	2	
ウェイトづけ後の帳簿価額	200	400	600	1,200
本社建物の持分比率	16.7％	33.3％	50％	100％
	(200/1,200)	(400/1,200)	(600/1,200)	
本社建物の簿価の配分	33	67	100	200
配分後の帳簿価額	233	267	400	900

（リサーチ・センターの簿価は配分されていない。）

(c)　第3ステップ：回収可能価額の決定と減損損失の計算（第1ステージの減損テスト）

CGU A，B，Cについて，回収可能価額と（全社資産の一部―ここでは本社建物の簿価の配分後の）簿価とを比較して，減損損失の有無を認識する。その後に，KLM社全体としての回収可能価額と，本社建物並びにリサーチ・センターの簿価も含めた簿価とを比較して，減損損失を算定する（単位：百万円）。

	A	B	C	合計
本社建物配分後の帳簿価額（純資産）	233	267	400	900
回収可能価額（使用価値）	250	230	350	830
減損損失	－	37	50	87
減損損失控除後の純資産	233	230	350	813

(d)　第4ステップ：減損損失のCGUと全社資産への配分

次に、減損損失を CGU の資産と全社資産とに比例按分して配分する。（単位：百万円）

	B	C
本社建物への配分額	9 （37 × 67/267）	12 （50 × 100/400）
CGU への配分額	28 （37 × 200/267）	38 （50 × 300/400）
	37	50

これより、第1ステージ・テストによる減損損失87百万円は、CGU の B、C および本社建物にそれぞれ28百万円、38百万円、21百万円配分される。

(e) 第5ステップ：より大きな CGU レベルでの減損損失の計算（第2ステージの減損テスト）

最後に、最小 CGU より大きな CGU（KLM 社全体）について、減損テストを行う。（単位：百万円）

	A	B	C	本社建物	リサーチ・センター	合計
減損損失控除前の簿価	200	200	300	200	100	1,000
減損損失（第1ステージ）	−	(28)	(38)	(21)	−	(87)
第1ステージ減損損失控除後の簿価	200	172	262	179	100	913
回収可能価額						830
減損損失（第2ステージ）						83

第2ステージで生じた減損損失は、CGU（A, B, C,）、本社建物、およびリサーチ・センターの各資産に比例按分によって配分される。

（出典：Kirk 2005, p. 53, Example 2・7並びに PWC2009, pp. 18073-18074, Example の双方を参考に作成）

3　減損損失の戻入れ

過年度において減損損失が計上された場合であっても、資産の回収可能価額の計算に用いられた見積りに変更があった場合には、資産の帳簿価額をその回収可能価額まで増額させなければならない。これが**減損損失の戻入れ**である

(IAS36, 114項)。この場合，具体的取扱いは，次のように要約して示される。
- 企業は，毎報告日に過年度に計上した減損損失について，それがもはや存在しないか，又は減少している可能性を示す兆候があるかどうかを評価しなければならない（同，110項）。そのような兆候が存在する場合には，その資産の回収可能価額の見積りを行わなければならない。
- 減損損失の戻入れによる増加額は，当初の減損損失の控除前の帳簿価額（償却又は減価償却控除後の）を限度として行う（同，117項）。
- 減損損失の戻入れは，資産が原価で評価されている場合，損益計算書上で損益計上される。他方，資産が公正価値で再評価された場合には，再評価額の増加として処理される（同，119項）。
- 減損損失の戻入れ後の減価償却計算は，改訂後の帳簿価額を基礎として通常の規則的配分計算を行う。
- 資金生成単位についての減損損失の戻入れは，（のれん以外の）資産の帳簿価額に比例的に配分しなければならない（同，122項）。

次の「設例7」は，減損損失の戻入れの処理を例示するものである。

【設例7】
前述の【設例5】に関して2011年5月，DEF社の鋳物製品に対する風評は誤りであることが判明し，製品需要は回復し，この製造機械の使用価値（回収可能価額）も3百万円を上回る高水準にあると見積もられた。

この場合，減損戻入れの会計処理を示しなさい。

【解　説】
2012年3月期には，減損損失として計上された金額1,800,000円のうち，機械の減損処理によって削減された減価償却額450,000円（1,800,000円/4）を差し引いた残額1,350,000円が減損損失の戻入れとして損益勘定に計上される。会計処理は，次のとおりである。

(借)	機械	1,800,000	
(貸)	減価償却累計額		450,000
(貸)	減損損失戻入益		1,350,000

　減損損失の戻入れ後には，減損処理を行わなかった場合と同様に，機械の簿価 1,800,000 円（取得原価 3,000,000 円 − 2 年間の減価償却累計額 1,200,000 円）になる点に留意されたい。

(出典：Ng 2009, p. 795, Illustration7 を参考に，加筆・作成)

6　のれんの減損

　企業結合によってのれんが取得された場合，のれんは個別に識別可能な資産ではないので，それ自体として資産の減損を行うことはできない。**のれんの減損**は，のれんが配分された資金生成単位（CGU）の減損テストとして行われる。企業はのれんが配分されている CGU について，毎年，さらに減損の兆候がある場合には随時に，のれんを含む CGU の帳簿価額と回収可能価額との比較によって減損テストを行わなければならない（IAS36, 90 項）。

　減損テストを行うためには，企業結合で取得されたのれんは，企業結合のシナジーから便益を得ることが期待される各 CGU に配分される。この場合，この CGU（又は CGU グループ）は，のれんが内部管理目的で監視されている企業の最小の単位をなすものであって，**事業セグメント**より大きいものであってはならない。

　のれんを含む CGU の減損損失は，まず，のれんの帳簿価額を減額し，次に，各資産の帳簿価額に基づいた比例按分によって，CGU に含まれるその他の資産に配分する，という順序で，CGU の資産の帳簿価額を減少させるように配分されるものとする（同 104 項）。

　次の「**設例 8**」は，以上ののれんの減損処理を例示するものである。

【設例 8】
　ABC 製作所の資金生成単位（CGU）A，B，C のグループに減損の兆候があ

第11章　資産の減損と減損会計　**217**

った。会計担当者は減損テストを行い，CGU グループの回収可能価額を 840 百万円と見積もった。CGU グループの詳細は，以下のとおりである。(単位：百万円)

資産	帳簿価額	売却費用控除後の公正価値	使用価値
のれん	360	−	−
CGU A	600	660	600
CGU B	108	60	60
CGU C	300	60	180
CGU グループの合計	1,368	780	840
CGU の回収可能価額の合計	840		
配分すべき減損損失	528		

　以上のデータに基づき，のれん，および CGU A，B，C それぞれに配分すべき減損損失の金額はいくらですか。

【解　説】

　減損損失 528 百万円は，最初にのれんに配分した後，CGU A，B，C それぞれに配分される。CGU A，B，C それぞれについて減損損失が生じている場合には，帳簿価額を売却費用控除後の公正価値と使用価値のいずれか高い方の金額まで切り下げ，それを改訂後の簿価とする。(単位：百万円)

資産	帳簿価額	売却費用控除後の公正価値	使用価値	減損損失の配分[*1]	配分後の改訂簿価
のれん	360	−		(360)	
CGU A	600	660	600	−[*2]	600
CGU B	108	60	60	(48)	60
CGU C	300	60	180	(120)	180
	1,368			(528)	840

(注)

*1　減損損失は，まずのれんに配分され，その後に資金生成単位（CGU）の帳簿価額に比例按分して CGU A，B，C それぞれに配分される。

＊2 売却費用控除後の公正価値と使用価値又は使用価値のいずれかが CGU A の簿価よりも高いので，減損損失の配分はなされない。

　CGU A に対して減損損失が配分されないので，のれんの金額控除後の減損損失の残高は，168 百万円である。この金額を CGU B（簿価 108 百万円）と CGU C（簿価 300 百万円）として比例按分すると，CGU C への配分額は 124 百万円になり，改訂後の簿価（176 百万円）は回収可能価額（180 百万円）を下回ることになる。したがって，CGU C への減損損失の配分額は 120 百万円を上限として，その残額 48 百万円が CGU B へ配分される。

（出典：PWC2009, p. 18078, Example を参考に，加筆・修正して作成）

レビュー問題

問題1　次の用語（1）〜（4）について，その差異が明らかになるように説明しなさい。
　　　（1）有形固定資産の減損と評価減
　　　（2）回収可能価額と使用価値
　　　（3）資金生成単位と事業セグメント単位
　　　（4）全社資産とのれん

問題2　減損会計について，次の各問に答えなさい。
　　　（1）減損会計の意義と特徴について，述べなさい。
　　　（2）減損可能性の兆候を示す情報源を例示し，減損テストの方法について説明しなさい。
　　　（3）減損損失の処理の方法について，述べなさい。
　　　（4）減損損失の戻入れの処理について，述べなさい。

問題3　次の設例について，問（1）〜（2）に答えなさい。
　「自動車部品会社 ABC 社は，近年の著しい経済環境の低下のもとで，自社の所有する資産の帳簿価額 70 百万円をその回収可能価額まで切り下げることにした。資産の売却費用控除後の公正価値 25 百万円，使用価値 30 百万円とする。
　同社の識別可能な純資産の構成は，次のとおりであった。工場建物 10

百万円，機械 6 百万円，在庫製品 20 百万円，および正味貨幣負債額 10 百万円。なお，同社は，企業取得時ののれん 20 百万円をもつものとする。」

問（1） ABC 社の減損損失の金額はいくらか。
問（2） ABC 社ののれん，工場建物，機械および在庫商品への配分金額を算定しなさい。

【参考文献】

古賀智敏（2000）『価値創造の会計学』税務経理協会。

古賀智敏・鈴木一水・國部克彦・あずさ監査法人編著（2009）『国際会計基準と日本の会計実務［三訂版］』同文舘。

武田隆二（2009）『最新財務諸表論〈第 11 版〉』中央経済社。

International Accounting Standards Board（1998, 2006），*IAS 36, Impairment of Assets*（企業会計基準委員会・財務会計基準機構監訳『2010 国際財務報告基準』中央経済社）。

Kirk, R.（2006），*International Financial Reporting Standards in Depth*, Elsevier Butterworth Heinemann.

Ng, E. J.（2009），*A Practical Guide to Financial Reporting Standards（Singapore）*, CCH.

PriceWaterhouseCoopers（2009），*Manual of accounting IFRS2010.*

第 12 章

高齢化社会と年金債務の会計

§1　高齢化の国際的動向と年金債務の会計の台頭

　21世紀は，高齢化が急速に進展する高齢化社会の時代でもある。総人口に占める65歳以上の高齢者の占める割合（**高齢化率**）は，1950（昭和25）年の5.2％から2005（平成17）年には7.3％に上昇し，さらに2050（平成62）年には16.2％にまで上昇することが見込まれている。国際的にも今後，半世紀で高齢化が急速に進展するものと予想される（内閣府「平成21年版 高齢社会白書」，10頁）。この傾向が最も顕著なのが，日本をはじめとするアジア諸国であった。

　「**図表12-1**」に示されているように，日本は先進諸国の中でも最も早い速度で高齢化が進んでいる。わが国の高齢化率は，1970（昭和45）年に7％を超えるや，1994（平成6）年には14％，また，2005（平成17）年には20％，2050年には40％に達することが見込まれるなど，世界に例をみない超高齢化社会に向けて進みつつある。その他アジア諸国についても，**生産年齢人口比率**が低下し高齢化が急速に進展しつつある（たとえば，経済産業省『通商白書2010』，第1章・第5節1参照）。

　少子化と高齢化による生産年齢人口比率の低下に伴い，労働投入量や消費の減少等によって経済成長に制約をもたらすとともに，医療福祉費・年金負担の増加などを通じて財政問題が大きな課題となっている。とくに従業員の退職給付や退職後の年金問題は，世界各国におけるマクロ経済の課題であるとともに，年金積み立ての不足など企業の経営成績に大きく影響する会計問題となってい

第 12 章　高齢化社会と年金債務の会計　**221**

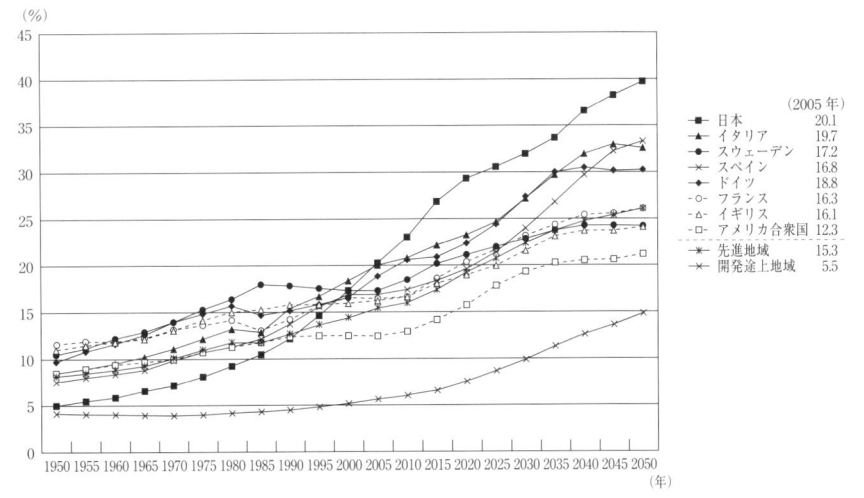

図表 12-1　世界の高齢化率の推移

	(2005年)
日本	20.1
イタリア	19.7
スウェーデン	17.2
スペイン	16.8
ドイツ	18.8
フランス	16.3
イギリス	16.1
アメリカ合衆国	12.3
先進地域	15.3
開発途上地域	5.5

(出典：内閣府『平成21年度版　高齢社会白書』，11頁，「図1-1-13」・1欧米より引用)

る。このような経済背景と企業実態のもとで，退職給付・年金に関する**投資情報の有用性**を促進しようとするのが，退職給付・年金会計である。

　国際会計基準において初めて退職給付の会計基準が登場したのは，国際会計基準委員会（IASC：国際会計基準審議会 IASB の前身）による IAS19「事業主の財務諸表における退職給付の会計処理」(1983) であった。これは，その後，改訂基準 IAS19「退職給付コスト」(旧 IAS19) (1993) として承認され，更なる改訂作業を受けて，改訂 IAS19「従業員給付」(新 IAS19) (1998) として，一部修正を加えられつつ，現行の基準へと継承されていった。

　新 IAS19 の最も重要な特徴は，**市場に基づくアプローチ**による測定にある (IAS19, BC3 項)。具体的には，割引率の基礎を貸借対照表日現在の市場利回りに置いたこと，制度（年金）資産をすべて**公正価値**によって測定しようとした点が示される。また，保険数理上の評価方法として，旧 IAS19 では，発生給付評価方式（標準処理）と予測給付評価方式（代替処理）の2つの方法を容認していたのに対し，新 IAS19 では，予測単位積増方式として知られる**発生給

付評価方式のみに統一し，財務報告の比較可能性を促進しようとしたことも大きな特徴である（古賀他 2010）。

IAS19 に含まれる従業員給付として，次の4つが区分される（IAS19, IN2 項）。

・短期従業員給付：賃金，給料および社会保障のための掛金，年次有給休暇，利益分配・賞与等
・退職後給付：年金，その他の退職給付，退職後生命保険等
・その他の長期従業員給付：長期勤続休暇又は研究休暇，長期傷害給付等
・解雇給付

なお，企業が株式やストック・オプション等の持分金融商品を発行する取引については，国際財務報告基準2号（IFRS2）を参照されたい。

以下，本章では，退職後給付，とくに年金債務の会計を中心として取り扱うことにしよう。

§2 年金債務の会計の基本的考え方

従業員給付の会計は，資産負債の定義を重視し，貸借対照表上の資産負債の測定において公正価値ないし割引現在価値を重視する**貸借対照表アプローチ**の会計である。IAS19 の会計基準の第1の目的は，将来支払われるべき従業員給付と交換に従業員が労働サービスを提供した場合に，負債が財務諸表上で確実に反映されるようにすることである。また，その第2の目的は，給付コストに付随した経済的便益が費消又は消滅した場合，その従業員給付コストを費用として認識することである。いずれも従業員給付に伴う資産負債の概念とその測定ルールを強調する点に特徴がある。

より具体的には，IAS19 の年金会計の基礎には，次のような基本的な考え方が存在している（IASC1995, par.51；古賀 2000）。

(1) 「**年金債務の負債認識**：企業が過去の取引から生じる現在の義務を有し，この義務の決済には経済的便益を含んだ資源の流出をもたらし，かつ，かかる義務の原価又は価値を信頼性をもって測定できる場合にのみ，従

業員給付をなす義務を負債として認識しなければならない。」

　年金会計では，従業員が現在までの勤務により既に稼得した年金給付の現在価値を**年金債務**として把握する。このような年金債務は，過去の取引又は事象によって発生し，年金給付の支給に伴い経済的資源の流出をもたらす義務をなすので，負債の認識要件を満足する。

(2)　「**年金（制度）資産の資産認識**：企業が過去の取引の結果として資源を支配し，資源から企業への将来の経済的便益のフローが期待され，かつ，このような資源の原価又は価値が信頼性をもって測定できる場合にのみ，従業員給付から生じる資産を認識する。」

　企業年金制度のもとで，企業が外部に積み立てている**年金資産**は，過去の取引の結果として企業が支配する経済的資源をなし，その運用によって将来の経済的便益（運用収益）の稼得が期待されるので，資産の認識要件を満たす。このような年金資産は，公正な評価額により測定することができる。

(3)　「**年金資産・負債の現在価値測定**：従業員給付に伴う負債および資産は，概念フレームワークに準拠し，かつ経済的便益をもつ資源の企業からの流出，あるいは将来の経済的便益の企業への流入を適切に反映する測定基礎に基づいて測定されなければならない。」

　資産・負債のコンセプトに注目し，貸借対照表を重視する視点に立つ年金会計基準では，年金債務の測定にあたっては，年金の将来給付額の見込額について，期間配分額を一定の割引率で割り引いた現在価値額による。また，年金資産は専ら従業員給付の支払い，または基金目的で保有されるものであり，金融財として公正価値で測定される。

(4)　「**年金費用の認識**：勤務サービスの対価としての従業員給付コストに付随して，（将来の）経済的便益の費消や消滅，または資産として認識することができなくなる時，当該給付コストを各期間の費用として認識しなければならない。」

　年金会計では，当期中の従業員の勤務により生じる**現在勤務費用**は，

将来支払われるべき給付建債務の現在価値の増加額として算定される。
(5)「**年金資産運用益の認識**：資産の増加又は負債の減少に関連して将来の経済的便益の増加が生じ，かつ，それを信頼性をもって測定できる時，従業員給付から生じる収益（インカム）を認識する。」

期首の年金資産の額について，市場での期待収益率を乗じて年金資産の運用による期待収益が算定される。

上記(1)と(2)とは年金債務と年金資産の認識にかかる特徴をなし，上記(3)は年金資産・負債の現在価値測定という測定面の特徴を示す。また，上記(4)は年金費用を取り扱うのに対して，上記(5)は年金運用益という収益を取り扱う。ここでは，年金資産・負債の認識において資産・負債概念との準拠性が重視され，また，年金資産・負債の測定においては将来キャッシュ・フローの現在価値というフローを前取りしたストックの計算に焦点が置かれている。しかも新IAS19は，年金費用を年金債務の当期における増加額として把握し，年金債務というストックを重視した「**貸借対照表パースペクティブ**」に立つ。これは，従来，年金会計の議論が，対応概念に基づいた年金コストの期間配分というフロー計算に焦点が置かれてきたのとは好対照をなす（古賀2000）。

「**図表12-2**」は，以上の年金給付の会計基準の特徴を要約的に示したものである。

§3 年金給付の制度モデル

年金給付の基本的制度モデルとして，大きく次の2つがある。
- 確定拠出型制度（defined contribution plans）
- 確定給付型制度（defined benefit plans）

確定拠出型（掛金建制度）は，企業（事業主）が従業員（受給者）のために予め定められた掛金を拠出する制度であり，給付額の大きさは従業員による年金（制度）資産の運用業績に依存する。つまり，年金の支給額に係るリスクは従業員が負うことになる。それに対して，**確定給付型（給付建制度）**の場合，

図表12-2　年金給付の会計基準の特徴

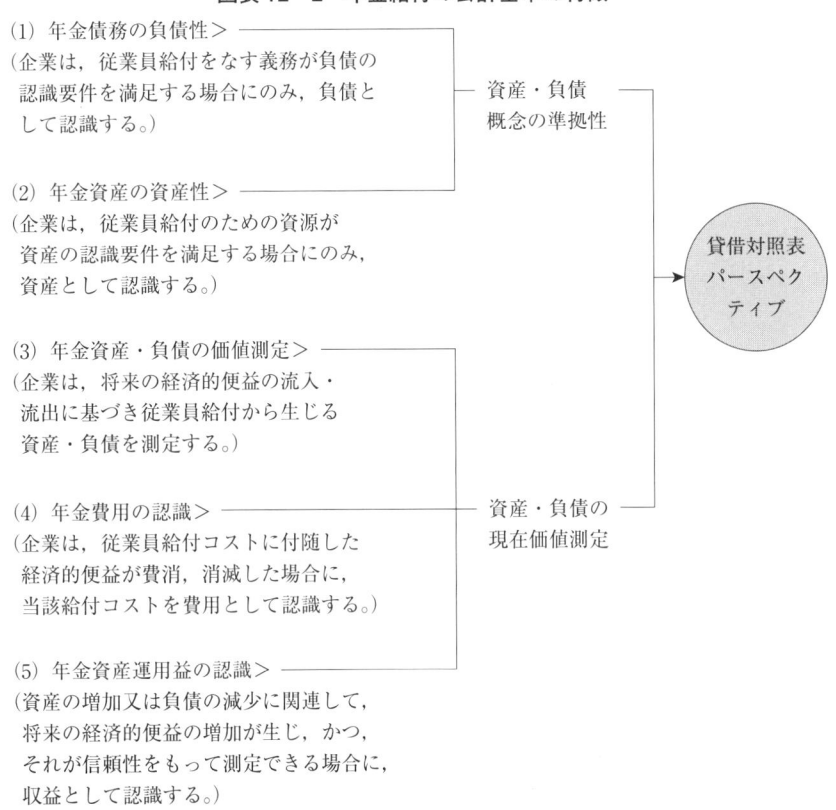

(1) 年金債務の負債性＞
(企業は，従業員給付をなす義務が負債の認識要件を満足する場合にのみ，負債として認識する。)

(2) 年金資産の資産性＞
(企業は，従業員給付のための資源が資産の認識要件を満足する場合にのみ，資産として認識する。)

── 資産・負債概念の準拠性

(3) 年金資産・負債の価値測定＞
(企業は，将来の経済的便益の流入・流出に基づき従業員給付から生じる資産・負債を測定する。)

(4) 年金費用の認識＞
(企業は，従業員給付コストに付随した経済的便益が費消，消滅した場合に，当該給付コストを費用として認識する。)

── 資産・負債の現在価値測定

(5) 年金資産運用益の認識＞
(資産の増加又は負債の減少に関連して，将来の経済的便益の増加が生じ，かつ，それが信頼性をもって測定できる場合に，収益として認識する。)

→ 貸借対照表パースペクティブ

(出典：古賀2000，229頁，一部加筆・修正)

　従業員に支給される年金額は勤続年数や給付の金額等に基づき予め定められており，この給付額を満たすために必要な掛金額を事業主が拠出する制度である。この場合，年金資産の金額が所定の給付額を支払うのに十分でないとすれば，事業主がその不足分を補って拠出しなければならない。したがって，確定給付型では，年金支給に係るリスクは明らかに事業主が負うことになる。

　このように，確定給付型制度では，信託基金は事業主とは法的に独立したものであるが，その経済的実質において両者は相結合された単一の経済的実体を

図表12-3　2つの制度モデル

(モデル1) 確定拠出型（掛金建）制度

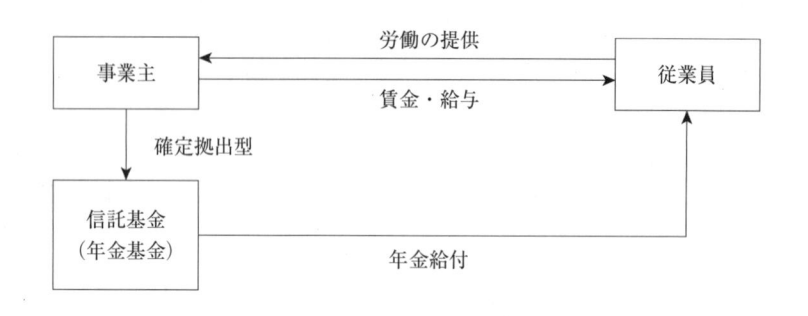

```
事業主 ←―― 労働の提供 ―― 従業員
       ――  賃金・給与 ――→
  │ 確定拠出型
  ↓
信託基金
（年金基金）  ―― 年金給付 ――→
```

(モデル2) 確定給付型（給付建）制度

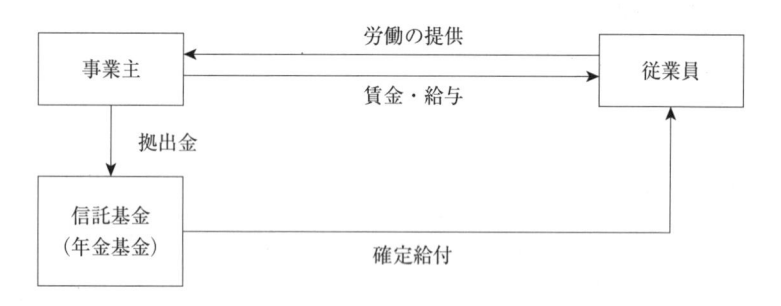

```
事業主 ←―― 労働の提供 ―― 従業員
       ――  賃金・給与 ――→
  │ 拠出金
  ↓
信託基金
（年金基金）  ―― 確定給付 ――→
```

(出典：Miller, 1987, p. 100, Diagram 1-3；古賀 2009, 232頁につき加筆・修正)

なす点に留意されたい。そこでは，信託基金に拠出された基金は，実質的には従業員に対する債務の担保をなす。

　以上，2つの制度モデルについて，事業主，信託基金および従業員（受給者）の三者の関係を示したのが，「**図表12-3**」である。

【会計上の取扱い】

　確定拠出型の場合，従業員に対する年金債務は，基金に拠出された各期の金額によって決定され，しかも，年金債務が当年度に決済されるのであれば，利

子率を用いた割引計算も必要ではない。このように，制度自体が相対的に単純であるので，その会計上の取扱いも次のように明快である（IAS19，44項）。

- 確定拠出型制度のもとで支払うべき掛金額について，既に支払った掛金額を控除した不足額は負債（未払費用）として認識する―**「未払額の負債認識」**
- 支払った掛金額が当期の勤務に対して支払うべき金額を超過する場合，それが将来支払額の減少又は現金の返還となる範囲で，超過額を資産（前払費用）として認識する―**「超過額の資産認識」**
- 当期に支払うべき掛金額を費用として認識する―**「掛金額の費用認識」**

掛金額の金額が，従業員の勤務を行った期末後12ヶ月を超えた期日で到来する場合，割引計算による年金債務の計算が必要になる（同，45項）。

確定給付型（給付建）制度では，年金債務や費用の会計は，数理計算上の仮定や割引率を用いた現在価値測定を必要とするので，会計上の取扱いも複雑になる。その主な特徴は，次のように要約して示される（IAS19，50項）。

- 当期および前期以前の勤務の対価として従業員が稼得した将来の給付額について，信頼し得る見積りを行うために**数理計算上の諸仮定**を用いる―（例）．平均寿命，離職率，給与の上昇率。
- 過去および現在の勤務による年金債務の現在価値（および，その期間的差額としての現在勤務費用）を算定するためには，**「予測単位積増方式」**を用いた割引計算が行われる。
- 年金資産は公正価値で測定される。
- 保険数理差損益の合計額，およびそのうちで認識されるべき金額を算定する。
- 制度の導入・改善により生じた過去勤務費用を算定する。
- 制度の縮小・清算により生じた損益を算定する。

「図表12-4」は以上の2つの年金会計アプローチを比較対比して示している。

図表 12-4　年金会計アプローチ

	確定拠出型（掛金建）	確定給付型（給付建）
■ 年金資産・負債項目 ・資産・負債の算定 ・数理計算の仮定／割引計算	・前払費用（積立額＞年金費用）又は未払費用（積立額＜年金費用） ・原則として数理計算の仮定・割引計算は不要（ただし，拠出の金額が当該期末後 12 ヶ月以内に到来しない場合，要割引計算）	・年金（制度）資産の公正価値測定・年金債務の割引現在価値測定 ・数理計算の仮定・割引計算の採用
■ 年金損益項目 ・年金費用の認識 ・保険数理上の損益の認識 ・年金資産の運用益	・当期の拠出額による年金費用の認識 ・不要 ・認識せず	・現在勤務費用の認識(予測単位積増方式) ・制度の改善等による過去勤務費用の認識（既受給権者の場合，即時費用処理） ・損益の認識（回廊アプローチの適用） ・年金（制度）資産運用益の認識

§4　給付建債務の会計

1　年金債務・費用計算の基本的アプローチ

　IAS19における年金債務・費用計算の認識・測定の基礎をなすのは，発生給付評価方式（その１つが，後述の予測単位積増方式）である。この発生給付評価方式ないし給付アプローチ（benefit approach）は，代替的アプローチとしての原価アプローチ（cost approach）と対比される（FASB討議資料1981；古賀2000）。端的に言えば，給付アプローチは，年金給付を各期間に割り当て，その現在価値を年金費用とするのに対して，原価アプローチは，年金給付総コストを平準化するように年金給付を将来の期間にわたって割り当てようとする方法であ

る。

　給付アプローチは，当期における年金給付債務の増加額を把握し，その現在価値が当期の年金費用となるという意味で，ストック計算に焦点を置く「**年金債務指向的アプローチ**」をなす。それに対して，**原価アプローチ**は，年金給付債務額全体の現在価値（年金給付総コスト）を見積もり，それを将来の期間にわたって平準的に期間配分することによって原資を積み立てていくという意味で，フロー計算を重視した「**費用指向的アプローチ**」として特徴づけられる。このように，ストック計算ないし貸借対照表の視点に立つ給付アプローチでは，年金債務の確定から出発して年金費用を把握しようとする点が注目される。

　原価アプローチが，従業員の将来の総年金給付額について割引計算を行った総額を，従業員の全勤務期間にわたって平均的に配分しようとする平準化指向が強いのに対して，給付アプローチは，当期の従業員の勤務から発生した年金給付コストを把握しようとする点で企業会計の「**発生主義**」の考え方とも整合する。また，過去の事象（労働の対価）を取り扱う点で，概念フレームワークの負債概念とも合致している（IASC 討議資料 1985；古賀 2000）。

【予測単位積増方式】

　予測単位積増方式は発生給付評価方式の1つをなし，従業員が勤務サービスを提供するごとに，将来，給付を受ける権利に追加的な1単位を生じさせるとみなして，各年度の期末債務の金額を算定する方法である（IAS19, 65項）。各単位について現在価値を算定し，それを勤務サービスが提供される会計期間に帰属させ，それぞれ独立して算定した単位ごとの現在価値を合算して退職時に支払うべき給付債務の合計額を算定する。その計算期間にわたって，期首の現在価値評価額に対して利息費用が認識される。

　次の「**設例1**」は，予測単位積増方式の計算例を示すものである。

【設例1】

　従業員Aは2011年4月に5年の期限付きで就職し，2016年3月末で退職するものとしよう。退職時に，5百万円の退職一時金が支払われるものとし，この

退職一時金は毎年1,000,000円ずつ5年間にわたって均等に発生するものとする。また，割引率は年4.0％とする。

以上のデータに基づき，各年度の勤務費用および支払利息を算定しなさい。

【解　説】

まず，従業員Aの給付額について各年度への帰属は，次のとおりである。

(単位：1,000円)

年度	2011年度	2012年度	2013年度	2014年度	2015年度
給付額の帰属					
前年以前	0	1,000	2,000	3,000	4,000
当年度	1,000	1,000	1,000	1,000	1,000
当年度および前年以前	1,000	2,000	3,000	4,000	5,000

上記の金額は，割引率年4.0％を用いて割引計算を行い，現在価値で測定する。

(単位：1,000円)

年度	2011年度	2012年度	2013年度	2014年度	2015年度
給付債務					
期首債務		855	1,778	2,774	3,846
利息@4％		34 *2	71	111	154
現在勤務費用	855 *1	889 *3	925	961	1,000
勤務債務	855	1,778	2,774	3,846	5,000

(注)

*1　$1,000 千円 / (1.04)^4 = 855 千円$

*2　855千円 × 0.04 = 34千円

*3　$1,000 千円 / (1.04)^3 = 889 千円$

参考までに，仕訳は次のとおりである。(単位：1,000円)

2011年度（2012年3月31日）

　　（借）　退職給付費用（現在勤務費用）　　　855

　　（貸）　退職給付引当金　　　　　　　　　　　　　　855

2012年度（2013年3月31日）
（借）　退職給付費用（現在勤務費用）　　889
（借）　退職給付費用（利息費用）　　　　 34
（貸）　退職給付引当金　　　　　　　　　　　　　923

(出典：IAS19, 65項「設例」を参考に，Koga・Yao 2010, p.231, Illustration 15-1につき加筆・修正)

2　給付建負債の算定

IAS19では，確定給付債務の現在価値に次の金額の差引合計額として，ネットとしての**確定給付負債**（給付建負債）の金額が算定される（同，54項）。

- 貸借対照表日現在における給付建債務の現在価値（前述の予測単位積増方式によって算定）
- （＋）未認識の保険数理上の利得
- （－）未認識の過去勤務費用
- （－）制度資産の貸借対照表日現在における公正価値

保険数理上の利得・損失（**保険数理差損益**）は，事前の仮定と実際の結果との差異，および保険数理上の利得の仮定の変更に伴う影響から構成される。IAS19では，その実際の取扱いにおいて，後述するように，「回廊アプローチ」を採用している。また，過去勤務費用とは，前期以前における従業員の勤務に関して，当期中における退職後給付又は他の従業員給付の導入ないし変更により生じた給付建債務の現在価値の増加額をいう（同，7項）。

上記の確定給付負債の計算式において，差引合計額が負の場合，資産が認識される。この場合，IAS19では，資産として計上される金額は，(a) 上記の差引合計額（負の金額）と，(b) 次の金額の合計額（(i)＋(ii)），つまり，

(i)　未認識の正味保険数理差損の累積額および過去勤務費用，および
(ii)　制度からの返還又は制度への将来の掛金額の減少となるような入手可能な経済的便益の現在価値

以上の（a）と（b）のいずれか低い方の金額で測定される（同，58項）。

次の「**設例2**」は，差引合計額が負となるケースを例示するものである。

【設例2】

　ABC社の給付建制度に関する貸借対照表項目は，次のとおりである。

(単位：1,000円)

給付建債務の現在価値	1,650
制度資産の公正価値	(1,785)
	(135)
未認識の保険数理上の損失	(165)
未認識の過去勤務費用	(105)
IAS19の初期採用に伴う未認識の負債の増加額	(75)
負の差引合計額	(480)
入手可能な制度からの返還予定額の現在価値	150

【解　説】

　本ケースでは差引合計額が負であるので，計上される資産の金額には，次の制限が課される。(単位：1,000円)

未認識の保険数理上の損失	(165)
未認識の過去勤務費用	(105)
制度からの返還金額の現在価値	(150)
負の差引合計額	(420)

(注)

　420,000円は負の差引合計額480,000円より小さいので，ABC社は420,000円を資産として認識し，資産の計上限度により簿価が60,000円減少した旨を開示する。

(出典：Kirk 2005, p.287, Example11.4 に基づき加筆・修正)

3 年金（制度）資産の測定と資産収益の認識

　事業主から年金基金・信託に拠出される資金は株式や社債等に投資される。これらの制度資産は公正価値で測定され，給付債務から控除してネットの負債が算定される。公正価値として市場価格が用いられるが，市場価格が得られない場合には，将来キャッシュ・フローの割引現在価値で測定される。制度資産からの利息，配当や未実現の評価益は，（その管理費用・税金を控除後に）制度資産の収益（年金資産運用益）として認識する。

　IAS19では，**制度資産**には次のものが含まれる（同，7項）。

- 長期の従業員給付基金が保有している資産，および
- 適格な保険証券

　「**長期の従業員給付基金が保有している資産**」とは，第1に，報告企業から法的に分離され，従業員給付の支払い，または積立を行うためだけに存在している事業体によって保有されていること，かつ，第2に，そのような支払いや積立を行うためだけに利用可能であり，報告企業自身の債権者には利用できず，原則として報告企業に返還できないものをいう。

　次のケースはいずれも，上記の長期の従業員給付基金が保有している資産の定義を満たしておらず，制度資産には該当しない（PWC2009）。

・（ケース1）——　日本企業A社は，給付建制度を運用するインド子会社B社を有している。この制度資産は積立が不足しているが，A社は将来の給付義務を果たすのに十分な投資資産を保有し，それを売却可能金融資産として取り扱っている。この投資資産は給付建義務に関連づけられるものとして把握されているが，それらは報告企業から法的に独立した事業体によって保有されたものではない点で，IAS19の制度資産に該当しない。

・（ケース2）——　日本企業X社は，米国子会社Y社をもつ。Y社は，Z信託を通じて同社の上級経営担当者に退職給付を提供している。Z信託との合意書では，年金負債をカバーするために保有された資産は，X社の一般債権者に対する決済にも使用できることに

なっている。したがって，Z信託が保有する資産は，IAS19の制度資産には該当しない。

4 保険数理差損益の認識と「回廊アプローチ」

給付債務の計算では，従業員給付見込額や勤務期間，その他保険数理上の諸仮定に基づいて退職給付コストが算定される。保険数理上の仮定として，IAS19では，大きく従業員の離職率・死亡率等に関する「**人口統計上の仮定**」と，将来の給付水準・割引率等に関する「**財務上の仮定**」の2つが区分され，これらはそれぞれ偏向なく，かつ，相互に整合したものでなければならないとされている (IAS19, 72・73項)。また，確定給付型の年金制度の中には，特定の業績目標の達成に基づいて設計される場合もあり，これも最終的に給付コストの算定に影響する変数をなす。この場合，仮定と業績との差異や仮定の変更に伴う影響をなすのが，保険数理上の利得・損失（保険数理差損益）である (同，7項)。これらは制度資産の公正価値や年金負債の現在価値の計算の仮定（例．制度資産の期待収益率，割引率）についての予想外の差異によって生じる。

保険数理差損益の認識アプローチとして，IAS19において一般に採用されているのが「**回廊アプローチ** (corridor approach)」である。これは保険数理差損益が，ある一定の「回廊」という範囲内にある場合には，これを損益として認識しないことを容認するものである。IAS19では前期末の保険数理差損益の正味の未認識累計額が，

- 前期末の退職給付債務の現在価値の10パーセント，又は
- 前期末の年金資産の公正価値の10パーセント

のいずれか大きい方の金額を回廊リミットとして，それを超える場合には，超過部分を平均残存勤務期間で除した額を定額償却することとした (同，92項)。

次の「**設例3**」はその具体的取扱いを示している。

【設例3】
　ABC社の2011年3月末の確定給付型制度に関するデータは，，次のとおりで

ある。これに基づき，2012年3月末の同社の損益計算書上で認識すべき保険数理差損益はいくらであろうか。

給付建債務の現在価値	2,250	（単位：1,000円）
年金資産の公正価値	1,800	
未認識の保険数理差損益（負債）	285	
制度に参加する従業員の平均残余勤務年数	10年	

【解　説】

2012年3月末の同社の保険数理差損益は，次の3つの計算ステップに従い算定される。

・ステップ1──「回廊リミット」の計算

回廊リミットは，前期末の退職給付債務の現在価値の10％と，前期末の年金資産の公正価値の10％との大きい方の金額であるので，225,000円である。

・ステップ2──認識すべき保険数理差損益の総額の計算

制度の対象となる従業員の残余勤務年数にわたって認識すべき数理差損益の総額は，前期末の未認識の保険数理差損益が「回廊リミット」の金額を超過する部分である。したがって，前期末の未認識の金額285,000円が回廊リミットの金額225,000円を超過する差額，60,000円が認識すべき保険数理差損益となる。

・ステップ3──当期に認識すべき金額の計算

2012年3月期末に認識すべき金額は，前の計算ステップで算定された数理差損益の総額（60,000円）を，従業員の平均残余勤務年数（10年）で除した金額6,000円であり，これが2012年3月期の損益計算書で保険数理差損益として計上される。

（出典：PWC2009, *Manual of accounting IFRS 2010*, p.11105, Exampleを参考に加筆・修正）

このように，回廊アプローチを用いた保険数理差損益の会計では，当年度に生じた差損益については何ら会計処理をしない点に注意されたい。なお，IAS19では，このアプローチの他に，代替的方法として早期認識や当期の損益計算書で全額認識する方法，またその他の包括利益（OCI）において認識する

方法も認められている。

5 過去勤務費用の計算

過去勤務費用とは，前期以前における従業員の勤務に関して，当期中における従業員給付制度（退職後給付，又は他の長期給付制度）の導入，又は変更により生じた給付建債務の現在価値の増加額をいう（IAS19, 7項）。しかしながら，給付制度の変更によって給付債務が減少することもあり得ることから，2008年5月の年次改善プロジェクトの結果，給付債務の現在価値の増加額ではなく，現在価値の変動という表現に改訂された。

次の「設例4」は，過去勤務費用の計算例を示している。

【設例4】

MN社の長期従業員給付制度では，最低5年間の勤務サービスを条件として，各年度の期末報酬の1.10％の年金を給付するように設計されている。2011年4月1日，同社は従業員給付制度の見直しを行い，年金給付の割合を各年度の最終報酬の1.35％に増額することにした。これは，2011年3月期以前の年度にも適用されるものとする。その結果，次のように，同社の給付債務の現在価値の金額は，1,000,000円の増額となった。

2011年4月1日時点で5年以上の勤務経験を有する従業員	600,000円
2011年4月1日時点で5年未満の勤務経験を有する従業員（平均勤務年数3年）	400,000
確定給付債務の増加額	1,000,000

【解 説】

年金給付の有資格者に係る給付債務の金額600,000円は，即時に費用処理されなければならない。これらの過去勤務費用は，従業員に対する給付制度の改善に伴い，受給資格を有する従業員が過年度に行った勤務サービスに関連して発生した費用であるので，損益計算書に即時に費用計上されなければならない。

未資格者に対する給付債務の現在価値400,000円は，2011年4月1日以降の会計年度において，受給資格を有するまでの平均勤務年数2年にわたって，均等額で計上される。これらの従業員はまだ年金を受給する資格が得られていないので，受給権を得るまでの期間（2年間）にわたって，提供する勤務サービスの見返りとして追加的なベネフィットが付与される。

（出典：PWC2009, p.11087に基づき一部加筆・修正）

レビュー問題

問題1　年金会計について，次の用語（1）〜（4）について，その差異が分かるように説明しなさい。
　　（1）　確定拠出型制度と確定給付型制度
　　（2）　給付建債務と給付建負債
　　（3）　給付アプローチと原価アプローチ
　　（4）　現在勤務費用と過去勤務費用

問題2　IAS19の従業員給付の会計，とくに年金会計の基礎をなす基本的考え方が「貸借対照表パースペクティブ」の会計として特徴づけられるのはなぜか。（年金資産・負債や年金収益・費用の認識・測定のそれぞれの側面から，根拠を示して具体的に説明すること。）

問題3　保険数理差損益の会計処理について，次の問に答えなさい。
　　問（1）　IAS19の「回廊アプローチ」とは何か。
　　問（2）　次のデータに基づき，(1) 2011年3月31日に認識される保険数理上の利得（保険数理差損益），および (3) 2012年3月31日に認識される保険数理上の利得（保険数理差損益）を算定しなさい。

2010年3月末日の関係データ	
・制度資産の公正価値	7,500千円
・給付建債務の公正価値	6,750千円
・未認識の保険数理上の利得累積額	1,125千円
・制度の参加従業員の平均残余勤務年数	10年間

2011年3月末会計年度の会計データ
- 年度資産の公正価値　　　　　　　　　8,250 千円
- 給付建債務の公正価値　　　　　　　　7,125 千円
- 正味の保険数理上の利得　　　　　　　　150 千円
- 制度の参加従業員の平均残余勤務年数　　 10 年間

【ヒント】
　2012年3月期の未認識の保険数理上の利得の計算を行うにあたって，まず2011年3月末の時点での未認識の保険数理上の利得（2010年末未認識の利得累積額＋2011年3月期中に発生した保険数理上の利得－2010年末に認識した保険数理上の利得）を算定しなければならない。

【参考文献】

経済産業省（2010）『通商白書2010』。

古賀智敏（2000）『価値創造の会計学』税務経理協会。

古賀智敏・鈴木一水・國部克彦・あずさ監査法人編著（2009）『国際会計基準と日本の会計実務[三訂版]』同文舘。

内閣府（2009），『平成21年度版　高齢化社会白書』。

武田隆二（2009）『最新財務諸表論〈第11版〉』中央経済社。

International Accounting Standards Committee (IASC) (1995), *Issues Paper, Retirement Benefit and Other Employee Benefit Costs*.

────（1998），IAS19, *Employee Benefits*（ASBJ『国際財務報告基準（IFRSs）2007』LexisNexis；企業会計基準委員会・財務会計基準機構監訳『2010 国際財務報告基準』中央経済社）。

Kirk, R. (2006), *International Financial Reporting Standards in Depth*, Elsevier Butterworth Heinemann.

Miller, P. (1987), "The New Pension Accounting (Part 1)", *Journal of Accountancy*, January 1987.

Koga, C. and Yao, J. (2010), *Japan CCH Guide*, CCH.

Ng, E. J. (2009), *A Practical Guide to Financial Reporting Standards (Singapore)*, CCH.

PriceWaterhouseCoopers (2009), *Manual of accounting IFRS2010*.

第13章

M＆Aのグローバル化と企業結合会計

§1　M＆A市場の動向と企業結合会計の展開

　1990年代初頭のバブル崩壊以降，日本企業の合併・買収（M＆A）は増加傾向にある。とくに今世紀に入ってその件数は急増し，1996～2005年までの10年間でM＆A件数は約4倍となった（「**図表13-1**」参照）。その背景をなすのは，バブル崩壊に伴う金融システムの縮小と金融ビッグバン，その後のデフレ

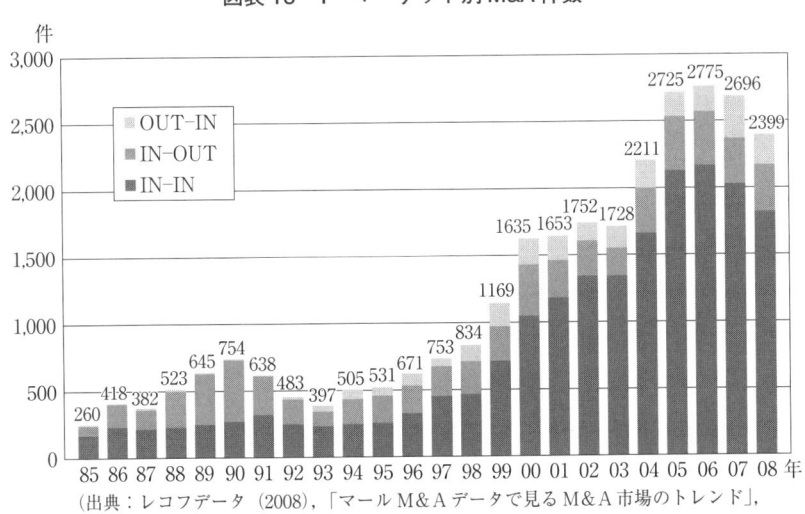

図表13-1　マーケット別M&A件数

（出典：レコフデータ（2008），「マールM&Aデータで見るM&A市場のトレンド」，http://www.recof.co.jp/column/ma_trend.html）

経済の浸透という金融市場・経済環境の変化であった。企業は銀行主導の間接金融から証券市場での直接金融への重点シフトを求められるとともに、企業価値の向上に向けて「選択と集中」を急ぐようになり、グループの事業ポートフォリオの見直しや事業戦略の再構築によって、日本国内のみならずグローバル・レベルでの**M＆A戦略**と企業再編が促進されていった（レコフデータ 2008）。

日本企業の近年のM＆Aの動向を特徴づけるものとして、**M＆Aのグローバル化**と取引金額の大型化がある。わが国のM＆A市場では、従来、国内市場での業界再編を目的とした日本企業間での買収（「IN-IN」型）が主流であったが、2006～2008年にかけて日本企業が海外企業を買収する「IN-OUT」型の案件が金額規模として目立つようになった（「**図表13-2**」参照；みずほリサーチ 2008, レコフデータ 2008）。これは、近年の世界的な株価低速や円高を背景として、成長力の高い市場での事業拡大を目指して、日本企業による海外企業の買

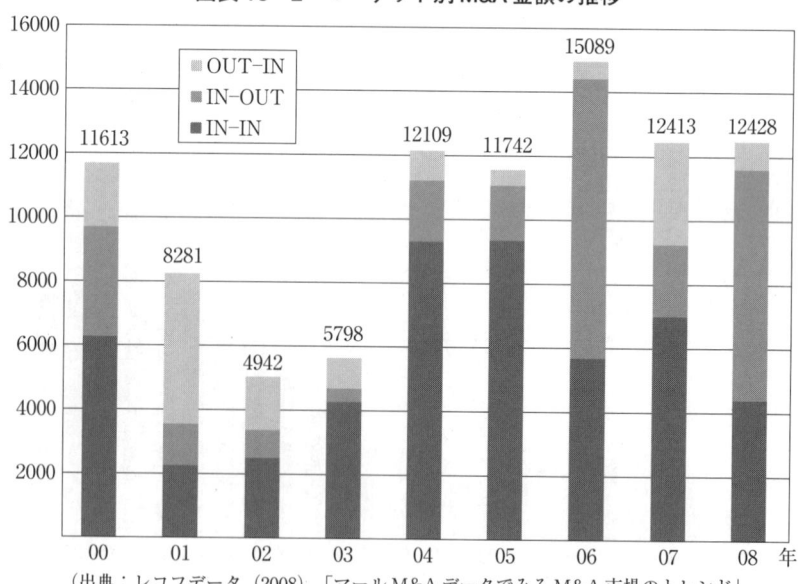

図表13-2　マーケット別M&A金額の推移

年	00	01	02	03	04	05	06	07	08
合計	11613	8281	4942	5798	12109	11742	15089	12413	12428

（出典：レコフデータ（2008）,「マールM&AデータでみるM&A市場のトレンド」, http://www.recof.co.jp/colamn/ma-trend.html）

収が促進されていったからであった。

たとえば，武田薬品工業による米ミレニアム・ファーマシューティカルズ（2008年4月，8,999億円），第一三共による印ランバクシー・ラボラトリーズ（同年8月，3,700億円），東京海上日動火災による米フィラデルフィア・コンソリティッド（同年7月，4,987億円）など内需型企業による**グローバル成長戦略**の一環としての大型取引を例示するものである（レコフデータ2008）。このほか，TDKの独エプロス，三菱レイヨンの英ルーサント・インターナショナルの買収など，グローバル競争でのシェア獲得を目指すM＆A，丸紅，伊藤忠商事など総合商社による資源開発権益の取得を目的としたM＆Aなどがある。

このような日本企業のグローバル化の展開は，「**図表13-3**」からも明らかである。これは，主要上場企業について，売上高・総資産に占める海外事業のウェイトを示すものであり，そこでは2002年以降，海外事業の相対的重要性は着実に高まっていることが示されている。海外での事業の拡大とともに，既存企業の基盤を活用しようとするM＆Aがそれと連動して増大することになった（みずほリサーチ2008）。

企業のM＆Aの取引実態を反映する会計情報の比較可能性を目的とするのが，**国際財務報告基準第3号（IFRS3）「企業結合」**（2004；改訂2008）であった。本基準は，当初，国際会計基準第22号（IAS22）「企業結合の会計」（1983）として公表されたが，その後，2度（1993年，1998年）の改訂を経て，2004年3月，IFRS3を公表した。これまでのIAS22では，企業結合の処理方法として「持分プーリング法」と「パーチェス法」との代替適用が認められていたのに対して，IFRS3では，すべての企業結合に対して**パーチェス法**を用いることを要求するようになった点は，その1つの大きな変更点である。

もう1つの大きな特徴は，のれんの取得後の会計処理として，IAS22では，20年を超えない耐用年数にわたって規則的償却を要求したのに対して，IFRS3では，**のれんは償却せず**，減損テストの適用対象とした点である。このIFRS3に対して，IASBと米国FASBとの財務報告の改善に向けての第2フェーズにおいて，取得法を適用する指針と開示規定を充実させて公表された

図表 13-3　日本企業のM&Aの海外展開

【売上高】

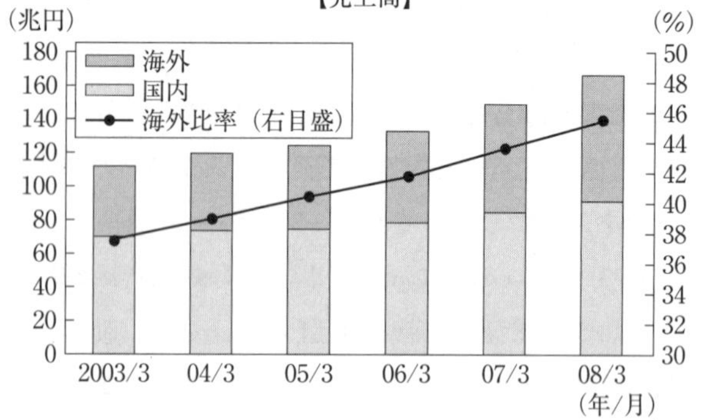

【資　産】

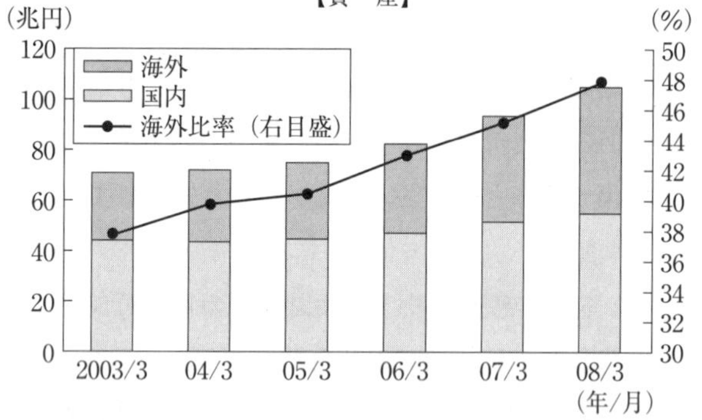

(出典：みずほリサーチ (2008),「日本企業のM＆A動向」,
2008年12月；原資料 NEEDS-Financial QUEST)

のが，改訂 IFRS3（2008）である。

　以下，本章では，改訂 IFRS3 を中心に企業結合の会計の考え方と具体的取扱いについて説明することにしよう。

§2　企業結合の対象と会計の視点

1　事業の定義と要件

　企業結合（business combination）とは，一般に2つ以上の会社が1つの会社に

合同することをいう。企業結合は、その目的によって水平的結合（市場における優位な地位の確保目的）や垂直的統合（原材料の確保や販路の確立目的），およびコングロマリット結合（複合企業）などがある。

改訂 IFRS3 では，より具体的に，**企業結合**とは，「取得企業が 1 つ又は複数の事業に対する支配を獲得する取引又はその他の事象」（改訂 IFRS3，付録 A）として定義づけ，取得した資産と引き受けた負債は「事業（business）」を構成するものでなければならないとしている（同，3 項）。事業の取得と事業を構成しない資産・負債の取得とは明確に識別され，企業結合およびその会計の対象となるのは，事業を構成する資産・負債の取得である。

事業は，インプット，プロセス，およびアウトプットの 3 つの構成要素から成る（同，付録 B，137 項）。

- インプット：アウトプットを創出する能力を有した経済的資源（例．非流動資産，知的所有権，必要な材料や権利など）
- プロセス：アウトプットを創出するか，創出する能力を有するシステム，標準，プロトコル，慣習または規則（例．戦略的経営プロセス，営業プロセスおよび資源管理プロセスなど）
- アウトプット：インプットに適用されたプロセスの成果（例．投資者に対する配当その他の経済的便益）

改訂 IFRS3 では，事業は経済的対価（配当等）を提供するように実施され得るものであるにすぎず，事業を構成する不可欠の要素は，インプットとプロセスのみである（同，付録 B，8 項）。

「**設例 1**」は，取得した企業が企業結合の対象となる事業に該当するかどうかを提示している。

【設例 1】

ABC 社は，グローバルなコングロマリット LM 社の有機食品加工事業を取得した。同社は，取得した有機食品事業を独立事業部門として引き続き継続しようとしている。LM 社の有機食品事業はシンガポールでは別個の会社として行

われているが，日本ではLM社の独立事業部門で行われている。取得した食品加工事業には，経営陣，従業員，製品販路に関する合意書，ブランド名，著作権および基幹システム（注文，請求，在庫システムなど）が含まれている。しかしながら，LM社の製品を販売するセールス要員は，この取引には含まれていないものとする。

　この場合，LM社の有機食品事業は企業結合の対象としての事業に該当するであろうか。

【解　説】

　LM社の有機食品事業は「事業」に該当する。

(1) ステップ1—取得されたものの要素には，インプット（つまり，製品販路に関する合意書，ブランド名，経営者や従業員）およびプロセス（基幹システムとそれに付随したプロセス）を含んでいる。

(2) ステップ2—セールス要員は取得された対象には含まれていないので，取得されたものには，管理をなし製品を産出するのに必要なインプットや付随したプロセスを必ずしもすべて含むものではない。販売活動を行い，売上収益をもたらすセールス要員が取得されていないことによって，取得グループの経済的価値の創出能力に影響する。

(3) ステップ3—ABC社は，将来の市場参加者としてセールス要員を擁した戦略的な買い手が現れることを予定することができる。したがって，セールス要員が取得されていないことによって，取得されたグループが事業ではなくなることはない。また，ABC社が有機食品事業として事業を継続する意図の有無は，取得対象が事業であるかどうかの評価に影響しない。ABC社が，たとえ取得された事業活動を継続しないとの意図のもとで本取引を行ったとしても，取得されたグループは事業と考えられる。

> したがって，取得対象企業がセールス要員を含んでいないとしても，欠落したインプット部分（つまり，セールス要員）が，容易に代替ないし獲得できるとすれば，取得対象は事業とみなされる。そのためには，各状況の事実と状況のもとでの判断を要する。

（出典：PricewaterhouseCoopers（PWC）(2009), *Manual of accounting IFRS2010*, CCH, pp. 25A010-25A011, Example 2 を参考に，一部加筆・修正）

2 企業結合会計の基本的視点

会計理論上，企業結合の会計アプローチとして，大きく次の3つの見方がある（AASB・FASB 1998；古賀 2000）。

- **所有主パースペクティブ**（持分プーリング法）：企業結合を企業間の取引としてよりもその株主相互間の取引から生じたものとみて，所有主の視点から結合企業に対する所有主持分の単なる結合として企業結合を解する立場である。したがって，それぞれの企業の資産・負債の支配においてなんら変化を生じるものではない。
- **取得企業パースペクティブ**（パーチェス法；取得法）：企業結合を取得企業と被取得企業との企業間取引として把握し，被取得企業の資産・負債は再評価して取得企業に譲渡されるので，被取得企業においてのみ資産・負債の支配に変化が生じる。
- **新設企業パースペクティブ**（フレッシュ・スタート法）：結合前の企業を被取得企業とし，結合後に新規設立された企業を取得企業として把握する立場である。したがって，この場合には，結合企業のすべての資産・負債に対して新たに会計測定が行われることになる。

国際会計基準では，当初，IAS22において企業結合の方法としてパーチェス法と持分プーリング法のいずれかの採用を認めてきた。しかしながら，IFRS3 (2004) において，この方針を転換し，すべての企業結合に対してパーチェス法を適用して会計処理を行うことにした（IFRS3, 14項）。国際会計基準審議会（IASB）が持分プーリング法を棄却し，また，フレッシュ・スタート法の適用

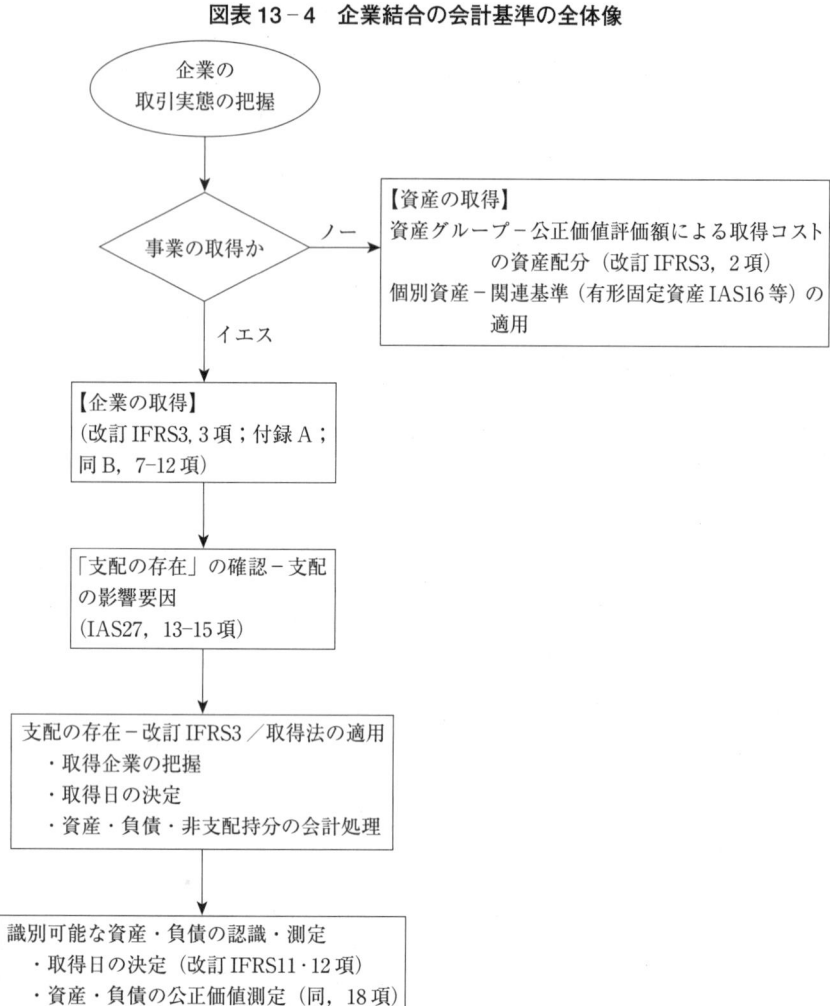

図表13-4 企業結合の会計基準の全体像

```
    企業の
  取引実態の把握
      │
      ▼
  事業の取得か ──ノー──▶ 【資産の取得】
      │                  資産グループ－公正価値評価額による取得コスト
     イエス                  の資産配分（改訂IFRS3, 2項）
      │                  個別資産－関連基準（有形固定資産IAS16等）の
      ▼                      適用
  【企業の取得】
  (改訂IFRS3, 3項；付録A；
  同B, 7-12項)
      │
      ▼
  「支配の存在」の確認－支配
  の影響要因
  (IAS27, 13-15項)
      │
      ▼
  支配の存在－改訂IFRS3／取得法の適用
  ・取得企業の把握
  ・取得日の決定
  ・資産・負債・非支配持分の会計処理
      │
      ▼
  識別可能な資産・負債の認識・測定
  ・取得日の決定（改訂IFRS11・12項）
  ・資産・負債の公正価値測定（同, 18項）
  非支配持分の認識・測定（同, 19項）
  のれんの測定（同, 32項）
```

も支持しなかったのは，次の理由による。

- **持分プーリング法**は，持分を主たる対価とする「真の合併」において，所有持分の完全もしくは実質的な継続の想定のもとで，結合する企業の資

産・負債はすべて企業結合日の公正価値ではなく，企業結合前の帳簿価額で認識されている。その結果，結合後の財務諸表の利用者は，企業結合の結果として生じる将来キャッシュ・フローの特徴や時期，程度を合理的に判断することはできない（IFRS3, BC54項）。しかも，持分プーリング法では，結合する企業間ではなく，企業の所有者間で行われる取引としているが，企業結合を遂行するのは企業であって，その所有者ではない（同，BC52項）。

- **フレッシュ・スタート法**では，新たに形成される企業が結合する2つの企業のそれぞれに対してパーチェス法を適用することになるが，この新設企業は経済的実質をもたない可能性がある。企業結合に関する情報が取引実態を忠実に表現するためには，企業結合以前に存在していた結合企業の何れか1つの視点から，企業結合を表示するアプローチが採用されなければならない（同，BC63-66項）。

以上の議論を受けて，改訂IFRS3における企業結合会計の全体的構図を描いたのが「**図表13-4**」である。

§3 取得法（パーチェス法）の会計

1 取得法の会計ステップ

取得法の会計は，取得企業の立場に立って企業結合を把握しようとするものであり，その基本的ステップは次のとおりである（改訂IFRS, 5項）。

- ■ 取得企業の識別
- ■ 取得日の決定
- ■ 識別可能な取得した資産，引き受けた負債および被取得企業の非支配持分の認識と測定
- ■ のれん又は割安購入益の認識および測定

取得法会計の第1ステップは，企業結合取引において取得企業はいずれか，また，取得日はいつかを決定しなければならない。

2　取得企業の識別

　企業結合が行われる場合，結合企業のうちの1つを取得企業として識別しなければならない（同，6項）。この場合，「**取得企業**（acquier）」は，他の結合企業（つまり，被取得企業）に対する支配を獲得した企業であり，「**支配**」とは，企業活動からの便益を得るために，その企業又は事業の財務および経営方針を左右する力をいう（IAS27，3項；改訂IFRS3，付録A）。

　結合企業の一方が他方の議決権の過半数を所有する場合，原則として一方の企業は他方の企業に対して支配を獲得しているとみることができる。議決権の過半数を所有していない場合であっても，他の投資企業との協定によって，議決権の過半数を支配する力を有する場合，また，法令又は契約によって，企業の財務方針および経営方針を左右し得る力を有する場合など，支配が存在していると推定される（詳細は，IAS27，13項を参照されたい）。

　取得企業の識別にあたって，次のような具体的な適用指針が示されている（改訂IFRS3）。

- 企業結合が主に現金又はその他の資産を移転するか，又は負債を引き受けることにより実行される場合，現金又はその他の資産を移転するか，又は負債を引き受けることになる企業が，通常は取得企業となる（同，B14項）。
- 企業結合が主に資本持分を交換することにより実行される場合，通常は資本持分を発行する企業が取得企業となる（ただし，「逆取得」の場合を除く）（同，付録B，15項）。
- 取得企業は，通常，結合企業のうち，その相対的規模（例．資産，収益，利益など）が，他の結合企業よりも著しく大きい企業である（同，付録B，16項）。

　次の「**設例2**」は，企業結合を行うために新しく設立された企業が，必ずしも取得企業とはならないケース（同，付録B，18項）を示している。

【設例2】
　ABC社とDEF社とは事業を結合させ，XYZ社を設立することに合意した。

ABC社とDEF社の議決権株式のすべては，XYZ社の株式と交換された。ABC社の公正価値は510百万円；DEF社の公正価値は490百万円。両者の株主は，結合会社について同じ比率の議決権株式を保持するものとする（ABC社の株主所有51％；DEF社の株主所有49％）。

XYZ社の取締役会のメンバーは8名であり，そのうち4名はABC社の株主から指名され，もう4名はDEF社の株主から指名されている。すべての主要決定事項は株主の55％の承認を必要とする。ただし，ABC社，DEF社の双方ともに，DEF社の株主がXYZ社の最高執行役員（CEO）並びに最高財務担当役員（CFO）を指名する権利を持つことに同意している。

本ケースにおいて，取得企業をなすのはどの企業であるか。

【解　説】

本ケースはABC社とDEF社との企業結合のケースであり，DEF社が取得企業をなす。新たに設立されたXYZ社は企業結合を実行し，株式を発行するために設立された企業であるので，取得企業として把握されない（改訂IFRS3，付録B18項）。

取得企業は，他の結合企業又は事業を支配する力をもつ企業である。本ケースでは，すべての重要事項は55％の株主の承認を必要とするので，ABC社もDEF社も議決権株式の所有による支配力をもたない。しかしながら，支配は議決権の多数所有以外の方法によって獲得することができる。

企業結合の当事者の1つが結合企業の経営者の決定を支配的に行うことができるとすれば，取得企業を識別することは容易であろう。DEF社は企業結合の鍵となる経営者の指名を支配的に行うことができるので，取得企業をなす（改訂IFRS3，付録B，15(d)項）。

（出典：PWC2009, p.25A23, Example 3 につき，一部加筆・修正）

【逆 取 得】

株式（資本持分）の交換による企業結合では，通常，その発行企業が取得企業となる。しかしながら，証券を発行する企業（法律上の取得企業）が会計目

的上，被取得企業として識別され，資本持分を取得される企業（法的な被取得企業）が会計上の取得企業となる場合がある。これを「**逆取得**（reverse acquisition)」という（改訂IFRS，付録B，19項）。

たとえば，非公開企業が自らの株式を証券取引所に上場せず公開企業になろうとする場合に，非公開企業はより小規模な公開企業によって「取得された」ように仕組むことができる。この場合，法的には公開企業が取得企業であり，非公開企業が被取得企業である。しかしながら，経済的実質上，非公開企業（法的従属会社）が会計目的上の取得企業であり，公開企業（法的親会社）が会計目的上の被取得企業となる。

3 取得日の決定

企業結合の会計処理は取得日に行われる。「**取得日**」とは，取得企業が被取得企業に対する支配を獲得する日である（改訂IFRS3，付録A，8項）。取得日は一般に取得企業が法的に対価を移転し，被取得企業の資産・負債を取得する日である。しかしながら，契約書において取引の実行日より前に取得企業が支配を獲得すると規定されている場合など，取得日が実行日より前になることもある。したがって，取得日を識別する場合，取得企業はすべての関連する事実と状況を考慮して決定しなければならない（同，9項）。

取得法（パーチェス法）を用いた企業結合会計において，取得日を決定することが重要になるのは，次の理由による（PWC2009; Ng2009)。

- 取得企業の営業成果は，取得日以降の成果が損益計算書に算入される。
- 取得日前に生じた損益は，被取得企業の取得前の資産・負債項目として計上される。
- 取得企業の取得する資産・負債は，取得日時点での公正価値で測定される。

したがって，取得日をいつに決定するかは，企業結合の経済実態を財務報告で適切に反映する上で重要になる。

次の「**設例3**」は，取得日が契約書の合意日とは異なるケースを示している。

第 13 章　M&Aのグローバル化と企業結合会計　　**251**

> 【設例 3】
>   ABC 社は KLM 社の株式 100％を現金で取得した。売買契約には，取得日は 2011 年 4 月 10 日と明記された。ABC 社は，同年 5 月 1 日，売買契約のすべての条件が満たされた日に，新たに取締役会メンバーを指名し，現行のメンバーに代えて取締役に任命した。同年 5 月 15 日，対価が支払われた時に，KLM 社の株式は ABC 社へ移転したとしよう。
>   この場合，取得日はいつであろうか。
>
> 【解　説】
>   取得日は，2011 年 5 月 1 日である。この日は，ABC 社が新取締役メンバーを選任した日であり，KLM 社の財務並びに事業方針を支配することができる日である。
>   本ケースでは，支払義務は 5 月 1 日以後であり，KLM 社の支配が ABC 社に完全に移転した 5 月 1 日に対価の交換が行われている。5 月 15 日に実際に現金の支払いが行われたことは，取得の認識には何ら影響しない。
>   売買契約の締結日は会計目的を拘束するものではない。支配が取得企業に移転する日は，必ずしも契約の日付と同じではない。

（出典：PWC2009, p.25A28, Example を一部加筆・修正）

§4　取得した資産・負債の認識と測定

1　取得した資産・負債の認識

取得した資産・負債の認識原則について，会計基準は，次のように規定している。「取得日時点において，取得企業は，のれんとは区別して，取得した識別可能な資産，引き受けた負債および被取得企業のすべての非支配持分を認識しなければならない。」（改訂 IFRS3, 10 項）。

この規定において，少し説明を付け加えておこう。

(1)　取得日時点で，**資産・負債の定義**を満たすこと－資産・負債は，取得

日時点で，IFRSの概念フレームワークにおける資産と負債の定義を満たすものでなければならない（同，11項）。したがって，被取得企業が取得日時点で交渉中であった見込顧客との潜在的な契約自体は，取得日時点では資産ではなく，当該契約をのれんとは区別して認識することはできない（同，付録B, 38項）。同様に，被取得企業の従業員の解雇や配置転換などリストラ費用は，取得日時点での負債ではない。

(2) のれんとは区別して**識別可能な資産・負債**をなすこと——資産が識別可能であるためには，次のいずれかの場合に該当しなければならない（同，付録A）。

(a) 分離可能である場合（企業から分離・分割して，他の契約・資産等とともに売却，移転，交換等をすることができる場合），又は

(b) 契約上の権利又は他の法的権利から生じている場合

たとえば，被取得企業の従業員の集合体など集合的な人的資源は，のれんと区別して認識される識別可能な資産ではない。それに帰属する価値はすべてのれんに含まれる（同，付録B, 37項）。

(3) 被取得企業の**オフバランス項目**の認識可能性——資産・負債の認識原則によって，被取得企業が資産・負債として認識していなかったオフバランス項目（簿外処理項目）が資産・負債として認識される場合がある。たとえば，被取得企業が内部で開発し，費用処理していたブランド，特許，顧客関係などは，一定の認識要件を満足する場合には，無形資産として認識することができる（同，13項）。

次の「**設例4**」は，企業結合に伴い，被取得企業ではオフバランス処理されてきた項目を資産として認識するケースを例示している。

【設例4】

(ケース1)

製薬会社PH社は多数の新薬を開発してきており，それに対して特許を登録している。同社はまた，子会社が開発した新薬の販売権をも所有している。新

薬の販売は高額の収益をもたらし，それに基づき特許権の公正価値を見積もることができる。これらの開発費用は発生時にIAS38を満足しなかったので，新薬の特許権や販売権に関連して，PH社は無形資産を認識していない。競争企業MDS社がPH社を取得した。

MDS社は，PH社の特許権を認識することができるか。

(ケース2)

ドイツの精密機械工業DEF社は，日本の精密機械工業XYZ社を取得した。日本企業XYZ社は，日本基準の特例ルールの簡便法を用いて金利スワップと為替予約の公正価値を貸借対照表上で認識していなかった。

DEF社は，取得時に金利スワップと為替予約を資産又は負債として認識すべきであるか。

【解　説】
(1) ケース1：PH社の特許権と販売権は独立して識別し得る資産であるので，MDS社は，これらに関連して無形資産を認識する。特許権や販売権は「契約—法的基準」を満足するので，識別可能である。
(2) ケース2：被取得企業XYZ社は，IFRSに準拠しない特例処理を適用してきたために，金利スワップや為替予約の公正価値評価額を認識してこなかった。これらのデリバティブ金融商品は識別可能な資産又は負債として認識し，IAS39・IFRS9に基づき公正価値で計上すべきである。

(出典：PWC2009, p.25A032, Exampleの中から2つの例を抜粋し，一部加筆・修正)

2　取得した資産・負債の公正価値測定

企業結合会計における測定の基本原則は，取得企業は取得した資産・負債を取得日の**公正価値**で測定しなければならないとしている（改訂IFRS3, 18項）。この場合，公正価値は市場参加者の視点から決定づけられ，取得企業の個別的立場から決定されるものではない。したがって，取得資産を利用するか否か，また，どのように利用するかは，資産の公正価値の測定には直接影響するもの

ではない（ただし，取得後の減損目的での使用価値，償却計算の耐用年数に影響する）(PWC2009, p.25A033)。

以下では，とくに次の資産・負債・持分項目について公正価値の測定方法を例示しよう。

・棚卸資産（商・製品，仕掛品，原材料等）

・有形固定資産（土地・建物，設備・機械等）

・無形資産（継続中の研究開発費，特許権等）

・偶発債務（係争中の訴訟債務等）

・非支配持分

(1) 棚卸資産の公正価値

棚卸資産は，企業の取得日に取得原価ではなく，公正価値で測定されなければならない。この場合，棚卸資産の種類によって，公正価値は次のような方法で算定される（PWC 2009）。

・原材料—現在取替原価（カレント取替コスト）

・仕掛品—完成品の販売価格から，次の項目を控除した金額：(a) 完成に要するコスト，(b) 処分コスト，および (c) 類似の完成品の利益に基づき，完成・販売活動に対する合理的な利益見込額。

・完成品—販売価格から，(a) 処分コスト，および (b) 類似の完成品の利益に基づき，取得企業の販売活動に対する合理的な利益見込額，の合計額を控除した金額。

次の「**設例5**」は，仕掛品の公正価値の算定方法を例示している。

【設例5】

ABC社は，ビルの設計・施工を行っている。同社は，企業結合によって同業の大手企業XYZ社によって取得された。取得日において，ABC社は建設中のビルを一棟保有していた。同ビルの完成度は，ほぼ40％と見積もられた。完成時でのビルの総建設コスト45百万円，期待販売収益80百万円，販売コスト5百万円であった。また，ビルの帳簿価額は18百万円（45百万円×40％），完成

に要するコスト27百万円（予定総コスト45百万円−既発生コスト18百万円），処分コスト見込額5百万円，利益見込額30百万円（販売収益80百万円−総建設コスト45百万円−販売コスト5百万円）と見積もられている。

この完成予定のビルに相当するものが存在しないので，本ビルの利益見込額30百万円は建設コストと販売コストの金額の相対的割合に応じて，建設活動（90％又は27百万円）と販売活動（10％又は3百万円）に配分されるものとする。

以上のデータに基づき，建設中のビルの公正価値を算定しなさい。

【解　説】

建設中のビルの公正価値は，仕掛品の公正価値の計算に倣って，次のように算定される（単位：1,000円）。

販売収益	80,000
差引：	
販売コスト	5,000
完成に要するコスト	27,000
販売活動に係る利益	3,000
未完成建設活動に係る利益（60％×27百万円）	16,200
建設中のビルの公正価値評価額	28,800

ビルの公正価値額（28,800千円）は，その簿価（18,000千円）よりも10,800千円高い。これは既に40％完成したビルの利益見込相当額（27百万円×40％＝10.8百万円）が簿価に加算されるためである。

（出典：PWC2009, p.25A034のExampleを参考に，加筆・修正して作成）

(2) 有形固定資産の公正価値

有形固定資産の公正価値は，その種類・性質に即して通常の測定慣行に即して算定される。たとえば，土地・建物は市場価値が比較的入手しやすいので，**市場価値**によって算定される。機械・設備は市場価格を参照した見積り評価に

よるが，市場での証拠が得られにくい特殊な機械等は，**インカムアプローチ**や**取替コストアプローチ**などの計算方法によって見積もらざるを得ない。

有形固定資産の中で，その償却時に資産の分解や除去を行ったり，土地等を元の状態に現状回復することを要するケースがある。このような回復義務が存在する場合，市場価値に立つ公正価値評価額は被取得企業が認識する金額とは異なることがある（PWC2009）。

次の「**設例6**」は，そのようなケースを例示するものである。

【設例6】

企業結合によって，LMN社はTD社の原子力工場を取得した。LMN社は，原子力工場に付随して100百万円の回復義務が存在すると考えている。

TD社の評価担当者は，100百万円の将来キャッシュ・アウトフローの金額はキャッシュ・フローの評価モデルに加味して，原子力工場の価値500百万円を算出した。その結果，TD社の原子力工場の評価額は，回復義務を考慮しないとすれば，100百万円高く評価されるであろう。

LMN社は回復義務に伴う100百万円を無視して原子力工場を600百万円で評価すべきであったか。

【解　説】

LMN社は原子力工場の公正価値を600百万円で計上するとともに，回復義務に対して独立して負債100百万円を計上すべきである。したがって，原子力工場の正味評価額は500百万円である。

（出典：PWC2009, p.25A048, Exampleを一部加筆・修正）

(3) 無形資産の公正価値

無形資産とは，物質的実体のない識別可能な非貨幣性資産をいう。取得企業は，取得した無形資産が「識別可能」である限り，それを認識しなければならない。無形資産は，個別に分離・分割して売却，譲渡，あるいは他者に付与することができるか（「**分離可能性規準**」），あるいは特許契約やライセンス契約

等によって「のれん」とは区別して認識できるか（「**契約法律規準**」）のいずれかを満たす場合に，識別可能とみなされる（改訂 IFRS3, B, 31-33 項）。

次の「**設例 7**」は，企業結合に伴う無形資産の取扱いを例示している。

【設例 7】

スイスのグローバル製薬企業 SWE 社は，日本の製薬企業 JAS 社を取得した。

JAS 社は，新薬市場において市場価値 30 百万円の自社ブランドを有している。

また，JAS 社は新薬開発のために 100 百万円を超える研究開発投資を行い，新薬 A は既に臨床テストを終え，近々，市販の認可が得られる見通しである。新薬 A の高い収益力が，JAS 社の買収を決定した理由の 1 つとなっている。その将来キャッシュ・フローの現在価値は，15 百万円と見積もられた。

JAS 社は，極めて良好な顧客関係を保持しており，その評価額は相当額であると JAS 社のマーケティング部長は評価している。しかしながら，企業結合によって JAS 社の所有権や経営陣が変更された場合，JAS 社のもつ良好な顧客関係がどの程度の価値をもつかは不透明であった。

このような状況のもとで，SWE 社は無形資産としてブランド，継続中の研究開発投資，および顧客関係それぞれについていかに取り扱うべきであろうか。

【解　説】

JAS 社のブランド名は，契約法律規準に基づき識別可能な無形資産であり，市場価値 30 百万円として信頼性をもって測定可能である。

同社の研究開発費も臨床実験を経て，公的機関からの市販の認可が得られる見通しであり，将来，キャッシュ・フローが期待されることから，その現在価値 15 百万円で認識・計上される。

しかしながら，JAS 社の有する良好な顧客関係は信頼性をもって測定することはできないので，SWE 社はそれを無形資産として認識することはできない。

(出典：Ng 2009, p.1002, Illustration B3 および PWC2009, p.25A041, Example の双方を参考に，加筆・修正して作成)

(4) 偶発債務の取扱い

偶発債務（負債）とは，重要な係争事件に係る損害賠償義務のように，不確定事象の発生により当該企業の負担となる可能性のある債務であって，未だ実際に債務として確定していないものをいう（IAS37）。改訂IFRS3では，次の2つの要件が満足される限り，取得企業は，企業結合で引き受けた偶発債務を取得日時点で認識しなければならない（同，23項）。

・過去の事象から生じた現在の債務であること―**「現在の債務性の要件」**
・公正価値の信頼性をもって測定できること―**「信頼性ある公正価値の測定可能性の要件」**

IAS37の偶発負債の認識要件では，債務を決済するために経済的便益を含む資源の流出が必要となる可能性が高いことを要求している。しかし，改訂IFRS3では，そのような資源の流出義務の高い発生可能性をとくに求めていない点に注意されたい。

このような偶発債務（負債）の会計上の取扱いを示したのが，「**設例8**」である。

【設例8】

NOP社は，RST社を取得した。取得日に，RST社は財務諸表の注記に，2件の偶発債務を開示している。そのうち1件は，著作権侵害に対する訴訟であり，弁護士が現在，RST社の損害賠償の可能性を評価している。もう1件は，元従業員による不当解雇に対する請求である。この件に関する弁護士の所見では，RST社の損害賠償額の予測は次のとおりである。支払額ゼロ（60％）；同100百万円（20％）；同500百万円（20％）。

この場合，NOP社は2件の偶発債務（負債）を認識すべきか。

【解説】

本ケースでは，著作権侵害に対する訴訟に対しては，それに係る偶発負債の公正価値を信頼性をもって測定することができないので，認識すべきではない。

それに対して，不当解雇に関する訴訟については，将来の損害賠償見込額を

120百万円として合理的に算定することができ，偶発負債として取得日に認識すべきである。(60％×0円＋20％×100百万円＋20％×500百万円＝120百万円)

(出典：Ng 2009, p.1003, Illustration B4 を一部加筆・修正)

(5) 非支配持分の取扱い

取得企業による取得は，必ずしも被取得企業の総資産の100％の取得ではない。この場合，純資産（株主持分）の差額部分は，外部の株主が所有する。この外部の株主を**非支配株主**といい，被取得企業の総資産や営業成果に対する非支配株主の持分を「**非支配持分**」（従来の少数株主持分）という。

非支配持分は，次の2つの方法のいずれかの方法で行われ，いずれを選択するかは企業結合ごとに選択することができることになっている（改訂IFRS3, 19項）。

- 公正価値（「**公正価値法**」）；又は
- 被取得企業の識別可能な純資産に対する比例的持分（「**比例按分法**」）

公正価値法では，評価額に支配株主ののれんに加えて非支配株主ののれんも含まれるのに対して，比例按分法を採用する場合には，のれんの合計金額には非支配持分に関連した金額部分は含まれない。また，公正価値法による場合，被取得企業の株式が市場で取引されている場合，活発な市場価格に基づいて算定される。

次の「**設例9**」は，この2つの測定方法を例示している。

【設例9】

PQR社は現金180百万円を支払ってST社の株式70％を取得した。

取得日に，ST社の識別可能な純資産は，帳簿価額150百万円，公正価値200百万円であった。ST社は，のれん25百万円を有している。ST社の発行済株式数は1,000,000株，1株あたりの市場価格は220円であるとする。

この場合，非支配持分の金額はいくらであるか。

【解　説】
(1)「公正価値法」による場合：
　　= 220 円 ×（1,000,000 株 × 30 %）
　　= 66,000,000 円
(2)「比例按分法」による場合：
　　=（被取得企業の識別可能な純資産額　200 百万円）× 30 %
　　= 60,000,000 円

（出典：Ng 2009, p.1006, Illustration B10 を参考に，加筆・修正）

§5　のれんの会計

　企業結合で取得したのれんは，他の資産から生じる将来の経済的便益を表す資産であり，個別に識別されず独立して認識されないものをいう（改訂 IFRS3, 付録 A）。のれんとして計上される金額は，(i) 非支配持分をいかに測定するか——公正価値法か比例按分法か，また，(ii) 親会社が子会社の支配を一括して取得するか，段階的に取得するか——一括取得か段階取得か，によって異なる。

　ここでは，簡便上，一括取得による場合を考えてみよう。この場合，のれんは次のようにして算定される（Ng 2009, PWC2009）。

- ■ 「比例按分法」による非支配持分の測定のケース：この場合，のれんは被取得企業の識別可能な純資産額のうち，親会社（取得企業）に帰属する金額のみを対象として算定されるので，そこで得られたのれんには，被取得企業に対する親会社の持分に係る金額のみが含まれることになる。
- ■ 「公正価値法」による被支配持分の測定のケース：この場合，のれんは (a) 親会社による支払対価プラス非支配持分の公正価値との合計額と (b) 被取得企業の識別可能な純資産額の公正価値との差額として算定される。したがって，のれんには親会社（取得企業）の持分に係るのれんと，非支配持分に係るのれんとが含まれる。

第 13 章　M＆Aのグローバル化と企業結合会計

図表 13-5　企業結合における「のれん」の算定

A　比例按分法による非支配持分の測定の場合（一括法）

B　公正価値法による非支配持分の測定の場合（一括法）

のれん－親会社の持分に係る部分のみ	支払対価（取得コスト）
被取得企業の識別可能な純資産額のうち，親会社に帰属する部分	

識別可能な純資産額のうち，非支配持分に帰属する部分

のれん－親会社と非支配持分に係る全体	非支配持分の公正価値
被取得企業の識別可能な純資産額の公正価値	支払対価（取得コスト）

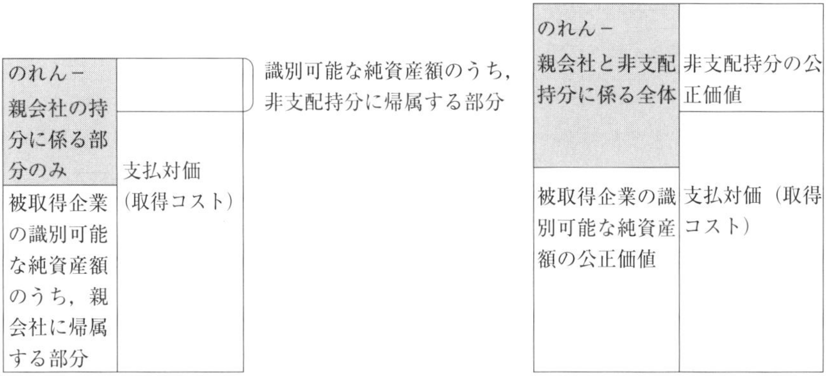

（出典：PWC 2009, p.25A100 を参考に加筆・作成）

「図表 13-5」は，これを図示するものである。また，次の「設例 10」は，2つの方法による「のれん」の計算例を示している。

【設例 10】

ABC 社は，LMN 社の株式の 80％を 150 百万円で取得した。非支配持分の公正価値は，100 百万円と評価された。LMN 社の識別可能な純資産額は，50 百万円であった。

この場合，ABC 社が認識すべきのれんの金額はいくらであるか。

【解　説】

(1) 比例按分法による場合：

ABC 社は，取得日に識別可能な純資産額を 100％認識するとともに，その 20％を非支配持分として計上する。非支配持分 = 50 百万円 × 20％ = 10 百万円。

この場合，会計処理は次のとおりである（単位：百万円）。

(借)　識別可能な純資産　　　　　　　50
(借)　のれん　　　　　　　　　　　　110
(貸)　現　金　　　　　　　　　　　　　　　　　　　150

(貸) 非支配持分　　　　　　　　　　　　　　　　10

　したがって，認識されたのれんの金額は，LMN 社に帰属する「のれん」全体のABC 社相当部分（80％）を示しており，20％所有の非支配持分に帰属する「のれん」は含まれていない。

(2) 公正価値による場合：

　ABC 社は，非支配持分を識別可能な純資産額の按分相当額ではなく，公正価値で測定する。本ケースでは，非支配持分の公正価値は 100 百万円であるので，支払対価（150 百万円）と非支払持分の公正価値（100 百万円）の合計額が，識別可能な純資産額（50 百万円）を超過する差額（200 百万円）が「のれん」として算出される。

　この場合の会計処理は，次のとおりである（単位：百万円）。

(借) 識別可能な純資産　　　　　50
(借) のれん　　　　　　　　　　200
(貸) 現　金　　　　　　　　　　　　　　　　　150
(貸) 非支配持分　　　　　　　　　　　　　　　100

　この場合，のれんには親会社並びに非支配持分に係るのれんが包含されることになる。

（出典：PWC2009, pp.25A068-25A069, Example を一部加筆・修正）

レビュー問題

問題 1　次の文章の中で誤っているものを挙げ，その理由を述べなさい。

1　企業結合の対象となる事業は，インプット，プロセス，およびアウトプットの 3 つの構成要素をすべて満足しなければならない。

2　企業結合の会計アプローチとして，従来，IAS22 においてパーチェス法と持分プーリング法ともに認められてきており，その立場は IFRS3 にも受け継がれてきた。

3　企業結合が資本持分（株式）を交換することによって行われる場合，資本持分を発行する企業が常に取得企業となる。

4　取得日は取得企業が法的に対価を移転し，被取得企業の資産・負債を

取得する日であるが，簡便上，企業結合が行われた会計年度末をもって取得日とすることができる。

　5　企業結合会計では，取得した資産・負債を取得日の公正価値で測定しなければならないが，商・製品や仕掛品等の棚卸資産は，伝統的取得原価主義会計に基づき，取得原価で評価することができる。

　6　無形資産は，分離可能性規準か契約法律規準のいずれかを満足するならば，識別可能とみなされ，認識されなければならない。

　7　企業結合における「のれん」の金額は，その取得形態（一括取得か段階取得か）とともに，非支配持分の測定方法によっても異なる。

　8　非支配持分を公正価値法で測定する場合，のれんは被取得企業の識別可能な純資産額のうち，非支配持分に帰属する「のれん」のみを対象として算定される。

問題2　企業結合の会計アプローチにおける3つのアプローチとは何か。また，IFRS3で採択されたアプローチは何か，その採択の理由をも併せて述べなさい。

問題3　次のケースは，企業結合における取得企業の識別をめぐるEUでのケースを一部要約・抜粋したものである。

　記述文を読んで，取得企業はA社とみるべきか，B社とみるべきかを会計基準の規定に基づいて説明しなさい。

　上場企業A社と非上場企業B社とは，2段階からなる企業結合の契約を締結した。第1段階において，A社はB社の株式および議決権の45％を現金で取得し，第2段階において，B社の残りの55％の株主に対してA社が新株を発行して，B社はA社を合併した。

　この取引が行われる前，A社の市場価値は49百万ユーロであり，B社の市場価値は74百万ユーロであった。交渉の結果，結合後企業の価値全体の中で，A社の事業は45％，B社の事業は55％をそれぞれ占めることになった。

　取引前には，17.5％の持分を保有するB社がA社における最大の株主であり，他の株主は幅広く分散されていた。B社については，創業者が株式の70％を保有しており，残りは40名の主要な経営幹部が保有していた。

　B社の保有持分である17.5％という数字は，A社の2007年度株主総会に出席した株主の投票数の過半数に相当する。

　取引後のA社の以前の株主（B社を除く）は結合後企業の議決権の

50.2％，以前のB社の株主は49.8％をそれぞれ所有している。B社の創業者兼CEOが結合後企業の最大の個人株主であり，35.9％の持分を有する。

　購入契約によって，結合後企業には6名からなる取締役会が設置される。そのうちの5名は旧A社の取締役会メンバーであり，残りの1名は旧B社の取締役会メンバーが就任する。次の取締役会のメンバーは，結合後企業の最初の株主総会において決定されることになっている。

　購入契約の条項によれば，B社の創業者は結合後企業のCEOに指名される。経営陣は，CEO及び4名の他のメンバー（内2名はA社，2名はB社の出身）によって構成される。取締役会が，経営に当たるチームメンバーを指名する。

［ヒント］
　本ケースは取締役会の支配を裏付ける主張がともに均衡しており，それを識別するのが難しいケースの1つである。本ケースの執行決定日が2007年10月であることから，適用される指針は，IFRS3（2004）である。しかし，IFRS3の適用指針は，改訂IFRS3（2008）の付録B，13－18項に受け継がれており，同様に適用することができよう。

出典：本ケースは，欧州証券規制当局委員会（CESR: The Committee of European Securities Regulators），日本公認会計士協会（仮訳）、「執行決定に関するEECSのデータベースからの抜粋（Ⅲ），EECS/0508-05, 2007年10月より一部加筆・修正して引用。

【参考文献】

古賀智敏（2000）『価値創造の会計学』税務経理協会。
古賀智敏・鈴木一水・國部克彦・あずさ監査法人編著（2009）『国際会計基準と日本の会計実務［三訂版］』同文舘。
International Accounting Standards Board（2004, 2008），IFRS4, *Business Combinations*（企業会計基準委員会・財務会計基準機構『2010国際財務報告基準』中央経済社）。
Kirk, R.（2006），*International Financial Reporting Standards in Depth*, Elsevier Butterworth Heinemann.
Ng., E. J.（2009），*A Practical Guide to Financial Reporting Standards*（Singapore），CCH.
PriceWaterhouse Coopers（2009），*Manual of accounting IFRS2010*.

第14章

連結企業のグループ化戦略と連結会計

§1 連結企業の子会社戦略と連結財務諸表制度

わが国において本格的な連結決算を中心としたディスクロージャー制度が整備されたのは，1990年代後半の「会計ビッグバン」以降のことである。対内的には，企業の粉飾経理を契機とし，また，対外的には，証券市場のグローバル化に対応した企業のディスクロージャー制度の拡充化を背景として，1997年（平成9年）6月，企業会計審議会の「**連結財務諸表制度の見直しに関する意見書**」の公表によって，連結財務諸表制度の大幅な改訂が図られ，個別情報重視から連結財務諸表重視のディスクロージャー制度への転換が図られた（古賀2000）。

このような制度改革を受けて，日本企業の企業グループ化戦略においても，しばしば「**連結経営**」の名のもとで連結企業グループの構成企業の収益性の見直しとグループ化戦略が進められていった。「**図表14-1**」は，1997年の連結財務諸表制度の改定が日本企業の連結子会社や持分法適用会社の増減にいかなる影響をもたらすかを，1996年3月期から2006年3月期までの11年間を対象とし，新規上場企業など対象期間にデータの欠落がある企業を除いた企業（1,720社）について分析している（新美2007）。また，とくに製造業について1社当たり関係会社数（連結子会社と持分法適用会社との合計）の推移を示したのが，「**図表14-2**」である。

いずれの図表からも，1社当たり連結子会社数は，対象11年間で10社ほど

図表14-1　1社当たり関係会社数の時系列推移
(データ欠落企業を除外したケース)

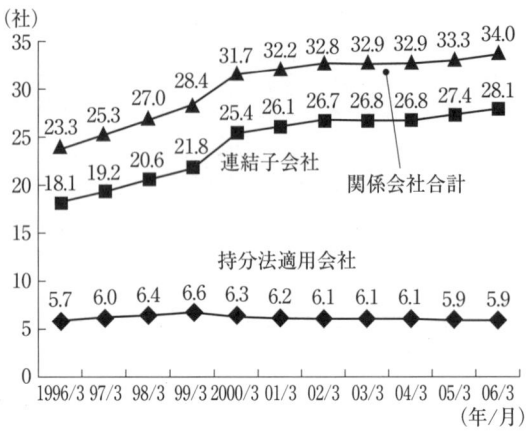

関係会社合計: 23.3, 25.3, 27.0, 28.4, 31.7, 32.2, 32.8, 32.9, 32.9, 33.3, 34.0
連結子会社: 18.1, 19.2, 20.6, 21.8, 25.4, 26.1, 26.7, 26.8, 26.8, 27.4, 28.1
持分法適用会社: 5.7, 6.0, 6.4, 6.6, 6.3, 6.2, 6.1, 6.1, 6.1, 5.9, 5.9

年/月: 1996/3, 97/3, 98/3, 99/3, 2000/3, 01/3, 02/3, 03/3, 04/3, 05/3, 06/3

(出典：新美（2007），*Business & Economic Review*，42頁，（図表2）より引用；（原資料）東洋経済編『会社財務カルテCD-ROM2007』収録データから日本総合研究所で算出・作成)

図表14-2　1社当たり関係会社数の時系列推移
(製造業，データ欠落企業を除外したケース)

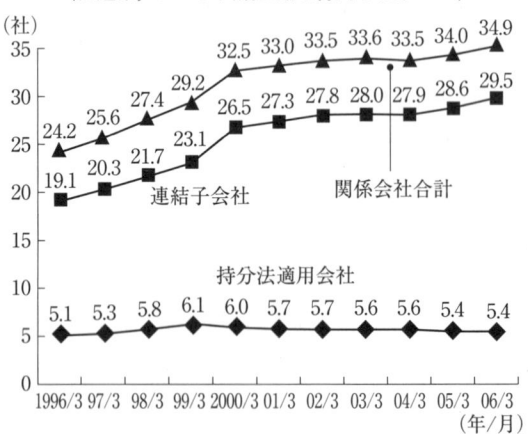

関係会社合計: 24.2, 25.6, 27.4, 29.2, 32.5, 33.0, 33.5, 33.6, 33.5, 34.0, 34.9
連結子会社: 19.1, 20.3, 21.7, 23.1, 26.5, 27.3, 27.8, 28.0, 27.9, 28.6, 29.5
持分法適用会社: 5.1, 5.3, 5.8, 6.1, 6.0, 5.7, 5.7, 5.6, 5.6, 5.4, 5.4

年/月: 1996/3, 97/3, 98/3, 99/3, 2000/3, 01/3, 02/3, 03/3, 04/3, 05/3, 06/3

(出典：新美（2007），*Business & Economic Review*，43頁，（図表6）より引用；（原資料）東洋経済編『会社財務カルテCD-ROM2007』収録データから日本総合研究所で算出・作成)

増加しているのに対して，持分法適用会社数は，ほぼ横ばいか微増しているにすぎない。その結果，関係会社の増勢傾向は，主として連結子会社の増加傾向によることが明らかである。連結子会社数の増加は，一部，持分法適用会社からの移行を含むものであり，その背景には本格的な連結ディスクロージャー時代に対応しようとする日本企業のグループ化戦略が窺い知れる（新美2007）。このようなわが国の連結会計基準に大きな影響を与えたのが，国際会計基準であった。

　国際会計基準における最初の連結会計基準となったのは，IAS3（1976）「連結財務諸表」であった。これは，その後，IAS27「連結財務諸表及び子会社に対する投資の会計処理」（1989）として改訂され，さらに，部分的修正を加えつつ整備されていった。また，国際会計基準審議会（IASB）は，国際会計基準の改善に関するプロジェクトの一環としてIAS27「連結及び個別財務諸表」（2003）の改訂を行い，少数株主持分を株主資本に計上すること等の変更を行った。この基準が企業結合プロジェクトの第2フェーズの一部として修正され，現行の改訂IAS27（2008）となった。本章では，本最新版を参考に連結会計の概念と仕組みを説明することにしよう。

§2　連結財務諸表の目的と基本的アプローチ

1　連結財務諸表の意義と目的

　連結財務諸表とは，支配従属関係にある企業集団を1つの会計単位として，その経済実体の財政状態や経営成績，キャッシュ・フローの増減状況を明らかにし，もって親会社の投資者のための投資情報の開示を促進させ，**投資者保護**に資することを主たる目的とするものである。親会社単独の財務諸表は，親会社の支配下にある企業集団の全体像を適正に表示することはできない。したがって，親会社という単一の法的実体の視点からではなく，相互に密接に関係し合った企業集団の全体という**経済的実体**の視点から，企業集団の経済活動の収益力と実態の全体像を投資者に提供しようとするものである。

もっとも，連結財務諸表の利用者は，投資者に限定されるものではない。連結財務諸表は，親会社の経営者の経営能力又はアカウンタビリティに関心をもつ親会社の所有者（現在株主），他の関係会社からの資金の提供による事業体の債務返済能力の評価に注目する債権者，また，大企業による独占と不当な経済力の集中をモニタリング（監視）する政府規制当局などにも活用される。

2 連結財務諸表の3つの見方

連結財務諸表とは，支配従属関係にある企業集団を1つの会計単位としてその経済的実体を明らかにしようとするものである。この場合，連結財務諸表をどのような視点からみるかという会計観として，理念的には次の3つのモデルが示される（FASB1991；古賀2000）。

- **経済的単一体モデル**： このモデルは，企業グループ全体を単一の事業体とみる見方である。そこでは，企業グループを構成する各事業体の資産，負債，収益，費用等が連結事業体の資産，負債，収益，費用等となり，支配持分，非支配持分ともに連結事業体の所有者グループを構成する。

- **親会社モデル**： このモデルは，親会社株主の持分に焦点を置き，親会社の視点から企業グループをみる見方である。連結財務諸表は，子会社に対する親会社の投資をすべての子会社の資産，負債に置き換え，親会社の貸借対照表を修正したものである。

- **比例連結モデル**： これは子会社の資産，負債，収益，費用等のうち親会社の持分に見合う部分のみを連結財務諸表に含める見方である。このモデルでは，報告事業体は親会社であり，親会社モデルの場合と同様であるが，連結財務諸表が報告するのは，純資産のうち親会社の所有者が直接に受益持分を有する資

産，負債，収益，費用等である点において親会社モデルとは異なる。

以上の3つの連結会計モデルを比較対比して，示したのが「**図表 14-3**」である。

これら3つのモデルの中で，重要なのは「親会社モデル」対「経済的単一体モデル」である。従来，日本の連結会計は親会社モデルないし親会社拡張モデルに立つのに対して，国際会計基準は基本的に経済的単一体モデルに軸足を置く。この2つのモデルの大きな相違点は，非支配株主持分（少数株主持分）の取扱いにおいてみられる。

・ **親会社モデル**では，親会社株主持分は子会社における親会社の所有持分

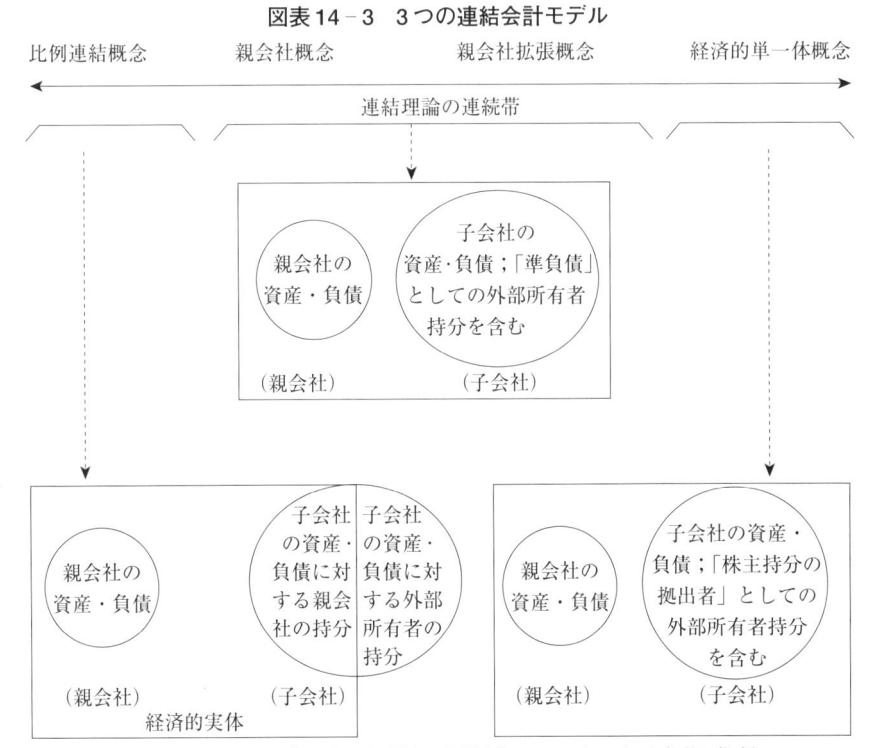

図表 14-3 3つの連結会計モデル

| 比例連結概念 | 親会社概念 | 親会社拡張概念 | 経済的単一体概念 |

連結理論の連続帯

（親会社）　親会社の資産・負債
（子会社）　子会社の資産・負債；「準負債」としての外部所有者持分を含む

（親会社）　親会社の資産・負債
（子会社）　子会社の資産・負債に対する親会社の持分／子会社の資産・負債に対する外部所有者の持分
経済的実体

（親会社）　親会社の資産・負債
（子会社）　子会社の資産・負債；「株主持分の拠出者」としての外部所有者持分を含む

（出典：古賀（2000），334頁，「図1」より引用；（原資料）Leo, K. (1987) を参考に作成）

に限定される。連結に伴って生じる「のれん」も子会社の親会社持分に限定され，少数株主には及ばない。少数株主持分は，株主の資金とはみなされず，「株主の資金（持分）」区分の前又は後に区分表示される。企業グループと少数株主持分との取引は，親会社株主の視点から取り扱われ，損益計算書か「のれん」かに影響する（PWC2009, p.24A003）。

- **経済的単一体モデル**では，親会社の支配下にある全体の企業グループの100パーセントから構成されるとみる。したがって，子会社の純資産の100パーセントを計上するとともに，のれんも100パーセント計上する。少数株主持分も株主の資金（持分）の一部として取り扱われ，親会社とその株主が子会社に対してもつ支配を強調する。少数株主は報告事業体の持分参加者であるので，企業グループと少数株主間の取引は，持分の区分の中で表示される（同, p.24A004）。

3 IFRSのアプローチ

現行のIFRSは親会社モデルと経済的単一体モデルの特徴を併せもちながら発展してきている。のれんの認識について，前章において述べたように（第13章・§5「のれんの会計」参照），連結によるのれんを（子会社に対する）親会社持分にのみかかわらしめ，非支配持分（改訂IAS27；旧少数株主持分）に関係する部分は含めない方法（比例按分法による測定方法）を認めている点では，親会社モデルの特徴を残している（PWC2009; 古賀2000）。

他方，**非支配持分**は財政状態計算書（改訂IAS2007；旧貸借対照表）の株主持分（資本）区分に，親会社の所有者の持分とは区分して表示しなければならない（同, IN7項）。この点では，経済的単一体モデルの特徴をもつ。国際会計基準審議会（IASB）が非支配持分を「負債」ではなく，「株主持分」の一項目としたのは，それが概念フレームワークの現在の債務としての負債の定義ではなく，企業の純資産の残余持分としての持分の定義を満足する点に注目したからであった（旧IAS27, BC25-26項）。

損益計算においても，包括利益計算書に示される当期の純損益並びに包括利

益額はそれぞれ，(i) 非支配持分に帰属するものと，(ii) 親会社の所有者に帰属するものとに分けて，表示しなければならない（改訂 IAS1, 83 項）。これは非支配持分（少数株主持分）が企業グループ全体の利益に対する配分であることを示しており，経済的単一体モデルの特徴を強く反映しているといえる。

§3 連結の範囲と支配の定義

1 子会社と支配の定義

連結財務諸表には，すべての子会社が含まれなければならない（改訂 IAS27, 12 項）。したがって，まず連結の範囲に含まれる子会社とは何かを決定しなければならない。一般に子会社とは，他の企業（親会社）によって支配されている企業をいい，会社の他にパートナーシップや組合，信託等を含んでいる（同，4 項）。

「**支配**」の概念には，議決権株式の過半数保有に基礎づけられた「法律上の支配」又は法的支配の他に，「事実上の支配」ないし実質的支配という拡張した支配概念がある。国際会計基準 IAS27（改訂：2008）では，支配とは，ある企業の活動からの便益を得るために，その企業の財務および営業の方針を左右する力として包括的に定義づけられている（同，第 4 項）。ここでは，支配の定義は，次の 2 つの要素から構成されている。

- 財務および営業の方針を左右する力が存在すること—「**影響力要因**」
- そのような支配に伴い，子会社関係に対する便益が得られること—「**便益要因**」

前者が支配の本質的要素をなし，後者はその結果として派生的に得られる部分である。前者の方針・決定の中核をなすのは，「配分と再投資」の方針と年次事業計画の承認である。その他の重要な財務・営業方針には，事業体の戦略方向や資本支出の許諾，資金調達や企業の処分決定等が含まれる（PWC2009）。また，後者の便益要因には，所有者持分に伴う配当や残余持分の他に，ブランド関連ののれん，顧客の創造，データベースの利用，原価節減といった潜在的便益も含まれる。このような支配力は，必ずしも実際に実行されていることは

必要なく，単に存在しているだけで十分である。(例：C社の取締役会のメンバー7名のうち4名をA社が指名し，残り3名をB社が指名できるとした場合，A社の指名した4名のうち1名の取締役は実際には重要な取締役会にほとんど出席しないとしても，A社はC社を「支配する力」を有しているので，A社はC社を支配していると解される。)

2 支配概念の構成要素

それでは，どのような状況において親会社が他の事業体（子会社）を支配していると推定することができるであろうか。改訂IAS27では，親会社の支配が存在すると推定される状況として，次の5つの具体的ケースを示している（改訂IAS27, 13項）。

- 他企業の議決権の過半数を直接的又は間接的に支配する力—「**他の株主との協力による過半数支配**」
- 法令又は契約によって，企業の財務方針および経営方針を左右する力—「**法令又は契約による支配**」
- 取締役会又は同等の経営機関の構成員の過半数を選任又は解任する力があり，企業の支配がその取締役会又は機関によって行われている—「**取締役会・経営機関の支配（その1）**」
- 取締役会又は同等の経営機関の会議における過半数の投票をする力があり，企業の支配がその取締役会又は機関によって行われている—「**取締役会・経営機関の支配（その2）**」

実際には，議決権の過半数支配が存在しているとしても，法令・契約が存在していたり，取締役会に対する支配を他の投資会社がもつ場合，親会社による支配決定は容易ではない。したがって，支配力を決定するにあたっては，上記の諸要素を併せて考慮しなければならない。

以下，支配に関する具体的状況について説明を加えよう。

【ケース1：議決権の過半数支配】

支配について最も一般的かつ強力な形態は，議決権の過半数所有による支配である。所有権（持分権）と投票権とは通常，同じ比率で付与されているが，

そうでないケースもある。たとえば，議決権の付与されない他の事業体の優先株を100パーセント所有しているとしても，他の事業体を支配することはできない。所有による支配力の源泉をなすのは「投票権を行使する力」であって，誰がその力をもつかが重要である。

また，他の企業の議決権の過半数を直接的又は子会社を通じて間接的に所有している場合には，反証がない限り，原則として支配が存在すると推定される（同，13項）。しかしながら，契約（ジョイント・ベンチャー契約等）や法的制約，政府による規制がある場合には，他の企業・株主が支配力をもつことがある（例・防衛関連企業の取締役の選任権を国家が法規制によって有する場合など）(PWC2009)。

【ケース2：他の株主との協力による過半数支配】
親会社は単独では議決権の過半数を所有していないが，他の株主との合意ないし協力によって過半数所有による支配力を行使することができる。たとえば，A社がB社の議決権の40パーセントを所有するにすぎないとする。この場合，A社は，B社の議決権の15パーセントを所有するC社がA社と同じ投票行動をとるとの合意を得ることによって，B社の議決権の55パーセントの支配力をもつ。したがって，A社はB社を支配することができ，それを子会社として連結財務諸表に含めなければならない。

【ケース3：法令又は契約による支配】
親会社は，法令又は契約によって，他社の財務方針や経営方針に影響を与えることができる。

次の「**設例1**」は，このようなケースを例示している。

【設例1】
　A社，B銀行，C銀行は，サッカーボールの製造企業，D社に投資を行っている。A社はサッカーボール製造において長年の経験と実績をもち，製品の品質改善のための新技術の開発を行ってきた。B銀行とC銀行はともに金融機関として，これまでA社の経営活動に資金的協力を行ってきている。

A社はD社に技術とノウハウを提供することによって貢献するのに対して，B銀行とC銀行とは資金提供によって貢献する予定である。D社に対する各社の株式所有の割合は，次のとおりとする。

　　　　A社：40％，B銀行：30％，C銀行：30％

各社ともに所有割合に応じて取締役を任命する権限をもつ。ただし，A社，B銀行，C銀行の企業間の合意によって，最高執行役員と財務担当役員を除いて，すべての役員（取締役）は執行権のない役員となる。最高執行役員と財務担当役員の両者は，サッカーボール製造の専門的能力が認められて，A社が任命することになっている。

したがって，D社の経営方針や年次予算の設定は，投資企業間の合意によってA社が指名した最高執行役員と財務担当役員に委譲されている。しかし，追加的な資金調達の案件は，取締役会全体で決定されなければならない。

以上の状況のもとで，A社はD社を支配していると推定されるであろうか。

【解　説】

A社はD社に対して支配力をもつと推定される。D社の経営方針並びに予算設定の権限を，A社が指名する経営執行役員と財務担当役員に委譲しているので，A社はD社に対する実質的支配力をもつといえよう。本ケースでは，確かに取締役会全体として経常的な資金調達や株式構成等に関する権限を留保しているが，これらの権限は参加的性格（たとえば，利益処分や再投資決定など事業体にとってより根幹的かつ戦略的な性格のもの）よりは防衛的性格（少数株主による決定不承認の権限等）が強い。

（出典：PricewaterhouseCoopers 2009, *Manual of accounting IFRS2010*, CCH, pp.24A016-24A017を参考に加筆・修正）

【ケース4：取締役会の支配】

取締役会等の経営機関を支配することによって，親会社が支配力をもつケースとして，改訂IAS27では，(i) 取締役会メンバーの過半数を選任・解任する力と (ii) 取締役会で過半数の投票をする力とに区分されている（同，13項

(c)(d))。通常の場合,取締役会メンバーは等しい投票権を有するので,取締役会メンバーの過半数の支配は取締役会並びにその事業体を支配することになる。しかしながら,取締役会の少数メンバーが取締役会で過半数の投票権を付与される場合には,この少数取締役グループが支配権をもつことになる。

次の「設例 2」は,取締役会の投票権を媒介とした支配のケースを例示するものである。

【設例 2】

A商事はB化学の議決権株式の 50 パーセントを所有している。B化学の取締役会は 8 名の取締役から構成されている。A商事は 4 名の取締役を選任し,C銀行とD銀行がそれぞれ 2 名の取締役を選任するものとする。A商事が選任した取締役の中の 1 名が必ずB化学の取締役会の議長職を担うものとし,取締役会でのキャスティング・ボートをもつものとしよう。

この場合,A商事はB化学を連結子会社として取り扱うべきであろうか。

【解 説】

A商事はB化学に対して支配力を有し,B化学を連結子会社として取り扱わなければならない。本ケースでは,取締役会で過半数の決定が得られない場合には,A商事が取締役会でのキャスティング・ボートをもっている。その結果,A商事が取締役会の意思決定を支配することになり,したがって,B化学を支配することになる。

(出典:PWC 2009, p.24A020 の Example を参考に,一部加筆・修正)

【潜在的議決権】

負債証券や持分金融商品の中には,それが行使されたり転換された場合,他の企業の財務又は経営の方針に対する議決権を企業に与えるものがある。これを**潜在的議決権**といい,株式ワラント,株式コールオプション,転換社債等が含まれる(同,14 項)。たとえば,株式コールオプションは,それが実際に行使されるまではオプションの保持者に議決権株式を付与するものではないが,そ

の保持者は自己の意思で随時に権利を行使でき,企業の財務方針等を支配する潜在的力をもっている。このような潜在的議決権が存在する場合には,それが現地点で行使可能ないし転換可能であるとすれば,その存在並びに影響をも考慮して,当該企業が他の企業を支配する力をもつかどうか評価しなければならない。

§4 連結財務諸表の作成原則

連結財政状態計算書(貸借対照表)並びに連結包括利益計算書(損益計算書)は,一定の連結調整の処理のもとで,すべての連結子会社に含まれる情報を一組の財務諸表に組み込み,提供しなければならない。具体的には,親会社と子会社の財務諸表について,資産,負債,資本,収益および費用の類似項目ごとに合算して作成する (改訂IAS27, 18項)。

国際会計基準における連結財務諸表作成の原則ないし基本的ルールは,およそ次のとおりである (改訂IFRS27; Ng2009)。

- ■ **「会計方針統一性の原則」**——連結財務諸表は,類似の状況における同様の取引や事象に関して,統一された会計方針を用いて作成されなければならない (24項)。

(**例1**):子会社は自国の会計基準に基づいて,土地・建物を時価評価する方法を採用しているとしても,連結グループ企業では取得原価による評価を行っている場合には,連結財務諸表の作成にあたっては,取得原価による会計方針で統一されなければならない。

- ■ **「財務諸表作成日統一の原則」**——連結財務諸表の作成に用いられる親会社並びに子会社の財務諸表は,同一の日現在で作成されなければならない (22項)。連結財務諸表の作成に用いる子会社の財務諸表が,親会社と異なる日で作成される場合には,その日と親会社の財務諸表の作成日との間に生じた重要な取引又は事象の影響について調整を行わなければならない (23項)。報告期間の差は,いかなる場合も3ヶ月以内でなければならない。

■ 「企業グループ内取引・勘定項目の相殺消去の原則」――企業グループ内の残高，取引額，収益および費用は，金額を相殺消去しなければならない（20項）。

(例2)：親会社が子会社に貸付を行った場合，親会社の子会社への「貸付金勘定」と子会社の親会社からの「借入金勘定」とは，親会社と子会社とが一体となった経済的単一体の観点からは同一事業体内部の取引として，全額相殺消去されなければならない。

■ 「企業グループ内取引による純損益の相殺消去の原則」――企業グループ内の取引によって生じた未実現利益は全額消去されなければならない（21項）。

(例3)：親会社が80パーセント所有の子会社に商品（簿価）100,000円を150,000円で販売し，50,000円の販売益を得たとしよう。この商品が子会社の在庫に残っている限り，50,000円の販売益は「未実現利益」であり，連結プロセスの中で消去されなければならない。この場合，親会社の子会社に対する所有割合に関係なく，全額消去されるものとする。同時に，子会社の帳簿に記録された150,000円の仕入（商品）は，当初の原価100,000円に引き戻さなければならない。

■ 「非支配持分の区分表示の原則」――非支配持分は，連結財政状態計算書において，親会社の所有者持分とは区分して，資本の区分に表示しなければならない（27項）。連結包括利益計算書における非支配持分もまた区分して表示されなければならない。

損益並びにその他の包括利益項目は，親会社の株主と非支配持分に帰属させる。これは，非支配持分が負の残高となる場合であっても，同様である（28項）。

(例4) 90パーセント所有の子会社（資本10,000,000円）が当期末に損失15,000,000円を計上したとする。この場合，非支配持分に帰属する損失額1,500,000円（15,000,000円×10％）は，子会社の非支配持分の金額1,000,000円（10,000,000円×10％）を超過するので，連結財政状態計算書では負の金額で計

上される。

■ 「子会社の損益計算の原則」——連結財務諸表に算入される子会社の損益は，子会社の取得日以後に生じた収益・費用に基づくものでなければならない。すなわち，子会社の取得後の損益のみが連結計算に含まれ，子会社が取得される前の損益は消去される（26項）。

以上の連結財務諸表の基本的ルールに基づき，連結財務諸表作成のプロセスと手続きについて設例を示しつつ説明していきたい。

§5 連結財務諸表の作成プロセスと方法

1 親会社と子会社の勘定項目の合算

連結財務諸表を作成するためには，まず親会社と子会社との同一又は類似の勘定項目を合算しなければならない。いま，最も単純なケースとして，(i) 親会社は子会社の100パーセントの株式を所有していること，(ii) 子会社の識別可能な純資産はすべて公正価値で表示されていること，また，(iii) 親会社の投資金額は取得された子会社の識別可能な純資産の公正価値と等しいことを仮定しよう（以下では，Ng2009; Koga et.al., 2010 を参考にする）。

このような単純化した状況のもとで，連結会計プロセスでは次のような手続きが行われる。

■ 親会社の投資勘定と子会社の資本勘定との相殺手続き
■ 親会社と子会社との資産・負債の類似項目ごとの合算手続き

本ケースでは，取得日では親会社の投資金額は子会社の純資産の金額と等しい。また，子会社の純資産は株主持分（資本）を物的側面から具体的に表示している。したがって，親子会社の資産・負債項目を合算する際には二重計算を避けるために，親会社の投資勘定と子会社の資本勘定とが相殺消去されなければならない（IAS29, 18項 (a)）。

【設例3】

ABC社は，DEF社の発行済株式の100％を300百万円で取得したとしよう。ABC社とDEF社の取得日現在の純資産の公正価値は，次のとおりであった（単位：百万円）。

	ABC社	DEF社
現金	100	200
売掛金	200	50
土地	1,000	150
投資（DEF社）	300	─
	1,600	400
買掛金	100	50
長期借入金	100	50
資本金	1,000	200
剰余金	400	100
	1,600	400

以上のデータに基づき，ABC社とDEF社の連結財政状態計算書（貸借対照表）を作成しなさい。

【解　説】

（ⅰ）連結仕訳は次のとおりである（単位：百万円）。

（借）　資本金　　　　　　　200
（借）　剰余金　　　　　　　100
（貸）　投資（DEF社）　　　　　　　　　300
（親会社の投資勘定と子会社の資本勘定の相殺消去）

（ⅱ）連結ワークシート（単位：百万円）

	ABC社	DEF社	修正 Dr	修正 Cr	連結会計
現金	100	200			300

売掛金	200	50			250
土地	1,000	150			1,150
投資（DEF社）	300	—		300	—
	1,600	400			1,700
買掛金	100	50			150
長期借入金	100	50			150
資本金	1,000	200	200		1,000
剰余金	400	100	100		400
	1,600	400	300	300	1,700

(iii) 連結財政状態計算書（貸借対照表）（単位：百万円）

現金	300
売掛金	250
土地	1,150
	1,700
買掛金	150
長期借入金	150
資本金	1,000
剰余金	400
	1,700

（出典：Koga and Yao2010, *Japan GAAP Guide*, pp.267-268, Illustration18-2 を引用）

2　子会社の純資産の評価替

　連結財務諸表の作成にあたっては，企業結合会計基準では，被取得企業（子会社）の識別可能なすべての資産・負債は，取得日時点での**公正価値（時価）**で再測定しなければならない（IFRS3, 18項）。このような修正が子会社の財務諸表で行われていない場合には，連結修正手続きを行い資産・負債の評価替が必要になる。この場合，子会社の識別可能な資産・負債の公正価値と簿価との差

額は，評価差額（再評価剰余金）としての資本の区分に表示される。

次の「**設例4**」は，子会社の純資産の評価替を含む資本連結のケースを示している。

【設例4】

前記の【設例3】において，子会社DEF社の土地の公正価値は400百万円に評価替されたとしよう。また，土地の売却益に係る税率は40％とする。

この場合，ABC社とDEF社との資本連結に必要な仕訳を示しなさい（単位：百万円）。

【解　説】

（借）　土地　　　　　　　　250
（貸）　土地評価差額　　　　　　　　150
（貸）　繰延税金負債　　　　　　　　100*
　（子会社の土地の評価差額の計上）
　　*250百万円×40％＝100百万円
（借）　資本金　　　　　　　200
（借）　剰余金　　　　　　　100
（借）　土地評価差額　　　　150
（貸）　投資（DEF社）　　　　　　　300
（貸）　負ののれん　　　　　　　　　150*
　（投資勘定と資本勘定の相殺消去）
　　*投資勘定と資本勘定との相殺差額は，のれん（又は負ののれん）として処理される。

のれん又は負ののれんの国際会計基準上の取扱いについては，IFRS3に示されている。IFRS3では，のれんは全額計上し，減損テストの対象とされ，減損するまでは財務諸表上に計上されなければならない。また，負ののれんは即時に損益処理される。

（出典：Koga and Yao2010, p.268, Illustration18-3につき，一部加筆・修正）

3 非支配持分の処理方法

非支配持分とは、「子会社に対する持分のうち、親会社に直接又は間接に帰属しないもの」(IAS27, 4項) をいう。親会社が子会社の発行済株式の70パーセントを取得したとしよう。この場合、理論的には連結財政状態計算書（貸借対照表）は、親会社の純資産100パーセント、プラス子会社の純資産70パーセントから構成されることになるかもしれない。しかし、国際会計基準（改訂IAS27）では、連結財務諸表を親会社の視点からではなく、非支配株主をも含めた経済的実体の視点から認識しようとする考え方に立つ。このような全部連結概念では、子会社の資産・負債の100パーセントが親会社の資産・負債に合算され、非支配株主に帰属する（子会社の純資産の）30パーセントが非支配持分として、連結グループの資本の一部として、親会社持分とは区分して表示される（同, 18 (c) 項）。

【設例 5】

MN 社は PQ 社の発行済株式の 80％ を 192 百万円で取得したとしよう。取得日現在での純資産の公正価値による評価額は、次のとおりである（単位：百万円）。

	MN 社	PQ 社
現金預金	104	40
売掛金	400	—
土地	800	300
投資（PQ 社）	192	—
	1,496	340
買掛金	200	—
長期借入	—	100
資本金	1,000	200
剰余金	296	40
	1,496	340

第 14 章　連結企業のグループ化戦略と連結会計　　283

以上のデータに基づき，MN 社と PQ 社との資本連結に必要な仕訳を示しなさい（単位：百万円）。

【解　説】

(a)　(借) 資本金（200 × 80 ％）　　　　　160
　　 (借) 剰余金（40 × 80 ％）　　　　　　32
　　 (貸) 投資（PQ 社）　　　　　　　　　　　　　　192
　　　　（投資勘定の相殺消去）

(b)　(借) 資本金（200 × 20 ％）　　　　　 40
　　 (借) 剰余金（40 × 20 ％）　　　　　　 8
　　 (貸) 非支配持分（192/80 ％× 20 ％）　　　　　 48
　　　　（非支配持分の計上）

（出典：Ng2009, p.565, Illustration 6 を参考に作成）

非支配持分の測定方法として，企業結合会計基準（IFRS3）では，(a) 公正価値（株式の市場価格など）による方法，又は (b) 子会社の識別可能な純資産に対する比例持分による方法，いずれかの選択適用を認めている（改訂 IFRS3, 19 項）。

次の「**設例 6**」は，2 つの代替的方法による非支配持分の計算例を示している。

【設例 6】

ABC 社は VW 社の発行済株式の 60 ％を 600 百万円で取得した。非支配持分の公正価値は，400 百万円であると評価されている。識別可能な資産・負債の公正価値合計額は，740 百万円である。

以上のデータに基づき，取得日現在の仕訳を示しなさい。

【解　説】

(a)（公正価値測定によって非支配持分を測定した場合）（単位：百万円）

(借) 識別可能な純資産	740	
(借) のれん	260	
(貸) 現金		600
(貸) 非支配持分		400

非支配持分は，公正価値で計上されているので，支配持分並びに非支配持分ともに「のれん」が認識される。のれんの計算は，次のとおりである。

譲渡した対価（支配持分の公正価値）	600 百万円
非支配持分の公正価値	400
	1,000
差引：識別可能な純資産 100％の公正価値	(740)
のれん計上額	260

(b) （識別可能な純資産額の比例持分によって非支配持分を測定した場合）（単位：百万円）

(借) 識別可能な純資産	740	
(借) のれん	156	
(貸) 現金		600
(貸) 非支配持分（740 × 40％）		296

この場合，支配持分に係るのれん部分のみが認識され，非支配持分に対してはのれんは認識されない。のれんの計算は，次のとおりである。

譲渡した対価（支配持分の公正価値）	600 百万円
非支配持分の比例持分（740 × 40％）	296
	896
差引：識別可能な純資産 100％の公正価値	(740)
のれん計上額	156

(出典：PWC2009, p.24A072, Example を参考に，一部加筆・修正)

4　連結包括利益計算書の作成

子会社の取得日以降の連結企業グループの経営活動の成果は，連結包括利益

計算書において表示される。企業グループ内での取引が行われていないという単純な仮定のもとでは，親会社と子会社との個別の包括利益計算書のすべての項目ごとに単純に合算することによって容易に連結包括利益計算書を作成することができる。この場合，作成における主な論点は，親会社が子会社の完全所有者ではなく非支配持分が存在する場合に，いかにして利益額（税引後利益並びに包括利益）を「**親会社持分に帰属する利益**」と「**非支配持分に帰属する利益**」とに区分表示するかである。

いま子会社の株式の 70 パーセントを所有する親会社のケースを考えてみよう。この場合，連結包括利益計算書を作成する場合，理論的には子会社の利益（又は損失）の 70 パーセントを親会社の利益に加算することによって算定することができるであろう。しかしながら，国際会計基準（改訂 IAS27）は全部連結の原則に立ち，子会社に対する親会社の所有の割合にかかわらず，100 パーセントの全額ベースで連結計算を行うことを求めている。したがって，子会社に対する所有割合が 100 パーセント未満であっても，子会社の損益項目をすべて親会社の損益項目に加算して，税引後利益を算定しなければならない。そこで得られた純利益およびその他の包括利益の各構成要素は，親会社の株主持分に帰属する利益と非支配持分に帰属する利益に区分して表示される（同，28 項）。

なお，連結包括利益計算書で表示される非支配持分は単独項目であり，子会社の税引後利益に基づいて算定される点に留意されたい。

次の「**設例 7**」は，連結包括利益計算書の単純な作成例を示すものである。

【**設例 7**】

PQ 社は ST 社の発行済株式の 70 パーセントを取得する。PQ 社と ST 社との間には相互間の取引は行われていない。2011 年会計年度末における PQ 社と ST 社との包括利益計算書は，次のとおりである（単位：百万円）。

	PQ 社	ST 社
売上	200	160
売上原価	60	40

売上総利益	140	120
営業費・営業外費用	40	60
税引前利益	100	60
税金	30	20
税引後利益	70	40
再評価剰余金	40	20
包括利益	110	60

　以上のデータに基づき，同会計年度末におけるPQ社とST社の連結包括利益計算書を作成しなさい。

【解　説】

（i）子会社の利益に対する非支配持分の計算

　　＝非支配持分×子会社の税引後利益

　　＝30％×40百万円

　　＝12百万円

（ii）子会社のその他の包括利益に対する非支配持分の計算

　　＝30％×20百万円

　　＝6百万円

（iii）連結仕訳（単位：百万円）

　　（借）非支配持分（P/L）　　　　12

　　（貸）非支配持分（B/S）　　　　　　　　12

　　（子会社の税引後利益に係る非支配持分の計上）

　　（借）非支配持分（P/L）　　　　6

　　（貸）非支配持分（B/S）　　　　　　　　6

　　（子会社のその他の包括利益に係る非支配持分の計上）

（iv）連結包括利益計算書（2011年会計年度）の作成

（単位：百万円）

売上	360
売上原価	100

第 14 章　連結企業のグループ化戦略と連結会計　287

売上総利益	260
営業費・営業外費用	100
税引前利益	160
税金	50
税引後利益	110
再評価剰余金	60
包括利益合計	170
以下に帰属する当期の純利益：	
親会社の所有者	98
非支配持分	12
	110
以下に帰属する当期の包括利益合計：	
親会社の所有者	152
非支配持分	18
	170

【補足説明】

(1) 連結仕訳における借方項目は，子会社の純利益並びに子会社のその他の包括利益に対する非支配持分を連結包括利益計算書に計上するための会計処理である。この借方によって，「税引後利益」や「包括利益合計」から控除する形で非支配持分を連結包括利益計算書に表示することができる。

(2) 連結仕訳における貸方項目は，子会社の純利益並びに子会社のその他の包括利益に対する非支配持分を，連結財政状態計算書（貸借対照表）に表示するための会計処理である。

(3) 当期の税引後利益の合計額並びに包括利益の合計額を算定するために，子会社 ST 社の包括利益項目の 100 パーセントが，各項目ごとに親会社 PQ 社のそれぞれの項目と合算されている点に留意されたい。

(4) 親会社の株主に帰属する純利益 98 百万円の計算は，次のとおりである。親会社の税引後利益 70 百万円＋子会社の税引後利益に対する親会社の 70 ％

持分 28 百万円（70％×40 百万円）。
(5) 親会社の株主に帰属する包括利益合計 152 百万円の計算は，次のとおりである。親会社の包括利益 110 百万円＋子会社の包括利益に対する親会社の 70％持分 42 百万円（70％×60 百万円）。

（出典：Ng2009, pp.574-578, Illustration 8 を参考に，加筆・修正）

5 グループ企業間取引の会計処理

連結グループ内の企業相互間の取引（親子会社間の取引，子会社相互間の取引）が行われる場合には，連結財務諸表の作成プロセスにおいて，次のような会計処理が必要になる（改訂 IAS27, 21 項；Ng2009）。

・連結企業間の取引残高や取引額の相殺消去
・内部取引に伴う未実現利益の消去

親会社が子会社に商品を販売した場合，親会社は売上（又は子会社への売上）を計上するとともに，子会社は仕入（又は親会社からの仕入）を計上する。しかしながら，連結会計では親会社と子会社とは単一の経済的実体をなすので，企業グループが自社を対象として売上や仕入を行うことは適切ではない。したがって，連結プロセスでは，連結グループ内で行われた取引額は全額相殺消去しなければならない。同様に，連結グループ内部での取引に伴う相対応する資産・負債項目（親会社の売掛金と子会社の買掛金など）も全額相殺消去しなければならない。

内部取引に関するもう 1 つの問題は，**内部利益の消去**である。企業グループ内で商品や機械・設備等の資産の売買取引が行われたとしても，それがグループ外部の取引先企業に販売された場合には，内部取引に含まれる利益は企業グループの観点からも実現したものとして特別の修正は必要とはならない。たとえば，親会社が 10,000 円の商品を 12,000 円で子会社に販売し，同会計年度に子会社はそれを外部の第三者に 15,000 円で販売したとしよう。この場合，親子会社間の取引に伴う 2,000 円の内部利益は連結グループの観点から実現したものとみなされ，特別の修正処理は必要ではない。しかしながら，それが年度

末に子会社で在庫として残っている場合には，2,000円の内部利益は企業グループの視点からは未実現であるとみなされる。それはいわば商品を企業内のA商品ルームからB商品ルームに移動したにすぎず，企業グループの純資産額に何ら変動をもたらすものではない（Ng 2009）。このような内部取引による未実現損益は全額消去されなければならない（IAS 27, 21項）。

レビュー問題

問題1　国際会計基準27号（改訂 IAS27）に基づき，次の連結財務諸表の作成に関する文章の正否を判断し，誤っている文章についてはその理由を述べなさい。
1　連結財務諸表の作成にあたっては，統一された会計方針を適用することを原則とするが，わが国で金利スワップの特例処理が認められてきたように，各国の会計実務を反映した独自方針の採用を否定するものではない。
2　連結財務諸表の作成に用いる親会社の財務諸表の作成日と子会社の財務諸表の作成日との差異が3ヶ月以内であれば，それぞれの財務諸表の作成日が異なっていても容認される。
3　親会社が子会社に販売した商品が子会社の在庫となっている場合には，親会社の子会社に対する所有割合に即して未実現利益を消去しなければならない。
4　連結包括利益計算書を作成するためには，子会社の利益に対する親会社の持分相当額を親会社の利益に加算しなければならない。
5　親会社の子会社への売掛金勘定と子会社の親会社からの買掛金勘定とは，企業グループを全一体とみる経済的単一体の観点から同一事業体内での取引として，全額相殺されなければならない。

問題2　連結財務諸表に関して，次の（1）～（3）について説明しなさい。
　（1）連結財務諸表の意義と目的
　（2）理念モデルとしての「経済的単一体モデル」と「親会社モデル」の比較
　（3）IFRS アプローチの特徴

問題3　支配概念に関して，次の問に答えなさい。

問 1 「支配」とは何か。また、その本質的特徴を述べなさい。
問 2 他企業の議決権の過半数を所有していない場合であっても、他企業を支配することができるケースを 3 つ挙げ、説明しなさい。

【参考文献】

古賀智敏（2000）『価値創造の会計学』税務経理協会。
古賀智敏・鈴木一水・國部克彦・あずさ監査法人編著（2009）『国際会計基準と日本の会計実務［三訂版］』同文舘。
新美一正（2007）「連結企業グループの経営分析―分社化構造と連結収益性の実証的検討―」*Business & Economic Review*（2007 年 11 月），日本総合研究所。
武田隆二（2009）『最新財務諸表論〈第 11 版〉』中央経済社。
International Accounting Standards Board（2008），*IAS 27（revised），Consolidated and Separate Financial Statements*（企業会計基準委員会・財務会計基準機構監訳『2010 国際財務報告基準』中央経済社，2010）。
Koga,C. and Yao,J.（2010），*Japan GAAP Guide*, CCH.
Leo,K.T.（1987），Discussion Paper No.10, *Consolidated Financial Statements*, Australian Accounting Research Foundation.
Ng.,E.J.（2009），*A Practical Guide to Financial Reporting Standards*（Singapore），CCH.
PriceWaterhouse Coopers（2009），*Manual of accounting IFRS2010*.

索　引

〔あ行〕

アドプション	34
アメリカ財務会計基準審議会	44
アングロ・サクソン型会計	66
IAS21「外国為替レート変動の影響」	124
IAS32「金融商品：開示及び表示」	96
IAS39「金融商品：認識及び測定」	96
IFRS7「金融商品：開示」	96
IFRS9「金融商品」	96
IFRSの任意適用	13
R&Dの名目額	176
意思決定有用性	58
一取引基準	136
意図した利用目的	163
インカムアプローチ	84, 256
インフラ・テスト	203
EC規則第1606号	9
EC透明性指令	9
EC目論見書指令	9
EUアプローチ	12
EU財務報告戦略	7
EU証券市場	16
「売上／キャッシュ・フロー」指標	128
上向的評価替	167
影響力要因	271
エンティティ理論―表示替アプローチ―決算日レート法	143

〔か行〕

M&A戦略	240
M&Aのグローバル化	240
欧州証券規制当局委員会	9
オーストラリア・アプローチ	13
オフバランス項目	252
親会社パースペクティブ	143
親会社持分に帰属する利益	285
親会社モデル	268, 269
買入れ（交換）取引	185
外貨建取引	131
会計基準の国際的収斂	45
会計基準のコンバージェンス	56
会計基準の調和化	40
会計基準のハーモニゼーション	7
会計規制モデル	38
会計制度	5
会計ビッグバン	33
会計報告責任（アカウンタビリティ）	18
会計方針統一性の原則	276
回収可能価額	201, 206
回収可能価額の測定	202
回収可能テスト	203
階層的財務報告	16
階層別開示制度	5
概念フレームワーク	55
開発	188
開発段階	189
回廊アプローチ	234
価格ボラティリティ	6

索引

確定給付型（給付建制度）	224	金融財	18
確定給付負債	231	金融市場のグローバリゼーション	6
確定拠出型（掛金建制度）	224	金融商品	88, 89, 100
掛金額の費用認識	227	金融商品・デリバティブの公正価値会計	
カナダ・アプローチ	12		80
株式相互持ち合い制度	25	金融負債	104
株主価値	6	金利・為替の自由化	6
貨幣性項目	133		
為替・価格変動リスク	6	偶発債務	258
為替換算	124	具体的・個別的公正価値	82
為替換算会計基準	22	具体的適用形態	79
為替変動リスク	24	グローバル経済戦略	16
為替リスク回避型動機	22	グローバル成長戦略	241
関係重視型システム	29		
観察可能な同一の資産又は負債	85	経済単一体モデル	270
観察不能な市場インプット・データ	86	経済的実質	104
鑑定人	168	経済的実質アプローチ	70
		経済的実質主義会計	67
企業価値テスト	203	経済的実体	267
企業活動のグローバル化	6, 123	経済的単一体モデル	268
企業グループ内取引・勘定項目の相殺消		経済的便益の高い流入可能性の要件	
去の原則	276		157
企業グループ内取引による純損益の相殺		経済的便益のテスト	180
消去の原則	277	契約―法的クライテリア	181
企業結合	186, 243	契約法律規準	257
技術的な実行可能性	190	系列	25
機能通貨	125	決済日会計	106
機能通貨アプローチ	142	決算日レート法	144
機能的アプローチ	60	原価アプローチ	229
逆取得	250	原価・実現アプローチ	156
客観的公正価値	85	減価償却費	209
キャッシュ・フローの束	81	原価・対応アプローチ	77
キャッシュ・フローヘッジ	118	原価の凝集物	156
給付アプローチ	229	原価評価	18
業績指向型システム	29	原価モデル	166, 194
「金融経済―金融財指向―公正価値評価」		研究	188
	73	研究開発（R＆D）活動	176

研究開発体制のグローバル化	178	国際的調和化（ハーモニゼーション）	33
研究段階	189	国際的比較可能性	57
現在勤務費用	223	国際的比較可能性・統一化	5
現在の債務性の要件	258	コストアプローチ	84
原則主義会計	67, 68	個性化	13
減損会計	200	固定資産価格の長期下落	199
減損損失	201, 208	異なった測定属性	90
減損損失の算定	202	異なった測定ルール	90
減損損失の戻入れ	214	個別基準ごとのアドプション	11
減損テスト	202	コモン・ロー	14
減損の兆候	203	「混合属性」アプローチ	112
		混合属性モデル	79
公開性の要件	51	混合モデル	103
公正価値	6, 31, 80, 81, 112, 168, 186, 206, 221, 253	コンバージェンス	7, 9, 10, 33

〔さ行〕

公正価値（時価）	280	在外子会社等の換算手続き	145
公正価値会計	61	在外事業体	3
公正価値（時価）会計	67	在外事業体を拠点とするビジネス形態	
公正価値測定の原則	97		124
公正価値評価	18, 33	財貨の売買・役務提供の確定約定	105
公正価値ヘッジ	118, 140	債権者	14
公正価値法	259, 260	細則規定の連続帯アプローチ	70
公正性	58	細則主義	70
高度に有効	118	財の属性	101
購入価格	162	再評価剰余金	171, 194, 209
効率的資源配分	15	再評価損失	194
高齢化率	220	再評価モデル	166, 194
子会社の損益計算の原則	278	財務上の仮定	234
国際会計	3, 5	財務諸表作成日統一の原則	276
国際会計基準委員会	39	財務報告戦略	16
国際会計基準審議会	39	財務報告の有用性	45
国際会計基準第 36 号	201	先物為替予約	139
国際監査基準	3	先物為替レート	139
国際財務報告基準	4	差金決裁	102
国際財務報告基準第 3 号（IFRS3）「企業結合」	241	「産業経済—有形財指向—原価評価」	73
国際的収斂	43		

索 引

識別（分離）可能性	179	十分な定期性	168
識別可能な資産・負債	252	主観的公正価値概念	84
識別（分離）可能な無形資産	183	受託責任（スチュワードシップ）	17
識別（分離）不能な無形資産	183	取得企業	248
直物為替レート（直物相場）	132	取得企業の識別	248
事業	243	取得企業パースペクティブ	245
事業セグメント	216	取得原価	191
資金生成単位	207	取得原価・実現主義	95
資源	57	取得原価の構成要素	187
資源確保動機	20	取得後支出	159
自己創設	185	取得日	250
自己創設のれん	185	取得法	247
資産再評価	166	主要な決定指標	125
資産の減損	88	種類別グルーピング	167
資産の定義の充足	179	純投資のヘッジ	120
資産負債アプローチ	33, 67, 72	純利益	63, 75
「資産負債アプローチ―純資産余剰計算―包括利益」	73	純利益概念	59
資産・負債の定義	251	使用価値	201, 206
資産・負債の認識および消滅の原則	97	償却可能価額	195
市場価値	255	償却原価	112
市場に基づくアプローチ	221	商業化	188
市場防衛動機	20	商業的効果	71
下向的評価替	167	証券監督者国際機構	40
実質優先	70	譲渡した資産の公正価値	165
実物財	18	情報開示	4
自動車製造企業	190	情報コスト	15
支配	248, 271	情報の質的特性	57, 60
支配アプローチ	109	将来の経済的便益の発生の高い可能性	184
支配の移転	32	使用を目的とした資産（使用資産）	156
資本コスト	15	初期費用	159
収益費用アプローチ	72	所有主パースペクティブ	245
「収益費用アプローチ―収益余剰計算―純利益」	73	「所有主理論―測定アプローチ―テンポラル法」	143
終身雇用制度	26	人口統計上の仮定	234
修繕および維持	159	真実かつ公正な概観	68
十分な権威性	50	新設企業パースペクティブ	245

索　引

信頼性ある公正価値の測定	
可能性の要件	258
信頼性ある測定可能性	184
信頼性ある測定可能性の要件	157
数理計算上の諸仮定	227
スチュワードシップ	58
ストック指向的	32
生産年齢人口比率	220
制度資産	233
制度法	14
生物資源・農産物	88, 89
政府補助金	186
税法	14
税務戦略	3
製薬企業	190
設定プロセスのアドプション	11
潜在的議決権	275
全社資産	211
相互承認	10
その他の包括利益	139, 171

〔た行〕

貸借対照表アプローチ	222
貸借対照表パースペクティブ	224
多国籍企業	3
多様化アプローチ	13
知的資産	179
抽象的・普遍的公正価値	81
「中立性」対「保守主義」	62
超過額の資産認識	227
長期耐久性資産	156
長期的業績尺度	75
長期的視点	26

長期の従業員給付基金が	
保有している資産	233
直接配分可能な原価	192
直接付随費用	162
追加的な決定指標	125
定額法	196
適用手続アプローチ	61
出口価格（エグジット価格）	82
デュー・プロセス	43, 46
デリバティブ	6, 24, 95, 105
デリバティブの定義	101
伝達	4
テンポラル法	144
東京合意	34
投資者	14
投資者保護	29, 267
投資者保護の観点	48
投資情報の有用性	221
投資不動産	88, 89
同等性	9
透明性	58
独自性	16
独自性・個性化	5
独占的販売・利用権	179
独立性	51
取替原価主義	4
取替コストアプローチ	256
取引アプローチ	59
「取引アプローチ―原価評価」	99
取引コスト	112
取引日会計	105

〔な行〕

内的な整合性	63

296 索引

内部利益の消去	288
二取引基準	136
日本型金融システム	25
認識規準	192
認識・測定	4
年金債務	223
年金債務指向的アプローチ	229
年金債務の負債認識	222
年金資産	223
年金資産運用益の認識	224
年金(制度)資産の資産認識	223
年金資産・負債の現在価値測定	223
年金制度資産	87
年金費用の認識	223
ノーウォーク合意	9
のれん	241
のれんの減損	216

〔は行〕

売却費用控除後の公正価値	201
パーチェス法	241
発生可能性の要件	189
発生給付評価方式	221
発生時の費用	189
発生主義	229
パブリックセクター	38
パブリックセクター規制型	38
販売可能性	190
比較可能性	16
「比較可能性」対「独自性」の共存	16
非貨幣性項目	134
引渡した資産(譲渡資産)の簿価	164
非支配株主	259

非支配持分	259, 270, 282
非支配持分に帰属する利益	285
非支配持分の区分表示の原則	277
評価アプローチ	59
評価の独立性	168
費用指向的アプローチ	229
表示の忠実性	59
比例按分法	259, 260
比例連結モデル	268
ファイナンス型会計	78, 99
「ファイナンス型市場経済―金融財 ―評価アプローチ―公正価値評価」	79
ファイナンス言語	6
不完全なコンバージェンス	13
含み損失	199
負債	209
物質的実体の欠如	179
部分的フレッシュ・スタート	202
プライベートセクター	37
プライベートセクター規制型	38
プラグマティック・アプローチ	55
ブランド	187
フレッシュ・スタート法	247
プロダクト型会計	77
「プロダクト型市場経済―有形財 ―取引アプローチ―原価評価」	78
文化	14
文化の多様性	56
分離可能性規準	256
分離可能性クライテリア	181
平均レート	133
ヘッジ会計	22, 117
ヘッジ取引	24, 117
便益要因	271
変動相場制	24

包括利益	63, 67, 75	用役潜在力	166
包括利益概念	59	予測単位積増方式	32, 227
報告責任（アカウンタビリティ）	58		
報告通貨	125	〔ら行〕	
法的権利	179, 180	利益剰余金	172
保険数理差損益	231	利益認識の原則	97
保守主義	27	リエゾン関係	42
		リスクからの解放	64
〔ま行〕		リスク・シェアリング	26
マーケットアプローチ	84	リスクと経済価値アプローチ	109
マーケット・テスト	203	リスク表示・開示の原則	97
		リスク・ヘッジ	6
未払額の負債認識	227	リスクマネジメント	95
無形資源	89	類似資産又は負債の相場価格	86
無形資産	88		
無形資産の定義	192	歴史的原価	4
無条件の債権・債務	105	レジェンド	10
		連結会計	67
メインバンク	25	連結経営	265
		連結財務諸表	9, 267
目的指向アプローチ	71	連結財務諸表制度	24
持分商品（資本）	104	連結財務諸表制度の見直しに	
持分プーリング法	246	関する意見書	265
〔や行〕		ロイヤリティ収入	178
有形固定資産の再評価モデル	86	労働力確保動機	22
有効利用動機	20	ローカル・パースペクティブ	144
輸出代替動機	20		
輸出入型のビジネス形態	124		

著者紹介
古賀　智敏　（こが・ちとし）
同志社大学商学部・特別客員教授。神戸大学名誉教授。1973年神戸大学大学院経営学研究科（修士課程）修了。イリノイ大学大学院会計学修士（MAS）修了。日本公認会計士協会学術賞，日本会計研究学会太田・黒澤賞を受賞。日本会計研究学会（前理事），国際会計研究学会，日本簿記学会，税務会計研究学会等，各理事。経済産業省・経済産業研究所ファカルティフェロー（2010年2月～同年12月），同「企業情報開示システムの最適設計に係る研究会」（座長）等を歴任。

主要著書
単　著
『知的資産の会計』（2005年，東洋経済新報社）
『価値創造の会計学』（2000年，税務経理協会）
『デリバティブ会計』（1996年；第2版1999年，森山書店）
『情報監査論』（1990年，同文館）
共　著
『会計基準のグローバル化戦略』（1999年，森山書店）
Japan GAAP Guide（2010, CCH Asia Pte Limited）他。
編著・共編著
『財務会計のイノベーション』（編著，2009年，中央経済社）
『国際会計基準と日本の会計実務〈3訂版〉』（共編著，2009年；3訂補訂版，監修，2011年，同文舘）
『知的資産ファイナンスの探求』（共編著，2007年，中央経済社）
『ファイナンス型会計の探究』（編著，2003年，中央経済社）
『リスクマネジメントと会計』（共編著，2003年，同文舘）

グローバル財務会計

2011年7月25日　初版第1刷発行

著　者　© 古賀　智敏
発行者　菅田　直文
発行所　有限会社　森山書店　〒101-0054　東京都千代田区神田錦町1-10林ビル
TEL 03-3293-7061　FAX 03-3293-7063　振替口座00180-9-32919

落丁・乱丁本はお取りかえします　　印刷／製本・シナノ書籍印刷

ISBN 978-4-8394-2113-7